品牌关键

探寻品牌的价值本原与规律

BRAND KEY

EXPLORE THE VALUE ORIGIN AND LAW OF BRAND

关键 著

企业管理出版社
EMPH ENTERPRISE MANAGEMENT PUBLISHING HOUSE

图书在版编目（CIP）数据

品牌关键：探寻品牌的价值本原与规律 / 关键著
. -- 北京：企业管理出版社，2022.8
ISBN 978-7-5164-2636-4

Ⅰ. ①品… Ⅱ. ①关… Ⅲ. ①品牌—企业管理 Ⅳ.
① F273.2

中国版本图书馆 CIP 数据核字（2022）第 098620 号

书　　名：品牌关键：探寻品牌的价值本原与规律
书　　号：ISBN 978-7-5164-2636-4
作　　者：关　键
选题策划：周灵均
责任编辑：张　羿　周灵均
出版发行：企业管理出版社
经　　销：新华书店
地　　址：北京市海淀区紫竹院南路 17 号　　邮　　编：100048
网　　址：http://www.emph.cn　　电子信箱：26814134@qq.com
电　　话：编辑部（010）68456991　　发行部（010）68701816
印　　刷：河北宝昌佳彩印刷有限公司
版　　次：2022 年 8 月第 1 版
印　　次：2022 年 8 月第 1 次印刷
开　　本：710mm × 1000mm　1/16
印　　张：22.5
字　　数：290 千字
定　　价：98.00 元

与品牌相伴
做时间朋友

| 联合推荐 |

作者从认识论的顶端，即逻辑—关联、本质—规律梳理出品牌底层的代码：满足人性是品牌的本质所在，价值—利益、心智—关系是品牌的规律所在。前者是品牌的自身逻辑，代表着品牌的核心竞争力；后者是品牌的外部关联，代表着品牌的影响力。

荀子有言：“天行有常，不为尧存，不为桀亡。”我认为，以上便是品牌的“常”之所在，“应之以治则吉，应之以乱则凶”。

——与大家共勉之。

—— 黄升民 中国传媒大学广告学院创院院长
中国广告博物馆馆长

人是万物之灵，也是社会生活的主体。一切社会经济活动离开了“人”这一主体，就会失去意义。关键老师作为品牌领域知名的洞察者、研究者与实践者，跳出品牌运营等“术”的层面，揭开品牌事业的本质，即品牌事业的一切活动，根本上是为人的需求服务的，本质是要影响人、服务人，以及满足人们对美好生活的向往。这一洞察是品牌研究的深入与回归。“君子务本，本立而道生”，关键老师的这本书，抓住了品牌研究的“本”，必将对行业起到根本性的启迪作用。

—— 周志懿 《中国名牌》杂志总编辑

关键老师第一次到访凯纳至今已经有十几年了，总是感觉他一直在思考，从传播到营销、从品牌到战略、从理论到实战，不断跨界探寻着事物的本质与规律。在这本著作中又第一次提出了“品牌人性论”，通过“一个核心、四个基本点”的系统性阐述，让我们对品牌的底层逻辑在认知上有了全新的突破，受益匪浅。

—— 中国广告主协会广告主研究院执行院长
凯纳营销咨询集团董事长

古希腊伟大的哲学家柏拉图曾言，人是一切事物的尺度，是存在者之存在、不存在者之不存在的尺度。

《品牌关键：探寻品牌的价值本原与规律》一书，在业界开创性地、独树一帜地提出品牌价值的“人性观”，从人类社会底层的代码——人性及人性需求出发，来构建对于品牌顶层的认知，即“人性需求是品牌的价值本原”。

作者以“人性”为主线，剖析和诠释品牌的价值本原与规律，从人性的两面——积极性与劣根性分别展开，论述人性对品牌的影响，为品牌建设过程中的价值观、经营理念的确立以及明确生存发展的趋势方向提供理论依据与方法指导。

人类的品牌发展史，亦是一场人性趋同存异的变革。

所谓“近水知鱼性，近山识鸟音。久在江边站，必有望海心”。当一个品牌人无限趋近于品牌的价值本原，品牌方能真正迈上“平则匡正，衡乃至恒”的人间正道。

—— 圣象集团品牌中心总经理

|序一|

为中国品牌腾飞贡献智慧力量

当前，品牌建设已经上升到国家战略，已经成为实现国家富强、人民富裕的中国梦不可或缺的组成部分；同时，也必将成为赢得国际竞争、彰显民族力量、体现经济水平的不可替代的重要载体。

但是，无论是宏观的品牌经济，还是微观的品牌建设，对于我们都还是一个崭新的课题，还有许多未知的领域需要我们去探索，还有许多不曾遇到的问题需要我们去应对。

因此，特别需要越来越多的有志之士和有识之士，以助力中国品牌经济发展为己任，不断探寻品牌的内在本质与发展规律，不断梳理出品牌价值的自身逻辑和外在关联，然后用于品牌建设的实践中，在实操中不断验证、完善，最终积微成著，为中国品牌建设提供属于我们自己的理论体系和应用体系，在世界品牌领域提出属于我们自己的品牌认识论与方法论。

这是一件非常有意义的事情！

因为，中国的品牌建设始终都是沿循一些外来的理论模型和方法模式。每个传统且经典的体系都是站在各自的领域，对品牌建设的某个要素、某个阶段、某个问题进行深入的研究和总结。世界营销百年发展史是一个从生产导向到产品导向、从产品导向到用户导向、从用户导向到竞争导向，最终又回到用户导向的“阶段史”。在每个阶段中，都会基于当时的品牌建设导向，诞生相应的理论体系和应用体系，例如“4P”理论、USP 理论、定位理论、STP 理论等。

这些诞生于不同阶段的体系，虽各有侧重，但始终没有将品牌建设的整个链条贯通起来，就像是散落的一颗颗珍珠，没有串珠成链，成为一个完整的逻辑体系和系统体系。这就为后来者留出了很大的一个探索和研究的空间。真心希望这个空间是由我们中国人来填补、来完成。

特别赞同“品牌系统性建设”的出发点。因为品牌建设真的是进入需要系统性完成的时代。从如何创造出消费者需要并喜爱的价值，到如何将价值转变成能够输送给消费者的利益，从如何在市场的竞争中广泛而深入地赢得消费者的心智，进而建立起获得消费者美誉与忠诚的亲密关系，品牌建设今天需要建立的必然是一个系统性的认知，需要解决的也必然是一个系统性的问题。

此外，在这个技术突飞猛进、方法快速更迭的时代，人们更多地将注意力投向方法和工具，以快速应对变化来解决遇到的问题，来体现自身的价值。在 80 多年前，面对中国如何取得抗战最后胜利的时代课题，毛泽东写下了《论持久战》，提出“决定的因素是人不是物”这一伟大论断。

无论时代如何发展，人永远是社会发展与进步的主体和主导。我始终强调，不能以手段为目的。作为人，我们首先要解决的是认知的问题。作为人对事物的认知，首先要从“系统”入手，认清事物的自身逻辑，厘清事物的外在关联。在此基础上，再向“大道”推进，洞悉事物的内在本质，把握事物的发展规律。

正确的认知帮助我们解决的是方向与路径的问题，首先是保证我们能够“做正确的事”，其后才是方法与工具的问题，用来保证我们能够“正确地做事”。正所谓，只有方向对了，速度才有意义。因此，我们越是在这个速变与多变的时代，越要有认知的定力。就像习近平总书记强调的那样：我们要“坚定道路自信、理论自信、制度自信、文化自信”。

只有这样，才能让我们在万变的时代中立于不变，以“道”之不变，应对“术”之万变。

对于品牌也是如此。

很高兴看到，作为中国广告主协会“2020十大首席营销官”的代表，关键先生的第二本品牌专著的出版，也非常欣慰在中国还有这样一群身在一线的市场工作者，他们一边积极实践，一边深入思考，一边系统总结，一边笔耕不辍。他们有志于对品牌之道不懈地探索，他们将对品牌的根本性、系统性认知，串珠成链，积微成著，致力于为中国品牌的发展构建系统的、本质的理论体系和应用体系。

中国广告主协会，始终关注中国品牌的重塑升级和未来发展，聚焦广告企业和整个行业的热点，从理论和应用两个层面为企业发展赋能，引导新经济、促进新营销，推动国内国际双循环，引领高质量发展。

自正式加入世界广告主联合会，成为中国在世界广告主联合会中唯一的合法代表，中国广告主协会在国际舞台上始终在彰显中国作为、中国责任、中国贡献和中国形象。我们也始终相信，在世界经济协同发展的大背景之下，在全球新时代品牌发展的历程之中，我们一定能拿出我们自己的成果，亮出我们自己的观点，发出我们自己的声音，发挥我们自己的作用，让中国品牌赢得世界尊重。

中国广告主协会会长

2022年2月

|序二|

品牌打造：企业发展的终极路径

非品牌企业在中国市场发展的历史性红利逐渐消失

中国的非品牌性企业，在供给不足、需求旺盛的时代，活得很滋润，在当下还有一定的生存空间，但这种生存空间正在被无情地压缩。

非品牌企业生存的空间，主要来自现阶段中国市场区域经济发展的不均衡性和渠道复杂性带来的机会。比如一款没有品牌知名度的饮料，在沃尔玛、家乐福可能连进场的机会都没有，但它可以在农村的夫妻店很畅销。

令人担忧的是，非品牌企业的这种市场生存空间正在被不可逆转地压缩。其原因在于，中国各区域板块经济持续快速发展，连锁性分销渠道快速扩张，品牌性产品持续性的渠道渗透并占领消费者心智。消费者主权时代到来，非品牌企业发展的历史性红利逐渐消失。

未来，品牌没有“第四”

从2020年新冠肺炎疫情这场公共卫生事件中我们再次发现，在商超、便利店的方便食品售卖区，品牌产品货架上的商品经常售罄缺货，品牌知名度不高的企业的商品则动销缓慢，甚至无人问津。这一现象要引起我们企业经营管理者、品牌及市场营销从业者的高度重视！

在欧美等经济发达国家，产品分销渠道相对简单，主要以超市、连锁便利店和自动售货机为主。细分品类产品的品牌集中度非常高，在同一售卖渠道对同一细分品类产品的采购一般不会超过2个，最多不会超过3个，比如在美国市场，可乐饮料只有可口可乐和百事可乐两个品牌。其原因，一是零售终端的陈列资源有限，二是对于雷同的细分品类产品，在消费者的心智中很难储存和记忆第三名以后的品牌。

所以，品牌没有“第四”的预言在中国市场会逐渐成为一种现实。品牌打造是未来企业生存和发展的基本战略，企业关于品牌经营管理方面的人才培养，迫在眉睫。

品牌打造是企业发展的终极路径

从事市场营销及企业经营管理工作25年，从一名基层业务人员到年销售额几十亿元的企业总裁，再到转型创办北京赢销力企业管理咨询有限公司，我本人前后管理和服务过上百家知名企业。结合实际工作，我研究和总结出快消品企业发展的一般性规律：企业的高速发展起于大单品打造，终于品牌建设。

大单品打造是快消品企业高速发展和品牌打造的起点。因为伴随着大单品打造的成功，企业产品的市场影响力会快速提升，进而带动企业品牌的知名度、认知度快速提升，对后续品牌信任度、美誉度的建设，以及最后品牌忠诚度的打造会形成巨大的推动力。企业品牌美誉度和忠诚度的持续打造，就是企业经营和市场营销的最高段位了，还有什么呢？

序 二

一本爱不释手的品牌管理和打造的权威工具书

《品牌关键：探寻品牌的价值本原与规律》写得真好。

拿到《品牌关键：探寻品牌的价值本原与规律》的稿子，我便放下手头工作迫不及待地拜读起来。书的内容翔实、系统、精彩，引人入胜，让我受益匪浅，爱不释手！

关键老师独树一帜，从人性、人性需求来构建对品牌的顶层认知，从“道”的层面上探寻品牌的价值本原与发展规律，创造性地提炼出“一个核心、四个基本点”——“以人性需求为核心，以价值与利益、心智与关系”为基本点的品牌打造逻辑与模型：通过打造品牌独特的价值来为消费者输送更多、更好的利益；通过品牌形象与传播影响消费者的心智，进而与消费者建立起互相信任和依赖的亲密关系；最后触达品牌的本质，即品牌就是与消费者的关系！

品牌打造的具体方法和路径是我们在品牌建设过程中极为关注也最为迷茫的一个痛点。对此，关键老师开门见山地指出：品牌价值构建从品牌战略开始，利益输送从价值共鸣开始，心智影响从形象传播开始，关系构建从营销体验开始。一针见血，解决痛点问题！

《品牌关键：探寻品牌的价值本原与规律》，值得我们每一位企业经营管理者、品牌及市场营销从业者研读三遍！

中原广告产业研究院研究员

北京赢销力企业管理咨询有限公司总裁

2022 年 2 月

前言

我们经常说，这个人有才能。何为才能？“才”是一个人认识问题的水平，“能”是一个人解决问题的能力。后者的大小决定于前者的高低。因此，人们才将“才”放在“能”的前面。正如德国哲学家康德所言：“世界之所以是这样的，完全取决于你的认知。”

胡适在他的《中国哲学史大纲》中指出：“凡研究人生切要的问题，从根本上着想，要寻一个根本的解决——这种学问，叫作哲学。”因此，当我们面对各种各样的事物，首先要从认识论开始，去寻得一个根本上的认识，然后落实于方法论，去获得一个根本上的解决，这便是品牌哲学的特征与任务。

哲学有“灵魂三问”：我是谁？从哪来？到哪去？这就是在探寻人类的本原。何为本原？《说文解字》上说：“元，始也。”《易经》上说：“元者，气之始也。”如此，本原是指世界的“始”，最初的来源以及初始的气（元），就是事物存在的根据。

那么，对于品牌，它应该是什么？又源于何处？为什么会存在？要如何存在下去？探寻出品牌的来源与存在的根据，这正是笔者的初心与使命。

在完成了《品牌系统性建设：沿循消费心理与行为的轨迹》一书后，笔者沿循从自身逻辑到外在关联，再从内在本质到发展规律的轨迹，继续对品牌价值本原的思考与总结。正所谓念念不忘，必有回响。对品牌的一些新的感悟犹如“大珠小珠落玉盘”……

品牌到底是什么？品牌是价值、利益、心智与关系的完美融合。通过价值输送利益是品牌的自身逻辑，心智与关系则是品牌的外在关联。比如，一个好的空调就是价值，制冷效果好就是利益；“好空调、格力造”就是心智，“让世界爱上中国造”就是关系。

这四大要素都要服从一个前提，即人性的需求，否则一切都将失去意义。因此，我们要强调，在与品牌具有关联性的各种要素中，人永远是第一位的！毕竟，品牌是因人而生、为人所需的。人的心理与行为又是由人之本能与本性所决定的，由此说来，人性才是品牌的价值本原。

至此，我们终于为品牌找到了一个“从根本上认识”，然后“从根本上解决”的“牛鼻子”——人性。由此可见，品牌是用来满足人类需求的物质与意识的载体，它由人性的需求而来，因满足人性的需求而存在，以更好地满足人性的需求而存在下去。

沿循人性这个主线，笔者梳理出品牌认识论的“五点论”模型，即“一个核心、四个基本点”——以“人性需求”为核心，以“价值与利益、心智与关系”为基本点，这既是品牌本原底层的代码，也是品牌价值顶层的设计。

由此我们明白，品牌的意义就在于，它让我们必须要站在人的角度想问题！又让我们知道：什么才是人所需要和满意的，什么才是人所喜欢和信任的，什么才是人所尊敬和忠诚的。由此，我们也就懂得了：所有需要价值与价格交换的（交换的主体是人），所有需要参与市场竞争的（竞争的主体是人），所有面临被需求方选择的（需求的主体是人），最终能为企业实现长远发展的，都必须要走“品牌”这个必由之路。这与企业的规模大小无关，与企业的发展阶段无关。

当我们戴上了人性这副“眼镜”就会发现，在品牌建设过程中许多问题与成就都与人性这个“本原”相关，就会一眼看到现象背后的本质，找到问题背后的原因。因此，在品牌系统性建设的过程中，我们要依据人性的始点、轨迹、坐标和终点来认识品牌、审视品牌、塑造品牌、评判品牌，让人性需求成为品牌价值的奠基石、金标准、指南针。

本书从“人性是人类社会的道之所在”启笔，以“人性是人类事物的底层代码”为论据，提出了“人性需求是品牌的价值本原”的核心理念。然后，从马斯洛人类需求层次理论体系展开，分别从生理、安全、社交、尊重和自我实现五个方面诠释品牌价值与人性需求的内在逻辑与关系，反复论证“更好地满足人性需求才是品牌价值的出发点和落脚点”这一重要观点。

与人类所有事物一样，人性也是具有对立统一的两面性。人性中积极的、正向的需求推动品牌的不断成长与进化，而人性中反向的，如贪婪、欲望等又往往会使品牌的发展步入歧途，甚至走向衰败。正所谓成也人性，败也人性。

对此，我们发出这样的倡导：要做“安分守己”的品牌，要做“利出一孔”的品牌，要做“克己复礼”的品牌，要做“永葆青春”的品牌。如何才能做到？唯有“真、善、美、智”才能让品牌走向“平则匡正，衡乃至恒”的人间正道。

洞悉了品牌的内在本质，我们就拥有了正确的认识论，从而指引我们做正确的品牌；掌握了品牌的发展规律，我们就拥有了正确的方法论，从而指导我们正确地去做品牌。

在从认识论的角度洞悉品牌本质之原、洞察品牌价值之本之后，本书依然以品牌系统性建设体系为方法论，继续探寻品牌的发展规律，探究品牌建设之策。

从品牌规划体系的三大任务——判定战略机会、界定市场空间、确定价值共鸣，到品牌内涵体系的四大表现——品牌价值、定位、主张和承诺；从对品牌形象体系的四大维度——视觉、理念、行为和环境的识别，到品牌传播体系的两大任务——提升知名度和信任度，以及以品牌传播体系的五大要素——目的、受众、内容、媒介和形式为路径；再到品牌营销体系的四大品牌体验——产品、消费、服务和文化。紧扣方向与路径，结合问题与需求，从理论到实践、从系统到模型，为读者提供更具实操性和参鉴性的品牌系统性建设解决方案。

从《品牌系统性建设：沿循消费心理与行为的轨迹》到《品牌关键：探寻品牌的价值本原与规律》，这是一个从认识到实践再到认识的过程。然而，人类对客观事物的探索永远都是阶段性的而非终极的，我们只能通过坚持不懈去无限接近事物的本质与规律。

好在，我们始终对未知的真理怀有一份好奇与冲动，对真理的探究是我们的初心也是使命。

英国唯物主义哲学家、思想家培根说过：“研究真理、认识真理和相信真理，乃是人性中最高的美德。”

能追求，乃至拥有这份美德，人生亦足矣！

关键

2022 年 2 月

| 目录 |

上篇　认识论

下篇　方法论

上篇　认识论

洞悉品牌本质之原

洞察品牌价值之本

第一章

人性是人类社会的“道”之所在

美国管理大师彼得·德鲁克曾在《卓有成效的管理者》一书中提出了两个重要的概念，即效率与效能。前者是以“正确的方式做事”，后者则是“做正确的事”。在彼得·德鲁克看来，如果做的是错误的事情，即使执行得完美无缺，其结果对于企业来说也肯定是灾难。因此，他特别强调：“对企业而言，不可缺少的是效能，而非效率。”

麦肯锡资深咨询顾问奥姆威尔·格林绍也曾指出：“不一定知道正确的道路是什么，但不要在错误的道路上走得太远。”但是，要想“不要在错误的道路上走得太远”，最根本的解决之道还是在于尽快地找到正确的道路。那么，我们又如何探寻到“正确”之路呢？

对此，我们探寻品牌的价值本原，首先要从何为“正确”说起。

正确，其实就是“最符合实际”的，同时又是“永恒不变”的，这就是被我们常常称之为“真理”的东西。如果我们将“正确”二字拆分开理解，即“正”代表着“最符合实际”，即为“客观”；“确”喻义是“永恒不变”，即为“确定”。所谓的真理，就是人们对于事物的内在本质及其发展规律的正确认知。

中国的先哲们将其称之为“道”。

人性是人类事物的底层代码

知道人的本性，也就知道了天道。

——冯友兰

万物真一，大道至简

在《道德经》第四十二章中，老子将宇宙生成的过程概括为一句话：“一生二，二生三，三生万物。”也就是说，宇宙万物的生成都是由最简单的“一”开始的。在老子的眼里，这个“一”便是“道”。在《道德经》第25章老子对“道”是这样描述的：

“有物混成，先天地生，寂兮寥兮，独立而不改，周行而不殆，可以为天地母。”

意译一下：有这么个东西，浑然天成，生于天地之先，无声无形，无须外力辅助，独自周而复始地运行，从不停歇。可以视之为天地之根本。在这段话中，我们可以从两个角度来理解“道”的特征：一个是客观存在——有物混成，先天地生，寂兮寥兮；一个是永恒不变——独立而不改，周行而不殆。前者说的是事物的“真”——内在本质；后者说的是事物的“一”——发展规律。

我们也可以换个角度来理解，即万物本来的样子即为“真”，我们称之为其内在本质，而它们运行的逻辑即为“理”，我们称之为规律。这就是我们常说的“真理”的本原。

在这个问题上，东西方的先哲们可谓是“英雄所见略同”。在老子的学说诞生了2000多年后，德国著名的哲学家黑格尔在他的著作《法哲学原理》的第11页和《小逻辑》的第43页中，所阐述的“存在即合理”的观点与道家的对于“道”的认识不谋而合。存在即为事物之“真”，合理即为事物之“理”。

因此，我们认识“道”，首先要从“真”开始。

既然“真”就是事物本来的样子，那么人类所见到的客观存在的现象就是对“真”的最初认识。在最初的对“真”之现象的认识基础上，通过总结与研究，形成对“真”之本质的认知。比如，牛顿被“苹果”砸了脑壳，对苹果能够从高处落下有了初步的认识，而这些认识往往是事物的表象，地球具有地心引力才是事物的本质。再如，瓦特所看到的“水烧开了，壶盖会蹦、会叫”也是事物的现象，而蒸汽具有势能就是本质所在。

总之，人们在对“真”从最初在感官上的感觉和感受，再到意识上的感想和感悟这个过程中，首先是对表面现象的亲眼所见或亲身体验，就是人们常说的经验；而将经验通过归纳总结而梳理出其内在的逻辑与外在的关联时，便可以成为知识；当人们对事物的系统性认知不断凝练、简化，直至接近最为核心的、事物原本的样子时，便开始接近事物的本质与规律。

洞悉了“真”，我们再来把握“理”。事物的内在本质是不变的，而事物的演变与发展是变化的。只是这种变化是不会脱离事物的本质的，是沿循自身的内在逻辑而变化的。这种变化中的不变便是事物的发展规律。

例如，我们常说的自然规律。太阳有东升西落；季节有春夏秋冬；大地有万物生长；天空有风云变幻；人有生老病死；物有新旧更替；人往高处走，水往低处流。这其中都有其内在本质和发展规律，宇宙间的一切事物都在本质中显现，在规律中运行，随时随地，无一例外。

正是因为所有的事物都有其内在本质与发展规律可循，所以“道”又是至简的。对此，道家认为：“万物之始，大道至简，衍化至繁。”孔子也曾说过：“吾道一以贯之。”其中的“一”所指的就是事物最简单、恒定的内涵。

“大道至简”体现在其唯一性上，正如道家有曰：“真一者，真道唯一也。契合大道谓之真；不落二法谓之一。”也就是说，真正的“道”是很简单的。以《易经》为例，它将科学的无数法则归纳又归纳，最后归纳到乾、坤、离、坎、震、艮、巽、兑这八个简单的符号——八卦。对此，南怀瑾先生曾说，“这么一点东西”随便用在哪里都通的。

因此，南怀瑾先生在《易经杂说》的开篇就阐述了一个所谓“三易”的观点——变易、简易和不易。这反映了“道”的三个属性与特征，即本质是不变的，发展是变化的，真理是简单的。

在笔者看来，南怀瑾先生所说的《易经》的三大原则的排序应该是不易、变易和简易。首先是“道”之不变；然后，在“不变”的前提下会随着事物的发展，衍生出“万变”；最后，当人类掌握了这其中的“不变”与“万变”的原理与原则之后，便进入“大道至简”的境界。

因此，我们要说，“道”本身是不会难为我们的，我们要勇于探索真理、发现真理。正如孔子告诉我们“乾以易知，坤以简能”的观点，就是说：乾为天，天道以容易而易于让人知晓；坤为地，地势坤，坤以简单而让人易于接受。天地间的规律就是要让人容易理解，并易于接受。

借此，孔子又说：“易简而天下之理得矣。”

想来也是，造物主创造了“道”不是用来束之高阁、孤芳自赏的，而是要让更多的人知道、更多的人遵循的。如此，这个“大道”必须是至简的，因为只有这样方能“易则易知，简则易从；易知则有亲，易从则有功；有亲则可久，有功则可大；可久则贤人之德，可大则贤人之业”。（《周易 · 系辞上》）

也就是说，只有易于理解，才可以获得大家的亲近与实践，才能让人更容易因此而获得成功。正因为有人愿意亲近，道理才能传得长久；正因为容易获得成功，才能将其发扬光大。久而久之，便让人们拥有了贤良之美德，才成就圣贤之伟业。正如托尔斯泰所言：“最伟大的真理是最平凡的真理。”

既然“道”所代表的是这个世界的内在本质和发展规律，既然“道”是唯一的、绝对的、永恒的，那么“道”就是我们生存在这个世界上的法则，就是我们生活在这个社会上的规则，也是我们人生所要坚持的原则。对此，我们要坚定不移地去探寻真理，追求真理，敬畏真理，顺应真理。

——这是我们的必由之路。

因此，我们要想做“正确”的事，就必须要认识清楚事物的内在本质与发展规律，这是事物的“真”之所在，“理”之所在，也就是事物的“道”之所在。它是我们能够“做正确事”的根本与源泉，是我们“正确做事”的前提与准则。对此，我们要像宋太宗在《逍遥咏》的词中所倡导的，要“修炼求真一”。对此，我们要有“道之所在，虽千万人，吾往矣”（《孟子 · 公孙丑章句上》）的精神。这是因为，“研究真理、认识真理和相信真理，乃是人性中最高的美德”（培根语）。

这种美德与精神在中国哲学家的心中已经上升为一种可以以生命易换之的伟大志向。孔子在《论语 · 述而》篇中说“志于道”，在《论语 · 里仁》中则言“朝闻道，夕死可矣”。像孔子和苏格拉底这样的哲学巨人甚至认为，传道、布道是上天赋予他们的使命。按照冯友兰先生在《中国哲学简史》中的观点，苏格拉底觉得自己是受了天命来唤醒希腊人的，孔子也觉得自己是受了一种神圣的召唤。

敬天循道，守一抱朴

苏联作家高尔基在《母亲》里说过这样的话：“拳头是打不倒真理的。”这句话所表达的是这样一种观点——客观事物是不以人的意志为转移的。这个观点其实正是马克思主义辩证唯物主义的基本论断。

如果追根溯源的话，这个观点最早出自德国古典哲学家黑格尔的“猜想”：在社会历史领域，似乎有一个不以人的意志为转移的客观法则在起作用。其实，这个所谓的法则就是我们所说的“天道”。《太上九要心印妙经》有曰：“夫真一者，纯而无杂谓之真，浩劫长存谓之一。”意思是，“道”之存在，不因客观环境的改变而改变，即使遭遇浩劫，它也会存在如故。对此，老子在《道德经》第五章中更是直截了当地说：“天地不仁以万物为刍狗。”其意便是，天地看待万物是一样的，一切随其自然发展。

既然是天之道，既然决定了天地之存在，既然是不以人的意志为转移的，那么“道”也就自然而然地成为人类的生存法则，我们必须要尊重之，遵循之。正如老子在《道德经》第二十五章中强调的：“故道大，天大，地大，人亦大……人法地，地法天，天法道，道法自然。”意思是，符合自然方为“道”，而“道”统领“天”，“天”统领“地”，“地”统领“人”，既然人受着“道”“天”“地”的统领，因此必须要接受之，顺应之。正如黑格尔所强调的，人们对事物主观认识的理想性要以事物客观存在的合理性为前提。

对此，荀子曾在《荀子 · 天论》中告诫我们：“天行有常，不为尧存，不为桀亡。应之以治则吉，应之以乱则凶……修道而不贰，则天不能祸……倍道而妄行，则天不能使之吉。”意译之：天地之运行是有它的常规的，不会因为你是万民敬仰的尧舜而存在，也不因为你是罄竹难书的纣桀而消亡。如果我们以顺治的态度去应对它，就会获得吉利的结果；如果是以乱法的态度去应对它，就会导致祸凶发生。如果能遵循天道而忠贞不贰，天就不会降祸于你；如果与之背道而驰，则天是不会让你得到好结果的。

尽管“人”貌似已经成为地球的统治者，但人类依然是大自然中万物之一，无论是体质上高级，还是智慧上高等，都无法让其超越，或是凌驾于自然之上。正如荀子所言：“天不为人之恶寒也辍冬，地不为人之恶辽远也辍广。”因此，人的社会属性要服从人的自然属性，人的社会行为要服从自然规律。人的意识与言行都要与自然规律合而为一，始终与自然界保持一个有机的、和谐的整体。

尽管马克思认为，人之所以为人，是因为“人却懂得按照任何一个种的尺度来进行生产，并且懂得怎样处处都把内在的尺度运用到对象上去”，但是在人类历史的发展进程中，人类还是经常出于自身的需求来幻想或是试图改变事物的客观存在与运行规律，而没有正确理解老子的“人法地，地法天，天法道”，以及荀子的“人定胜天”的思想。先哲所要强调的是，人类不应该自恃头脑聪明，有独立的思考，就可以主宰世间万物，而应顺应自然，敬畏规律。

特别是在科技发展越来越发达的今天，人们越来越强化人的社会属性，而越来越漠视人的自然属性。似乎人类可以“独立”于自然之外，甚至可以“凌驾”于“天”之上。甚至会认为，科技能够改变一切。让很多人不免萌生了人定“胜”天这样的宏愿，而去凌驾、违背、打乱自然规律。

马克思主义创始人、德国哲学家和思想家恩格斯早在19世纪70年代就在《自然辩证法》一书中警示过我们。

“我们不要过分陶醉于我们对自然的胜利。对于每一次这样的胜利，自然界都报复了我们。在今天的生产方式中，对自然界和社会，主要只注意到最初的最显著的结果，然后人们又感到惊奇的是，为达到上述结果而采取的行为所产生的比较远的影响，却完全是另外一回事。”

我们必须要清醒地认识到，并彻底地接受这样的一个事实——科技只能在改变“物”的前提下来改变我们的生活，而不能改变天地之道；然而人类的科技又必须是在“道”的基础上发挥作用的。因此，我们也就必须要承认，从本质上讲，人类不管进步到多么的“强大”，总归还是要在“天”这个大的生态系统里。人们能够改变的只是“物”而已，而并非是“天”。因此，宇宙——自然——人——社会，这个序列逻辑应该既是一种定律，也是一种常识。

人类只能在接受和顺应自然规律的前提下，在不打破生态平衡的基础上，凭借自身的智慧和努力有限度地对环境进行改进和改善；但这不等于人定“胜”天。这一切，既不会因人而异，同样也不会因时而异。无论时代如何变迁，但事物本身的内在本质与发展规律是不会随之而改变的。对此，我们必须要像荀子所告诫的那样，要抱着“修道而不贰”的态度来“应之以治”，最终实现“天不能祸”的“则吉”之目的。

可以说，人们对“道”的认识过程，正是由无数相对真理不断接近绝对真理的无限发展过程。人类社会不断进步的发展史正是一部对事物“道”之所在的探索史。

那么，如何才能达到“以治则吉”呢？

先哲们给出了两大原则——“守一”和“抱朴”，即保守本真，怀抱纯朴，不萦于物欲。守一，就是不忘初心，坚守根本；抱朴，就是尊重常识，返璞归真。前者考验的是我们的定力，后者考验的则是我们的敬畏。这恰恰是社会进步的顶层思考，更是时代发展的“道”之所在。正如老子在《道德经》中指出：“是以圣人抱一而为天下式”。就是说，圣人都是以掌握天道来治理天下。

为此，我们一方面要牢记古人的教诲：“真为常，廓然独存”（真理是常在的，是超然世外而独存的）；“一通变，妙应万物”（以此“一”来通“变”，则能巧妙地对应万物）。另一方面，要做到“专守真一”（南朝梁陶弘景《真诰》），“守真一而不化”（《鬼谷子·本经阴符》）。最终可以像《庄子·在宥》所说的那样：“我守其一以处其和，故我修身千百岁矣，吾形未常衰。”

换言之，在我们面向“道之所在”而“吾往矣”的进程中，正确的道路只有一条，只有契合了“大道”，我们才能掌握真理，才能决胜千里，才能与环境和谐相处。对此，我们别无二选。无论时代如何变革，真理都会“寂然不动”，直至恒常。我们要做的，就是不断地去感悟它、坚守它，直至做到融会贯通而“知万事”，直至以不变应万变而“妙应万物”，直至明心见性而登临“一真法界”，虽历经“千百岁”而做到“吾形未衰”。

正如有诗曰：

“本来一真，用则真一；抱一不离，真道不失。”

最后，以伟大的革命先行者孙中山先生的一句至理名言为这个章节做一个注脚：“世界潮流浩浩荡荡，顺之者昌，逆之者亡。”

顺应人性也是“道”之所在

德国旧唯物主义哲学家费尔巴哈说过，人的本质是“哲学上最高的东西”，因此说，人也是“道”的一种体现。就像中国当代著名哲学家、教育家冯友兰所说的：“知道了人性，也就知道了天道。”那么，到底有没有所谓的人之天性呢？人性与天道之间又有着什么样的关联呢？

中国的历代哲人给出了明确且一致的答案。

荀子说：“性者，天之就也；情者，性之质也。”（《荀子 · 正名》篇）就是说，人之性乃天之造就。孟子也说：“此天之所与我者。”（《告子章句上》第十五节）。

因此而言，人性是具有天然之属性的。正如荀子所定义的，“生之所以然者谓之性”“不事而自然谓之性”。就是说，生而有之的便是人性，不加雕琢而自然而然的就是人性。正因为如此，人性具有普遍性和普适性，地不分南北，人不分老幼，皆然如此。就像钱钟书先生所言：“东海西海，心理攸同。”

人性又是从何而来的呢？

笔者的观点是，人之本性源于人之本能。正所谓，物质基础决定意识形态。《荀子 · 荣辱》中言：

“凡人有所一同。饥而欲食，寒而欲暖，劳而欲息，好利而恶害。是人之所生而有也，是无待而然者也，是禹桀之所同也。”

按照荀子的观点，人在饥饿时就会想吃饭，人在寒冷时就会要取暖，人在劳累时就会想休息，因此，求温饱、求舒适就是人的本能；而基于本能所衍生出来的心理反应和行为特征便是人之本性。

人在没有食物的时候就会感到饥饿，于是就会去“抢食”；人在没有衣服时就会感到寒冷，于是就会去“夺衣”；人在无法休息的时候就会感到劳累，于是就会去“偷懒”……如此，就形成了人们对有利于身心需求并满足其需求的所谓“利益”都喜欢，对有害于自身生存状态的事物都厌恶，因此“趋利避害”就是人之天性。

同时，人性还具备“道”的其他属性，例如无法改变性和不可违背性。因此，我们必须要予以尊重与顺应。大到时代发展，中到社会治理，小到企业管理，只有最大限度地满足人性的需求才能实现政通人和的最高境界。所有这些都表现出，人性是完全符合“道法自然”的基本属性。

人类社会的发展离不开人性需求的推动，而人性的共鸣是求生存、求平等以及对美好、幸福生活的渴望。正如马克思曾经对所谓的“粗陋”共产主义者所批评的那样，“还没有理解私有财产的积极本质，也还不了解需要所具有的人的本性”。

中国的改革开放之所以取得令世界瞩目的成就，正是因为顺应了人民的意愿。“民亦劳止，汔可小康”，以全心全意为人民服务为根本宗旨的中国共产党，正因为读懂了人民的意愿，顺应了人民的渴望，带领人民开启了改革开放的伟大航程。

今天，当中国已经成为世界第二大经济体之后，我国主要矛盾已由人民日益增长的物质文化需求同落后的社会生产之间的矛盾转化为人民日益增长的美好生活需要和不平衡不充分的发展之间的矛盾。日益增长的物质文化需求也好，对美好生活的追求也罢，正是这些人之“天性”在不断成为世界历史前进的动力，昨天是，今天是，明天依然是！

整个时代的变迁是这样，技术的发展也是如此。

我们经常会听到这样的一个观点：制造业实体日子不好过是某某的责任。对此，我们不禁要问：如果没有互联网技术，电商会出现吗？ 有了互联网技术，电商会不出现吗？如果电商的商品不便宜，还得到淘宝总部去付钱取货，你还愿意吗？

其实，电商的背后是技术的进步，技术的背后是时代的发展，而时代发展的背后，恰恰正是人性（图便宜、喜便捷、赶时髦等）的推动。总之，会有肩负推动时代发展使命的关键技术出现，这是颠扑不破的真理。

马克思曾经强调，人的发展的本质基于人的需要本性，需要提供永不衰竭的强大动力，砥砺人们保持发展常态，促进人自身的发展和社会历史的前进。大到时代发展，中到社会治理，小到企业管理，发展之道都是万变不离其宗的，其“宗”便是人性的需要。

对于企业管理来讲，其本质就是通过最大限度地满足人性需求，进而最大限度地提升人的主观能动性，最终为企业带来创造性的价值。这才是管理真正意义上的目的所在。

正如笔者曾在2020年第八期的《企业管理》杂志上发表的《企业管理必须回归人的基点》一文中所强调的：“所有不是以这个目的而展开的管理，或是最终实现不了这个目的的管理，都是伪管理，都是无效管理。”因为，企业毕竟不是集中营，也许可以把人“管”得规规矩矩、服服帖帖，但让人缺乏或丧失了主观创造力，让企业成为一潭死水，这就偏离了管理的本质。

冯友兰先生也在他的哲学专著《中国哲学简史》中指出，事物虽然千变万化，但在各种变化的底层，事物演变的法则并不改变。人如果懂得这些法则，按照这些法则来安排自己的行动，就可以使事物朝着对自己有利的方向演变。

对于人类社会，所谓的“底层代码”和“演变法则”便如笔者所总结的——人性特征和时代特征。前者是万变中的不变，后者则是不变中的万变，我们的应对法则就是要立于人性特征之不变来应对时代特征之万变。

人性是一枚硬币的两面

恩格斯在《反杜林论》中说过：“人来源于动物界这一事实已经决定人永远不能完全摆脱兽性，所以问题永远只能在于摆脱得多些或少些，在于兽性与人性程度上的差异。”这其实是在告诉我们，人性是具有优与劣的两面性的。

人之本性源于人之本能，正如黑格尔所说，“存在即合理”。人性存在的合理性正是源于人的本能。那么在趋利避害的本能之下，人们自然会有了自私乃至贪婪的本性——因自私而占有，因贪婪而不断地占有。这是因为，无论是趋利还是避害，都需要物质的支撑，都需要环境的保障。人类的资源是有限的，为了让自己能够更好地实现“趋利避害”之本能，人们就需要更多更好的资源。

这种自私与贪婪，首先体现在人性的生存需求上。人们要生存，便要维持机体各种生理机能的正常运转，这样一来，人们就需要拥有足够的食物、饮用水和药物。为此，人们要不停地去劳作、去换取，甚至是去抢夺。于是，能让人吃饱、吃好便成为人类社会发展原始的动力。

其次，体现在人性的安全需求上。因为“避害”的本能人们便有了追求安全的人性。为了让自己更安全，人们需要拥有更多的资源来为自己构筑起安全的堡垒。让人类“欲罢不能”的，国家间的军备竞赛就是一个非常能够说明问题的例子。

在自私与贪婪成为常态的时候，人们便有了“贪便宜”的本性。在“趋利”的驱动下，人们总是希望以最小的代价换来更大的占有。尽管，从《圣经》开始就在告诫人们“天下没有免费的午餐”，但是因贪小便宜而吃大亏的人依然是前赴后继、层出不穷。

正是因为人的生存与安全都需要利用和消耗一定的资源，所以人体便有了“懒惰”的本性。当我们试图进行身体活动时，就必须要调用额外的体内资源，这时大脑就会自动为我们“设定”“懒人模式”，或是开启“省电模式”。

在懒惰的本性之下，人们又有了“求舒适”“求便捷”的需求。于是“葛优躺”便成为人们向往“慵懒”的一种心领神会。因此，人们总是渴望能从天上掉馅饼，既省事又不费力，还比自己去做、去买快了很多。

“趋利避害”还表现在人有交际的需求。众所周知，人在远古时代就已经是群居了，这种群居的本能或本性使得人们拥有在群体中寻求互爱互助、相伴同行的人性需求，也使人们拥有在群体中表现自身能力和水平、寻求价值感和成就感的心理需求。

与此同时，当人远离群体或在群体中不被认可时，就会产生孤独的心理。孤独感会给人带来无助甚至是恐惧，进而让人们产生不安的感觉，甚至会形成被伤害、被迫害的妄想。因此，从群居中获得安全感也是人类“避害”的反应之一。于是，在获得生理和安全上的需求满足后，社交需求便成为最先呈现出来的心理需求。

为了在群体中表现出自身能力和水平，体现更多的价值感与成就感，一边可以获得更多的身份与地位的认可与认同，一边可以获得更多的物质与精神的满足，人们便开始有了喜欢向别人炫耀、追求与众不同的心理需求。这也是今天“凡尔赛”大行其道的根源所在。

正是源于心理上的安全感和价值感，人们又表现出“求尊重”的人性需求。在以人为中心的世界观基础上的人道主义理念中，互相尊重是其核心的内涵，没有之一。在西方，尊重的思想源于欧洲文艺复兴时期，到了法国大革命时期，将它具体化为“自由”“平等”和“博爱”。在东方，按照傅斯年先生的话说：“春秋时人道主义固以发达。”

人类之所以能够在群体社会中占有更多的资源，获得更多的尊重，拥有更多的荣耀，都是基于自我价值的实现。因此，自我价值的实现被认为是个体对追求未来最高成就的人格倾向性，是人的最高层次的需要。自我实现的人性需求成为人们追求理想、追逐梦想的原动力，是人们百折不挠、孜孜以求的内驱力。

在“自我实现”之下，人又有了好大喜功和急功近利的“劣性”。为了追求更大、更高的自我实现，人们往往期望自己能够做出更大的事业，创造出更大的功绩，以标榜自己的价值与成就，进而获得更高的地位、更多的尊重以及更大的收益。于是，很多人便是急功近利，妄想一夜成名或一夜暴富。随之而来的，是好高骛远、脱离实际、盲目冒进这样的问题成为好大喜功和急功近利者的“标配”。

因此，我们说，人性是个“两面派”，而这又源于前文所说的人性的“两面性”。正如英国著名作家赫伯特·乔治·威尔斯在《星际战争》中形容的那样：“高雅时髦与丑陋粗俗是人性这块普通硬币的两面。”因此，“人类既强大又虚弱，既卑琐又崇高，既能洞察入微又常常视而不见”（法国启蒙思想家、哲学家狄德罗语）。

一方面，因为趋利避害的本能驱动，便有了人性中对物质需求和心理需求的反映，人类便有了追求卓越的原动力和内驱力，这也是人性的一种体现，即在面对多个选择时一定会选择对自己最好的一个；而那些在体验上更加快乐、在感受上更加幸福的东西，人们往往更愿意为之而努力和付出，甚至是前赴后继、奋不顾身。

马克思一再强调，“需要为‘人的本性’”。这种“本性”表现在：对生理（生存）的需求，因此涌现出许多产品；对安全的需求，因此人们不断地提升品质；对社交的需求，因此人们开发出更快捷高效的通信工具；对被尊重的需求，因此人们才将平等、博爱和自由视作普适的价值观；对自我实现的需求，因此才会有越来越精致的奢侈品出现。

有一种说法叫“世界是由懒人推动的”。的确如此，正是因为人有懒惰的天性，所以就诞生了许多的科技发明来迎合和满足这种天性所衍生的需求。懒得爬楼，就有了电梯；懒得走路，就有了汽车、火车和飞机；懒得洗衣服，就有了洗衣机；懒得逛街，于是有了电商；懒得出门，于是有了外卖。

但是，人性的另一面又在阻碍着人类社会的发展。人的自私与贪婪让世界陷入不尽的矛盾、冲突乃至战争之中，让人类蒙受巨大的损失，甚至是社会倒退。人对舒适、安稳的追求，又让他们不愿意舍弃确定性优势，放下既得利益，走出舒适区，让社会或企业步入发展的瓶颈期；人的傲慢与偏见，让人类自我和谐互信的成本居高不下；人的虚荣与自负，让人类总是因不遵循事物的本质与规律而受到惩罚。

这种“异化”体现在生活的方方面面：空调在为人们带来“恒温”的同时，却使人类对自然界气温变化的调节机能日益减弱；交通工具的发达在为人们的出行带来便利的同时，却使得人们奔跑甚至行走的能力与日俱减……总之，一切现代科技为人类带来的所谓文明与进步，都会以人们与自然的疏远、对本能的废弃为代价，最终也必将走向人类的反面。

正如苏联作家高尔基在《三人》中所言：“所有的人好像总是带有两重性的。在他们的胸腔里仿佛有一架天平，他们的心就好像天平的指针，在称其重量时，指针一会儿倾向这一边，一会儿倾向那一边。”的确，人性正是由正反两面性构成的。一边如果完全由着人性，自私与贪婪终会把人类带向自己的反面而难以自拔，最终成为自己的掘墓人；那一边，如果完全灭人欲、存天理，人类又将失去前进的动力，一样成为一潭死水。因此，人类一直是在两难中徘徊前行，螺旋上升。

《泰戈尔评传》中有这样的一段话：“真理的一边是自由，另一边却是限制。”如果我们也将人心视为“真理”的话，那么，我们就是要一边不遗余力地弘扬善，一边坚定不移地遏制恶。只有这样，人类才能够在一半是海水、一半是火焰的世界里砥砺前行，走向光明。

人性需求是品牌的价值本原

人是一切事物的尺度，是存在者之存在，不存在者之不存在的尺度。

——柏拉图

这句话，其实是在强调人是一切事物存在或不存在的合理性之本原。这种合理性的评价标准便是以人性需求作为根本性的“尺度”。因此，在人类社会中以人作为核心要素，便是一切事物的内在本质；不断地满足人们的需要，便是一切事物的发展规律。

对于品牌也是如此。品牌是市场经营与竞争的重要形式，而市场是由一个又一个的所谓的“机会”构成的；而所有的机会都来源于人的需求，所有的需求都源于人的问题。就像机体没有水就会出现危及健康乃至生命的问题，因此，人们才有了不断补充水分的需求。恰恰是这种需求催生出许许多多“卖水”的机会。

既然市场的机会都是源于人性的需求，那么人类的哪些需求成为品牌价值的本原与驱动呢？我们来看马斯洛的人类需求层次模型，如图 1-1 所示。

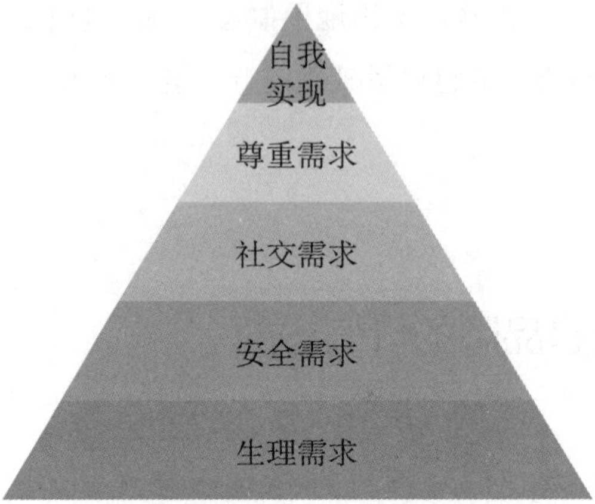

图 1－1　马斯洛的人类需求层次模型

生理与生存：品牌价值的“塔之基”

美国心理学家亚伯拉罕·马斯洛于 1943 年在《人类激励理论》论文中提出的“人类需求层次”理论及其模型中，生理需求（对衣食住行等需求），我们也可以说是生存的需求，被排在了首位以及金字塔模型中塔基的位置。对此，我们非常好理解，毕竟所有的动物首要的肯定是生存的需求。对于我们大多数普通人来说，活下去生命才会有价值，才会有意义。因此我们说，生理需求是人类最重要、最广泛的需求。

人类首先需要的是那些能够满足“吃喝拉撒睡”或是“衣食住行”的产品。我们以水为例。人如果没有水喝最多能坚持三天；但如果有水喝而没有食物，则能够坚持一周的时间。这说明，水对于生命与生存是何等的重要。这是因为，机体的能量合成离不开水，机体的内外信息传递离不开水（如果空气中没有水的成分，我们将听不到彼此之间的任何声音），机体的代谢与排泄离不开水。所以，人类迁移的路线就是一条寻水而往、逐水而居的轨迹。

公元 1826 年，法国的 Savoie（萨瓦）公爵正式以官方认证批准出售第一罐瓶装的依云爱维养天然矿泉水。Evian（依云）在拉丁语中正是“水”的意思。104 年后，中国也诞生了第一家瓶装水生产企业——1930 年，德国人在青岛开办的崂山瓶装矿泉水厂。

时至今日，据专家的统计，全世界水业市场规模在 2020 年突破 1 万亿美元。用芬兰化学品企业凯米拉公司（Kemira）负责人哈里 · 可米恩的话说，水业是目前全球增长最快的市场。恒州诚思市场报告于 2020 年 4 月发布的报告披露：全球矿泉水市场 2014—2018 年销量复合增长率为 6.7%；而到 2025 年，预计全球矿泉水市场规模发展的复合增长率将会提升至 8.78%。

有一件事不可不提，2021 年 3 月 2 日，胡润研究院发布《2021 胡润全球富豪榜》。在 10 亿美元企业家矩阵的前十位中，中国第一次有人上榜，排名第七，就是钟睒睒。这次晋位，也让他取代了印度的穆克什 · 安巴尼，成为亚洲首富。恰恰是“水”将这位泥匠出身的农夫山泉的董事长推到了首富的宝座。

说过了水，再说衣。有趣的是，据媒体报道，世界上最早出现商标的品牌广告竟在中国，而广告中的产品正是缝制服装所必备的工具——绣针。在国家博物馆的收藏中，有一件非常有意思的宋代文物——“济南刘家功夫针铺铜版”。印版上方标明店铺字号“济南刘家功夫针铺”，中间刻有一幅“白兔捣药图”，图案两侧注明“认门前白兔儿为记”，这是目前世界上已知的最早出现商标的品牌广告。

铜版下方刻有广告词：“收买上等钢条，造功夫细针，不误宅院使用，转卖兴贩，别有加饶，请记白。”前两句传递的是质量的承诺，第三句是对服务的承诺，后两句是对经销商的利益承诺。无论是在形式上还是在内容上，该广告词都是具有相当专业水准的广告佳作；同时也折射出宋代服装业已经处于相当发达的地步，以及人们对服装品质已经具有了非常高的要求。

我们从由世界品牌实验室（World Brand Lab）独家编制的2020年度（第十七届）《世界品牌500强》排行榜中也可窥见一斑。在这期的《世界品牌500强》中排在前两位的行业一个是“行”的汽车，一个是“食”的食品与饮料。如果再加上与人的基本生活密切相关的零售业，则总共占了90个席位。在榜单上，世界最老的品牌是法国的圣戈班（Saint-Gobain）（355岁），是一家“住”的建材公司。可见基于人们生存需求的品牌的生命力是多么的强大。

还有一组数据也很说明问题。据2013年6月由中国连锁经营协会公布的数据显示，在全球店铺最多的连锁企业前三位中，与“食”有关的快餐品牌就占了两席：麦当劳在118个国家和地区、赛百味在86个国家和地区开有门店（也有数据显示，肯德基在91个国家和地区开有门店）。另一席则是零售品牌7-11。7-11与其他零售企业最重要的不同点之一，便是其独特的即食食品研发能力，包括饭团、便当等米饭类，三明治、糕点等面包类，中国冷面、意大利面等面食类，关东煮、包子等热点类在内的即食产品。这些产品品质优良且口味独特，满足了顾客身处忙碌社会下的用餐需求，受到全球顾客的广泛欢迎。

7-11曾经有一个关于“特色饭团”的故事值得一讲。7-11在日本经营的初期，日本正处在市场通缩的时期。其创办人铃木敏文还是准备推出价格高达200日元的饭团。这一动议一经提出便遭到公司内部的极力反对。因为，产品研发小组深信，身处不景气的年代，产品如果不便宜根本没销路。在铃木敏文的坚持下，严选海苔、大米及馅料作为食材，再加上用精致的日本纸制成外包装的“特色饭团”还是诞生了，并且一经问世便受到了追捧，令当年饭团类的销售额同比上一年度增长率高达两位数。这说明，在产品过剩、消费饱和的经济不景气的背景下，人们最后保留的、最为关注的还是那些与最基本的生活需求相关的消费。

毋庸置疑，在品牌的价值中，用来满足人们的生理需求的就是产品的最基本的价值——使用价值，也就是我们常说的“功效”。正如马克思所说，商品在能够作为价值实现以前，必须证明自己有使用价值，因为耗费在商品上的人类劳动，只有耗费在对别人有用的形式上，才能算数。使用价值就是产品要具有完善的产品功能，可以为消费者圆满地解决各种的生理、生存乃至生活的需求，这样才能成为商品。换言之，任何物品要想成为商品都必须具有可供人类使用的价值；反之，毫无使用价值的物品是不会成为商品的。

在品牌价值中，功效属性是最基本的属性。优秀的品牌价值一般要具备普遍性、必要性、持续性和独特性四个方面的特征。它所对应的正是人们的四个层级的需求：①普遍性需求。对应较大规模的人群——大众需求。②必要性需求。痛点问题，雪中送炭——刚性需求。③持续性需求。具有长时间需求周期——长期需求。④独特性需求。个性定制，锦上添花——高端需求。

与人们生理、生存相关的需求恰恰具有普遍性、长期性以及痛点与刚需的必要性。无论时代如何变迁，这些需求及其特征是万变中的不变。只是这些需求被满足的形式与程度随着时代的发展而一直在改变。换言之，如果我们将“衣食住行”视为人性特征的话，那么要穿得更美更靓丽、吃得更好更愉悦、住得更大更舒服、行得更远更便捷则是始终在变化的时代特征。的确，从衣衫褴褛到锦衣玉带，从茹毛饮血到煎炒烹炸，从马车汽车到轮船飞机，从茅屋草舍到花园洋房……产品的使用价值随着人类对物质需求的不断提升，以及科学技术的持续进步而得到进一步的开发和利用。

在这个过程中，如果包含在产品中的有用性越多、越好，那么为人类所利用的范围就越广，产品的使用价值也就越大。产品的可用性、耐用性、易用性的程度越高，越会被人们所需要，人们也更愿意付出更多的费用来购买。于是此产品便成为同类产品中的佼佼者——品牌。

避害与安全：品牌价值的中流砥柱

在马斯洛的“人类需求层次”理论及其模型中，安全与生理需求一样处在塔基的位置，也属于最为普遍的需求之一。这也同样不难理解，毕竟趋利避害是人之本能中核心的两大底层代码，与生理需求一样也是决定了人能不能“活下去”的重要因素。因此，人的潜意识中是具备防御机制的，并外化为自我的保护意识，这是我们人类生存下来的本能。

马斯洛指出，当生理需要被大部分满足之后，个体变得越来越对寻求环境的安全、稳定和保障感兴趣。这个时候，人们对心理上的安全感的需求便应运而生。那么，如何才能让人们获得安全感？马斯洛给出的答案是：要让人们建立起“一种从恐惧和焦虑中脱离出来的信心、安全和自由的感觉以及满足一个人现在和将来各种需要的感觉”。

其实，这也是品牌构建的前提和基础。笔者一直强调，品牌的本质是价值也是关系，而关系的核心是信任，人与人形成信任的前提首先是安全感，然后才是获得感。为了获得感而不顾安全感，就是我们常说的冒险，例如赌博，这不是我们社会主流价值观提倡的普适价值观。

我们无法想象一个人会对一个有可能对他或她的安全构成威胁的人达成信任。这是因为，只有人有了安全感之后，才可以相信、可以放心，进而才会做出选择，甚至可以依靠他人，最终实现从安全感到获得感的递进。

因此，作为品牌首先要展示或者传递给消费者：你是安全的，对他是不会构成伤害的，相反会对他的安全形成保障。只有这样，消费者才会走近、走进品牌，才会接纳和信任品牌，才可以放心与你建立起更加亲密的关系。

那么，如何让消费者在品牌面前形成安全感呢？就是我们非常熟悉的两个字——质量。以质量确保消费者能够通过产品更好地满足生理、生活需求，同时还能够避免因使用产品而带来伤害。这就是产品使用价值的两大构成：功效性和安全性。

因此，在《品牌系统性建设：沿循消费心理与行为的轨迹》一书中，笔者将品牌的核心价值确定为"产品卓越＋用户亲密"。如果我们将"品牌"二字拆分来看，"品"代表什么？代表产品的质量。"牌"是什么？狭义讲，是招牌，也即品牌形象；广义讲，是与消费者之间的关系。其中，产品卓越是能够建立起亲密型的消费者关系的前提与基础。

质量包含着对功效的保证和对安全的保障。人们对安全的需求反映在对产品质量的重视以及愿意为高质量的产品付出超常支付上。因此，如果某种产品不能让消费者用得放心和安心，那么，它就没有资格成为品牌，假冒伪劣产品必将越来越没有市场，也必将遭到消费者决然的摈弃。这正是品牌的基本价值所在。

人性中对安全的需要除了对产品的使用不会出现人身伤害之外，还体现在消费的安全性上。当消费者受到信息不对称因素的影响时，产品的无形价值就成为引导消费者进行决策的主要依据。因此，有学者认为，世界上之所以出现百货商店这种业态，其初衷就是通过这种集中的、有实体做依托、其中的商品都是经过店工遴选的形式，来形成并提升消费者对商品品质的信任，进而减少购买决策的时间与成本，让消费者买得放心、安心和舒心。

西方学者普遍认为，最早的百货商店是1852年在法国巴黎创办的Le Bon Marché（乐蓬马歇），同时它也是世界商业史上第一个实行"新经营方式"的百货商店：顾客可以自由进出商店；商品实行"明码标价"，对任何人都以相同价格出售；陈列出大量商品，采用柜台销售，方便顾客挑选；顾客如果对购买的商品不满意，可以退换，以此来改变以前那种讨价还价、商品一卖了之、让顾客感到带有欺骗性和强制性的售卖方式。同时，柜台一律使用上等材料，中庭更是时不时地有不同的艺术装潢展示，其目的就是最大限度地增强顾客的安全感和信任感。

有一项市场调查结果显示，在一个陌生的环境下，90% 的人会选择熟悉的品牌进行消费（比如在火车站用餐，人们更倾向于去肯德基、麦当劳等熟悉的品牌连锁店用餐）。因为一个熟悉的品牌，特别是著名的品牌，是在长期市场竞争中形成的，它享有崇高声誉，给消费者带来信心和保证，甚至安全感，由此赢得消费者的信赖和忠诚。

特别要指出的是，随着大工业时代的不断发展，今天和未来的消费者对品牌安全价值的期许已经远远不局限于个人使用的维度，公众性安全乃至社会性安全显得越来越重要而备受关注和重视。因此，无论是消费者还是社会和政府，都强烈且坚定地支持具有环保属性的产品研发，让越来越多的原材料转换成无污染性的、可循环重复利用的、可融入自然环境的无公害绿色环保产品售卖给消费者。

由此，一种忠于实践、倡导推广“健康与和平”理念的“绿色品牌”模式应运而生，即通过树立企业的绿色品牌观念，推进绿色管理体系的建设，引导绿色产品的生产和消费，加大绿色产品科技开发和营销力度，建设绿色市场、实施绿色营销，推广促进绿色产品标志，建立绿色服务通道等措施，将绿色理念深入融合在品牌的设计与建设中，彰显在品牌的形象与经营中，为消费者带来绿色、环保的品牌体验，形成与众不同的品牌无形资产。

值得一提的是，在互联网与数字化时代，人类安全的边界被无限打开了。首当其冲的便是信息安全。这也成为人们对企业、对品牌、对产品评价与选择的重要标准。特别是随着互联网技术的不断发展，电商网购在给人们的生活带来便利的同时，也给消费者带来了个人信息安全问题，个人信息安全越来越受到人们的关注。近年来，消费者在网上信息遭到泄露、网购诈骗事件屡屡发生。以 2018 年发布的《无锡市消费环境建设白皮书》为例，其调查显示，消费者的交易安全与个人信息安全的平均得分最低，分别仅 67.60 分和 58.45 分，充分反映出消费者早在几年前就对消费过程中个人信息的安全表现出极高的关注与担心。

因为安全与生命攸关，因为安全关乎社会稳定，因为安全会让品牌遭到“一票否决”，所以，我们无论将安全放在一个多么高的位置，为其赋予一个多么重的分量，对于品牌来说，都不为过！

社交：品牌价值的“第三空间”

如果说功效与安全是品牌价值的“第一空间”和“第二空间”的话，那么社交便是品牌价值的“第三空间”。

如前文所述，人是群居动物，因此天然具有社交的属性与需求。通过社交传递信息、沟通情感、建立社群、共享知识、分享快乐，恰恰是人类在社交方面的这些需求，在不断地推进社会的进步和科技的发展，以便更好地拓展社交的边界、深化社交的内涵、丰富社交的途径、便捷社交的工具。

以信息传递为例。早在远古时期，人们就通过简单的语言、壁画等方式交换信息。千百年来，人们一直在用语言、图符、钟鼓、烟火、竹简、纸书等传递信息。从手语旗语到烽火狼烟，从飞鸽传书到八百里加急，从邮政专递到电报电话，直至互联网秒传，正是因为人们社交的需求，才使得人类在通信领域不断发展，极大地推动了世界文明与社会进步的进程。

除了信息传递之外，人还有面对面沟通、交流的需求。因此，到更远的地方、能见更多的人便成为人类交通发展的重要驱动力之一。从人力到骑马，从汽车到火车，从轮船到飞机；从乡间小路到城镇公路，从省级高速到全网铁路，从天上高架到地下捷运：人们便可以早上在千里之外与朋友喝早茶，晚上可以回来与家人共进晚餐。

为了满足人类的社交需求，便诞生了各种各样的产品和服务。于是，许多产品和服务都被赋予了社交的属性和价值。例如，许多产品被人们当作相互馈赠的礼物，而成为人类“礼尚往来”中不可缺少的载体和内容。人们通过礼品来传递信息与意愿，表达关心与敬意，联络关系与情感，乃至通过礼品化解误解与矛盾，促进人际和睦与社会和谐。不同的礼物彰显了不同的内涵与寓意，折射出不同的人际关系，映照出不同的人格与情趣。礼品已经成为人与人之间的关系媒介和沟通的桥梁，在满足人类社交需求的过程中发挥不可或缺也不可替代的作用。

与此同时，许多的场所与服务被赋予了社交的属性和价值。从餐馆到酒肆，从茶楼到酒吧，从酒店饭店到咖啡厅，从健身房到娱乐会所，从网络社区到微信朋友圈，人类不断地拓展出在居住和工作之外的社交空间。20 世纪 70 年代，美国社会学家雷 · 奥尔登堡从城市及社会研究角度，提出“第三空间”的概念。“第三空间”就是一些非正式的公共聚集场所，更突出地强调场所的社交作用。

为了更好地满足人们社交的需求，“第三空间”往往具有更多特别的属性和特殊的服务。例如，它可以作为“中立地带”，呈现出高度包容和接纳的态度，不设置特别的门槛，可以让每个人都进出无碍。像星巴克、麦当劳和肯德基这样的商业场所，人们并不需要一定要有花费才能享用。它们还具备更多的社交功能和氛围，例如，可以售卖饮料便餐，提供娱乐表演和网络服务，等等。再有，它们大多数都超时间开放，不会朝九晚五，以满足人们各种应酬的需要。更为重要的是，它们还会为人们提供心理上的抚慰，例如，轻缓的音乐、淡淡的香气、柔和的光线、舒服的沙发等，其目的就是为消费者打造互不干扰的安静、秩序的氛围与环境。

在互联网技术的推动下，人类的社交空间已经远远不止于固定的物理空间，网上的虚拟空间如社区、游戏、即时通信等也成为人们社交的重要场所。这种社交空间的打造与利用，同样也成为许多品牌的核心资源、营销平台和品牌价值。特别是口碑与社群成为品牌与消费者之间沟通、交流、互动、连接、协同，甚至是共同创造的媒介和载体。

人类社交还有一个衍生价值，就是营销。从所谓的传销到直销，再到现在的微商，社交始终在营销中扮演着重要的角色，提供重要的途径和载体，赋予了营销更多的方法与手段。特别是在互联网经济的大潮中，因为社交技术的不断发展，社交平台功能的日益强大，以及信息传递与沟通越来越便利，使得其社交营销的价值越来越被放大，直至成为营销模式中非常重要的路径之一。

这就使得社交在以往单纯地赋予产品和服务的社交属性与价值之外，自身也具备了愈加显著的营销属性以及愈加重要的营销价值。其中，社交的去中心化使得每个人都可以成为一个媒体，进而每个人都能成为一个商体。这使得商业的群体化，甚至是个体化都具有了更大的普遍性和常态性。这就为商业的社交化与社交的商业化提供了前提和基础。最终，使得营销的模式不再是单纯地由企业作为主体发动，由传统商业渠道进行分筛，再由媒体广告加以引导的，而必将走向更为广泛、更为深入的社会化、社交化营销。

如此一来，营销也变成了人类社会的社交方式之一。以往的营销模式是以企业为主体、为主导的撒网式营销，是一种由大及小的营销；而今天和未来的营销更多的是以企业为先导、以社交为媒介、以信任为驱动的，由小及大的涟漪式社会化传播。我们越来越看到，从社群经济到粉丝经济，从微信朋友圈到微商，营销与社交越来越密不可分，营销更具社交化，更多地需要社交来驱动。

事物往往都具有一枚硬币的两面性特征，社交营销也是一样。一方面，社交的去中心化使得社交呈现出更大的群体化和个体化的特征；但与此同时，在某一个社交群体中每个人都有可能成为社交的中心。这就使得越来越多的人需要通过营销来满足自身的社交需求，来实现自身的社交价值。那些具有商业属性的社交群体组织和具有营销影响的意见领袖，如大V博主、“网红”主播、明星大腕、专家大咖的作用将变得越来越重要。

在这个过程中，对于那些不具备良好的社会背景与资源，但拥有一定的人格魅力以及宣传、组织、协调能力的普通人来说，在某一个领域、在一个群体中成为意见领袖，无疑是他们实现人生价值的很好的路径之一。一直以来，也的确有许许多多的普通人通过在营销中成为意见领袖乃至群体领导者而将自身的人生价值提升到一个令人尊敬的高度。这是因为，在以信息互联为纽带的社交营销中，其核心并非是信息本身的传递，真正起到营销驱动作用的还是信息背后的“人与人”之间的沟通。

值得一提的是，社交还被融入产品及品牌的构建与进化中。这就使消费者从以往的利润提供者和意见提出者以及成本构成者的身份转变成产品与品牌价值的共建者。为此，2010年，美国密歇根罗斯商学院市场营销学教授文卡特·托马斯瓦米提出了“共同创造”理念，即原本由企业来独自完成的价值创造过程，随着技术上的可行性，变成更多角色共同完成。通过吸引消费者参与企业的生产经营，既可满足消费者的参与欲望，又可为企业创造价值。然而这背后离不开社交—社区—社群的策动与推动。

总而言之，人类是群居动物，社交是人性中的本性所使和本能表现。人们需要通过社交排解孤独和寂寞、沟通信息与情感、获得尊重与价值，这必然会有越来越多的产品和服务被赋予不可或缺也不可替代的社交属性和社交价值。最终，让品牌在社交需求中拥有了全新的定位，成为重要的资源。

尊重：品牌价值的“催化剂”

在《品牌系统性建设：沿循消费心理与行为的轨迹》一书中，将品牌与消费者关系归纳为四个评价层级：知名度、信任度、美誉度和忠诚度。

在这个递进的过程中，有一件东西可以加速这个进程，可以深化这个程度，就是——尊重。

如果我们将“尊重”二字拆开，那么“尊”代表被尊敬，“重”代表看重。前者意味着在人格上的被赞许和高看——被尊敬，后者意味着在价值上的被认可和认同——被重视。由此，便会产生愉悦感、亲近感、满足感和成就感。由此，信任便会被催化出来，关系便被拉近起来。最终，对方也会获得一份对等的尊重。

英国作家约翰·高尔斯华绥说过：“人受到震动有种种不同，有的是在脊椎骨上，有的是在神经上，有的是在道德感受上；而最强烈的、最持久的是在个人尊严上。”正如英国哲学家席勒所强调的：“不尊重别人的人，别人也不会尊重他。”由此可见，品牌要想获得消费者的尊重，首先要做到尊重消费者。

我们常说，品牌的自身逻辑是价值，外在关联是关系，而关系的核心是信任，尊重则是信任的催化剂。由此，品牌价值就会从单纯的物质的价值提升至精神的价值。那么，作为品牌又该如何向消费者表达、传递、彰显和转化这份尊重呢？

其一，要让消费者感受到“被尊敬”。

一是文化上的尊重。在不违背人类普适、主流价值观以及各国法规及道德的前提下，要尊重消费者的民族文化和公序良俗，要尊重消费者的生活态度和生活方式。二是人格上的尊重。无论贫穷还是富有，无论是老少还是病弱，都要从尊严上予以平等看待，都要从行为上予以同等相待。三是对消费者权益的尊重。例如，消费者在进行消费和接受服务过程中所涉及的生命的权利、知情的权利、选择的权利等，不能对消费者进行隐瞒、强迫与欺诈。

其二，是让消费者感到“被重视”。

要对消费者的地位与需求给予足够的重视。无论是企业的价值观与理念都要以消费者为导向，从利他再及利己；无论是企业的战略还是产品的规划都要以消费者的需求为中心，为消费者解决问题、创造价值、输送利益，满足其需求。

重视消费者的感受。在《品牌系统性建设：沿循消费心理与行为的轨迹》一书中，将品牌体验明确为品牌营销的核心。要重视消费者在产品、服务、消费、文化等方面的心理感受和言行反馈，要不断创造和优化与品牌承诺相匹配的正面感受和价值感知。

正如陈春花老师一直在强调的，企业只有一个立场，就是顾客立场。从“顾客立场”到“顾客价值”的转化，则是企业的“一种战略思维，一种准则”，而不仅仅是一种概念和一种形式。

在尊重消费者的同时，品牌也要赢得消费者的尊重。我们一直强调，品牌建设的过程就是人性与人性博弈的过程。在这个过程中，为了更好地迎合、满足消费者的人性需求，作为品牌就要“反其道而行之”，做到“人之所欲己所不欲”。就是那句简而明之的话：压抑自己，满足别人。

对于品牌，人性的贪婪、自私好比是我们的敌人。凡是人性反对的，比如人性反对“吃亏”，那么我们就要将“便宜”让给消费者；人性反对“傲慢”，那么我们面对消费者就要谦恭；人性反对“欺骗”，那么我们就要跟消费者以诚相待。

因此，品牌首先要树立起“利他”的价值观。要让品牌拥有高尚的世界观，要赋予品牌追求美好愿景的使命，品牌要承担造福社会的企业责任，要有义利守正的经营理念。正如稻盛和夫所说：“人生的一切都是人自己内心的投射。”对于一个品牌也是如此。一个企业也好，一个品牌也罢，你有着什么样的信念与追求，你就在社会和消费者面前呈现出来什么的姿态。

就像是生意人、商人和企业家的不同。生意人是为利益而活着，有钱就赚，甚至不择手段。商人可以做到有所为，有所不为，懂得判断利害与得失。企业家则有家国情怀，以改变社会、造福他人为使命，以改变人生、实现理想为目标。不同的初心体现出不同的知行，会给消费者呈现不同的形象，最终消费者如何看待和对待他们也会迥然不同。

其次，要不断克制自己的欲望。人都有好大喜功、急功近利的天性，特别是对于那些已经获得了成功、已经被成功证实了能力的企业家们。在成功面前，感性往往战胜了理性，对更大、更远的目标实现的渴望往往会“凌驾”于为消费者创造更好的价值、为消费者实现更高的利益之上。

因此，企业要正确处理消费者利益与自身发展之间的矛盾，掌握好品质的底线与能力的边界之间的平衡，永远将消费者利益置于自身发展之上，不能以企业发展的名义让品质失去所应该具备的能力保障。确保在不打破品质与能力之间平衡的前提下推进企业的高质量、可持续稳健发展，持续为消费者创造更新的价值，满足消费者更高的期望，不断向消费者输送更好的利益。

再次，要不断深化与消费者的信任关系，与社会的信用关系。英国作家约瑟夫·鲁说过：“信任是友谊的重要空气，这种空气减少多少，友谊也会相应消失多少。”这对于品牌与消费者之间的“友谊”更是如此。通用公司在给其股东的一封信中，首先讲的就是企业诚信的问题：诚信是我们价值观中最重要的一点，是我们一切关系的核心。因此，我们说，人无信不立、业无信不兴，对于企业而言，诚信就是企业生命的灵魂所在，就是企业生存的根本所在。

对于社会，企业要遵守公德，要承担责任与义务。中国近代政治家、思想家梁启超在《论中国国民之品格》中强调：“公德者诚人类生存之基本，公德盛者其群必盛，公德衰者其群必衰。”显而易见，一个只看重企业一己之利而不顾社会发展、为了达到目的而不惜侵害公众利益的企业，是无法赢得社会的尊重与支持的，也无法在市场上立足而获得长远发展的。

最后，要保持自身的进步与成长，能够与时代发展同步，与社会进步同行。这其中，创新是不竭的动力所在。我们曾经反复强调：消费者忠诚的是价值和利益而不是品牌。时代在发展，科技在进步，消费者对需求满足的期望也在与日俱增。因此，企业必须要以创新发展为宗旨，通过不断的理念创新、模式创新、技术创新和产品创新来满足消费者日新月异的需求。这样才不会被时代淘汰，不会被消费者所抛弃，才能始终赢得社会与消费者的尊重。

自我实现：品牌价值的“九重天”

对于品牌，与人性基本需求的最高层级——自我实现相对应的品牌价值是品牌之所以存在的最高意义。

在马斯洛的人类需求层次模型中，自我实现是追求未来最高成就的人格倾向性，属于人的最高层次的需求。人们在社会环境中，通过自我努力和价值实现，为社会创造价值，为他人带来利益，进而为自己带来一定的社会尊重与爱戴。这些往往是通过人的地位、名望、财富、权利、信誉等相关因素所体现出来的。

能够做到自我实现者在现实生活中毕竟属于少数，因此在人们不同程度地做到了自我实现时，就会本能地将自我实现的“成果”通过各种方式展现出来，这就是关于荣誉心理的“三点论”，即“实现—体现—展现”。无论是标榜身份还是彰显地位，抑或是炫耀财富，都成为一种特殊的消费诉求与驱动，成为商业行为中附加值与溢价率最高的一种形态。

这就是美国经济学巨匠、制度经济学鼻祖凡勃伦所提出的“炫耀性消费”的概念，即当消费者一般生理需要满足后，他们将趋向于“心理消费”，购买更具品质的产品和服务。品牌作为一种物化的外在表现，在这个过程中就成为人们在展现“自我实现”方面的重要媒介与表现形式。由于荣誉心理是建立在利益心理与归属心理的基础之上，所以荣誉心理亦包括这两种心理的内容与表现。

从利益心理上看，消费者以能够买到或享受到具有稀缺性、品质性和特殊性的产品或服务为荣耀。例如，资源的稀缺性，如钻石、黄金等；历史的稀缺性，具有长时间的积淀与传承，如百年品牌的背书；供求的稀缺性，如各种限量版；等等。特别是在产品匮乏的时期，无论是20世纪70年代的手表、自行车和缝纫机，还是80年代的冰箱、彩电和洗衣机，还是90年代的空调、音响和录像机，在当时都是首先具备稀缺性的。

其后，便是产品的品质性。如采用纯手工工艺生产的产品。手工产品因其要耗费比机械工艺高出数十倍的时间成本，且对工艺风险把控要求更高，倾注了工匠们更多的智慧、精力乃至心血，所以，不仅具有品质的极致性，还具备产量的稀缺性，以及工艺的特殊性。由此，也就成为满足更高的利益心理的媒介和载体。

从归属心理上看，不同社会阶层在消费观念和消费水平等方面都存在着不同程度的差异，不同社会阶层的消费者表现出不同的生活方式和消费特点。故而，他们在产品的选择以及产品的使用过程中体现出相应的差异。于是，处于不同社会阶层的人们也就逐渐形成了阶层化消费模式的差异，而这种差异帮助消费者强化了阶层身份认同。

在这其中，奢侈品最能体现人们地位区分、族群归属的心理感受。埃默里大学的查尔斯莱德曾将奢侈品定义为：“这部分商品中有95%都是提供给金字塔顶端顾客专用的。”“这些高收入、高品位的消费者愿意为功能完全相同的商品支付更高的价格，以此证明并提升或是炫耀自己的社会地位，进而获得一种归属感，并使自己的财富能够体现其获得或者维持一种较高的社会地位。”（Mason，《炫耀性消费：特殊消费行为的研究》）

正因为奢侈品享有很特殊的市场和社会地位，所以它相较于大众商品不仅能提供使用价值，同时还能提供具有极高水准的心理附加值。因此，奢侈品品牌的无形价值往往要高于其可见价值。这一切恰好顺应和满足了人们在自我实现需求下的荣誉心理，即通过拥有奢侈品，以标榜其不同一般的身份地位，感受到与众不同的尊贵体验，彰显不同凡响的成功标签……最终，获得尊享、荣耀的心理感受和精神满足。

此外，在归属心理方面还包括能够享受到更为周到的照顾和更为尊贵的特权，甚至最为特殊的待遇。我们常说的“VIP”就是这种服务的一个代名词。VIP 的英文全称是 Very Important People，直译过来就是“非常重要的人”或“重要任务”。由此我们可以理解，VIP 对于消费者来说，就意味着自己已经成为“非常重要的人”，而对于品牌来说，服务好这部分顾客就是自己最为“重要的任务”。这部分顾客在消费过程中，或产生消费之后所享有的常规之上的特殊优待，被称之为消费特权。

还有，选择不同的产品与服务也是不同的生活方式的一种体现与表达。这是因为，具体劳动条件、经济收入、消费水平、家庭结构、人际关系、教育程度、闲暇时间占有量、住宅和社会服务等条件的差别，会使同一社会中不同的阶级、阶层、职业群体以及个人的生活方式形成明显的差异性。

例如，在当今社会以健康为导向的生活方式的选择与践行便成为不同的人对生活方式采取的不一样的选择。具有一定社会地位、经济水平和知识层级的人往往会选择更为健康的饮食、作息、休闲的方式，例如，更多去选择有机产品，不暴饮暴食，不抽烟少饮酒，早睡早起，喜欢康养式的休闲度假方式，等等。这些特有的生活模式，正是通过一种典型的、稳定的生活活动形式表现出来。因此生活方式往往成为划分阶级、阶层和其他社会群体的一个重要标志。

在炫耀性需求下会产生荣誉性心理，同时人们还在追求与众不同。与众不同是人类潜意识中的心理需求，一旦有机会表现，人们就会变得标新立异、特立独行，以向周围的人彰显自身的存在，标榜自身的价值。但是，彰显个性是有条件的。例如，在中国，60 后的人因为当时环境的束缚而表现得害怕与别人不同，70 后的人则开始变得可以跟别人不同，80 后的人更是希望与别人不同，而 90 后的“Z 时代”的人是一定要与别人不同。除了环境的影响，还有人的消费水平。

同时，个性化定制因制作工艺和成本的因素，而始终是一个稀缺性的价值。只有很少一部分人才有能力和资格获得这样的产品或服务。因此，拥有个性化、定制化的产品或服务也是满足自我实现心理的一种形式与表现。高端人群对消费需求的不断升级，以及不断发展的数字化和智能化为解决个性化和定制化所带来的技术支持，使得产品的个性化定制成为吸引高端人群的重要突破口。许多大品牌将越来越多地提供定制选项——从过去少数的审美选择到真正为个人定制的产品。

值得一提的是，那些尚未处在“自我实现”阶层的，尚缺少自我肯定和自我价值感的人，也会有“自我表现”的心理需求。他们更渴望通过一些外在的东西来获得更高层级的存在感和认同感。

综上所述，人性的需求是品牌价值的发源地，品牌之所以存在，首先是基于人性的需求。因此，只要还有人类在，品牌就将会永存。

第二章

合乎人性是品牌立世之本

毋庸置疑，企业发展离不开利润的支撑。因为只有获得相当的利润，企业才能够扩大再生产，才能够持续研发新产品，最终实现可持续的发展。利润一定是从市场中得到的，而市场又是由许许多多的人构成的。因此，市场的主体非人莫属，那么品牌的主导便是要围绕着“人”这个中心展开。

“人”又是围绕着什么来展现的呢？无疑，就是人的本能与本性，以及由此而衍生出来的各种人性之特征和人性之需求。因此我们说，品牌就是“一个核心、四个基本点”——以人性需求为核心，以价值和利益、心智与关系为基本点，即以解决消费者问题、满足消费者需求为出发点，打造品牌包括产品或服务在内的自身价值，通过价值向消费者输送利益，进而与消费者建立起越来越亲密的关系。

以人为本是品牌价值的试金石

我是个人，凡是合乎人性的东西，我都觉得亲切。

——马克思

《论语》中记载，马棚失火，孔子问伤人了吗，却不问马。说明在孔子看来，“天地万物，唯人为贵”。唐太宗李世民也曾将“凡事皆须务本，国以人为本”（《贞观政要 · 卷八 · 论务农》）作为自己的治国之方略。从国家到品牌，道理都是相通的。如果能够理清、理顺“以人为本”这个纲，品牌的根基就牢固，就纲举目张。这个“本”一旦陷入了“剪不断、理还乱”的境地，那么品牌就危在旦夕了。

为何“一代酒王彻底凉了”

在2020年，茅台“一飞冲天”，白酒行业“鸡犬升天”的大背景下，2021年2月7日，新浪财经的一则报道“宣告”了曾经的一代酒王——孔府宴酒，从年赚10亿元到仅以1.33亿元拍卖成交的悲惨落幕。

1993年，孔府宴酒开始在央视的新闻联播后投放广告。1994年，孔府家酒取而代之。1994年11月8日，孔府宴酒豪掷3000万元人民币，夺得央视首届“标王”，曲阜的孔府家酒则以700万元之差屈居亚军。在转年的同一天，1995年11月8日，秦池酒则以6666万元又将“标王”的宝座揽入怀中。

在20世纪90年代，以孔府宴酒为代表的鲁酒矩阵曾经风光无限，领一时之风骚。孔府宴酒、孔府家酒、秦池酒……无不闻名天下，成为市场的“宠儿”。

但是好景不长，就在1996年局势发生了令所有人大跌眼镜的转变，与12年后的那场“三聚氰胺风波”一样，让整个鲁酒行业遭受到了致命的打击，并从此绝无东山再起的机会。

到底发生了什么？是什么让整个“鲁酒”行业从峰顶一下子就跌落到了谷底？原来，据新浪财经刊发的一篇名为《一代酒王凉了？曾豪掷3000万成为央视标王，如今债2.7亿破产》的文章介绍，1996年，秦池酒“勾兑事件”被曝光，“从川地收购的散酒勾兑产品，而且作坊简陋，一派二流形象，连防伪标志都是劣品”的一连串真相大白于天下。然后，迅速波及整个“鲁酒”行业，消费者不敢再买任何的“鲁酒”品牌。

人类事物的底层的代码和顶层的逻辑由两个要素构成，即人性特征和时代特征，正所谓大道至简。人性特征是永恒不变的，时代特征却是万变的。特别是在今天这样的一个技术快速更迭的时代，变化更是前所未有的，速度之快令人目不暇接。

人类社会在其发展的进程中，一定是在变化乃至变革之中蕴含着不变。相对于万变的时代，始终不变的就是人性。对此，我们要遵循之，顺应之，坚守之，乃至敬畏之。因为，这是人间正道！这是不以人的意志为转移的，正如荀子所指明的那样："天行有常，不为尧存，不为桀亡。"

那么何为人性的特征呢？美国著名的社会心理学家马斯洛对此提出了人类需求五大层次模型，即生理需求、安全需求、社交需求、尊重需求、自我实现需求。其中，生理需求被排在了第一位。很好理解，人类面临的第一个问题就是生存，而想获得基本的生存，就必须要满足最基础的生理需求。各种生理需求的满足正是需要各类产品所提供的功效来实现。因此，在品牌的所有价值中，产品的使用价值，即产品的功效性与安全性被消费者视为最不可或缺与替代的首要价值。正如360公司创始人周鸿祎说："谈到需求，我不得不提到人性。一个好的产品，往往能够反映人性中本质的需求，换言之，不符合人性的需求都是伪需求。"

艾瑞咨询于2016年3月发布的《90后VS 80后时尚品牌偏好研究报告》和知萌咨询于2017年5月发布的《中国品牌消费行为调查报告》中的数据显示，有近一半的80后、90后在注重品牌的首要选项方面都不约而同地选择了产品质量。

由此，我们可以看出，与产品品质有关的需求是最广泛的塔基需求。也就是说，无论时代如何变迁，人们始终都不会愿意花钱购买功效低下、安全性差的产品，这是人性使然。即使是在互联网营销大潮席卷整个市场的今天，作为互联网的"原住民"们，他们也将产品质量视为品牌选择的首要条件。

因此，我们需要强调，品质是品牌本质的内涵要素，是品牌核心的价值体现，是所有品牌价值的前提和基础，是企业品牌战略的第一保障，是消费者认知品牌的第一印象，是消费者认同品牌的第一感受，是消费者认可品牌的第一评介，是消费者认定品牌的第一选择。换言之，为社会提供具有高品质的产品就是企业的第一社会责任。

在十几年前就有“先有市场，再有工厂”的营销理念，它创造出的市场辉煌，曾经让当年刚刚进入品牌相关领域的笔者赞叹不已。就像当年的“鲁酒”们一样，在许多品牌的心里，营销总是大于产品，崇尚“营销至上”的唯营销论的，至今还大有人在。特别是在互联网技术、智能化技术兴起之后，像黄太极、雕爷牛腩这样的一夜成为“爆款”的“网红”品牌们更是让人们越来越迷信营销的力量，而忽略了人们对于消费的基础的、根本的需求。

对此周鸿祎曾说过：“如果说互联网催生了许多伟大的企业的话，那么这些伟大的企业一样都是基于伟大的产品，而不是伟大的营销。”互联网的方法论归根结底就是基于产品的方法论。

需要指出的是，今天我们说的产品品质已经不只是指产品质量，产品体验也包含在品质的范畴内。也就是说，诸如品尝时味道纯不纯正，使用时方不方便，观感上美与不美，等等，这些并非产品本身的功效，而是使用产品时的感受，都已经被消费者等同于产品的品质了。这些正是从生理和心理两大维度更好地满足了人性的需求。

最后，讲一个小故事，也许能对大家有所启迪。

一位青年画家去拜访德国著名素描大画家门采尔，诉苦说：“我觉得画画很容易，我一天可以画一幅画，可是为什么卖掉会这么难呢？差不多需要一年。”门采尔听了，建议：“那你倒过来试试吧。花一年的工夫画一幅画，我保证你能在一天卖掉它。”

正如任正非所言：“做企业就是要安下心来，磨好豆腐给最亲的人吃。”

货拉拉:“女孩坠车”不容漠视

2021 年 2 月 24 日，货拉拉再次针对发生在 2 月 6 日晚的“女孩坠车事件”致歉，并表示针对平台存在的安全预警缺失等问题展开了反思和整改。从官方公布的七项安全整改措施来看，货拉拉的确在安全方面有不少需要完善的空间，同时也反映出他们在之前对“安全运营”忽视的程度。正如他们自己承认的那样:“我们也深知货拉拉诸多不足。”(2020−02−24 澎湃新闻官方账号)

令人不解的是，有闹得沸沸扬扬的网约车安全事故频发的警示，自己也深知有诸多不足，那又为何一再地漠视乃至无视呢？难道高速发展必然是野蛮生长吗？追求利益就可以将一切都置于其下吗？模式创新就可以置人于不顾吗？

看来，无论是在对事物的认知上，还是对品牌的打造上，货拉拉们都有许多的课要补上，有许多的事理要认清。那么，我们依然沿着上一节的人性主线，从人类事物底层的代码和顶层的逻辑说起。

在马斯洛的人类需求五大层级模型中，安全需求被排在了第二位，与生理需求一样是人类最为广泛的需求。这是因为，在人之本性与本能中，趋利避害可以说是人性的“总纲”，被视为所有生物体生存和发展的根本原则，当然也包括我们人类自己在内。正如东汉大臣霍谞在《奏记大将军梁商》所言:“至于趋利避害，畏死乐生，亦复均也。”也就是说，在这个问题上，没有不一样的。

由此可见，安全是人类事物的一道“铁律”和“铁闸”。正因为如此，荀子早在公元前 200 多年的时候，就告诫我们:“应之以治则吉，应之以乱则凶。”2013 年 6 月，《人民日报》刊登了一篇评论员文章，其标题为《始终把人民生命安全放在首位》。特别是对于像“品牌”这样要天天与人的衣食住行打交道的事物，我们更不可视而不见、置之不理，这般漠视、无视。

尽管如此，产品安全问题依然层出不穷。每年的央视 3 · 15 晚会都会涉及消费者安全的各个方面。其中，人们最关心的还是每天都会接触到的食品安全问题。在 2009—2018 年的十年里，3 · 15 晚会多次曝光食品行业。尤其在 2014 年出现了曝光峰值，当年 9 个被曝光的企业中，涉及食品安全的占了 1/3。

更令人不安的是，产品安全问题在国际大牌的身上也会不断地“涌现”出来。在涉及安全的“负面清单”中，在汽车行业，宝马 2018 年召回汽车共计 21.75 万辆，2019 年仅半年时间就召回汽车总量达 83.06 万辆。早在 2012 年，中国汽车质量网就曾连续接到多位奔驰 E 系列车主的投诉电话，涉及奔驰 E 系列车型的冲车、不踩油门情况下突然加速、换挡迟缓不平滑、涡轮漏油、抖动熄火、异响等问题。以安全著称的沃尔沃也不能例外。

在食品饮料方面，有百事可乐再次陷入“致癌风波”，也有可口可乐被指操纵科研，减少公众对含糖饮料的负面看法，更有雀巢在美国遭遇“抵制雀巢产品”运动。当然，快餐的两位老大也没能洁身自好。麦当劳的“过期肉”“橡胶门”，出售过期食品，转基因饲料喂鸡事件，等等；肯德基的“苏丹红”“嗑药鸡”和“老油门”事件等；还有两家都出现的“速成鸡”和冰块细菌超标事件。真是令人触目惊心。

在家居方面，从一款杯子检出致癌物，到召回的原因是会造成婴儿窒息危险的一款围兜，再到致伤致死的儿童床、抽屉柜……宜家这家来自瑞典的全球知名家具和家居零售商，不知道还记不记得，其创始人坎普拉德在 1976 年写下的《一个家具商的信仰》中的信条：“为大多数人创造美好生活的一部分。”

在玩具行业，在海关总署公布的 2020 年 1 月至 5 月部分进口儿童用品质量安全不合格情况中，涉及服装与玩具等 6 类、41 批次进口儿童用品。其中，像乐高、ZARA 这样的国际知名品牌竟然也是榜上有名。

特别要指出的是，在数字化时代，信息安全也成为人们对企业、品牌、产品评价与选择的重要标准之一。新浪财经于 2020 年 5 月在其官方账号上报道，某银行员工被曝售卖客户信息，年入 30 万元！该银行的被处罚金额高达 230 万元。据公安部新闻发言人介绍，2020 年像这样的侵犯公民个人信息的刑事案件竟高达 3100 余起。实在令人不安。

我们一直强调，品牌的建设过程就是人性与人性博弈的过程。在这个过程中，企业本能地要高速发展，抢占市场份额，赚取更多的利润。因此，往往会在消费者利益与自身发展之间出现这样那样的矛盾，打破品质的底线与能力的边界之间的平衡。对此，企业要有“任凭风吹浪打，我自岿然不动”的定力，要永远将消费者利益置于自身发展之上，不能以企业发展的名义让品质失去所应该具备的能力保障。

毕竟，出来混，终究是要还的。

在 20 世纪 70 年代，发达国家人口出生率降低，雀巢公司便将市场开发和产品销售全力以赴地转向第三世界国家，这里的人口正在迅速增长。直至雀巢公司占据第三世界婴儿食品市场的 40% ~ 50%的份额；但是不久，雀巢公司在第三世界开设的众多工厂里就出现了严重的质量控制问题。1977 年 4 月，哥伦比亚总医院早产病房里婴儿死亡率突然上升。追根溯源，发现原因在于雀巢工厂灭菌不严；但是原因查明之前，已有 25 个婴儿死亡。同样是在 1977 年，澳大利亚卫生部报告，由于给婴儿喂了雀巢奶制品，134 名婴儿得了严重疾病。

随后，这种情况也波及美国。一场“抵制雀巢产品”运动很快在美国爆发。这次联合抵制行动立即得到美国 450 个以上的地方和区域组织的支持。在抵制最强烈的波士顿、巴尔的摩、芝加哥等地，成千上万的人签名抗议，呼吁从超级市场的货架上撤走雀巢公司的产品。这次联合抵制运动还波及大学校园。大学生们打着“砸烂雀巢”的标语，从牛奶、巧克力到茶叶、咖啡，统统成了他们抵制的对象。

到了20世纪80年代，抵制雀巢竟发展成一场世界性的运动。这导致饮誉世界的雀巢公司，差一点儿在它刚刚度过百年华诞的时候一命呜呼。最后，在经过长达8年的与雀巢的“抗战”后，欧美消费者取得了胜利，雀巢于1984年终于承认并加入《国际母乳代用品销售守则》，低下了其高傲的头，对雀巢的抵制也宣布结束。

发生在我们国内的“三聚氰胺事件”也一样导致了国人对国产奶粉的“抵制”，致使国内奶粉行业长达十几年深陷低谷。可以说，因为安全而影响了整整一个行业。深究其因，与对雀巢的抵制一样，是因为“触动了人类最柔软、最脆弱的神经”（中国奶业协会会长高鸿宾语），而这根“神经”就是安全。

我们也曾记得，三星手机爆炸事件曾使三星电子在2016年9月21日早盘就暴跌5%，随后跌幅更是高达7%，成为自2012年以来的最大跌幅。iPhone 8系列上市后出现的手机燃烧事件，让苹果市值蒸发了500亿美元。德国大众汽车的排放丑闻，让大众一个季度的亏损高达17亿欧元，公司股价曾暴跌30%，最终为之付出高达数百亿欧元的代价。

在2019年，随着737、787接连出现重大事故，一个又一个针对波音客机质量问题的指控，让常年位居第二的空客公司的客机订单数量在2019年首次超越了波音。百年波音帝国正以超出想象的速度走向“崩塌”，实在是令人唏嘘不已。

日本“经营之神”松下幸之助曾经这样告诫我们：“对产品来说，不是100分就是0分。”毕竟，生命是公民作为权利主体而存在的物质前提，生命权是公民最根本的人身权，保护公民的生命权不受非法侵害，是法律的首要任务。正如托尔斯泰在《给罗曼·罗兰的一封信》中指出的，“生命的神圣不可侵犯是任何道德的首要和唯一的基础”。

因此，无论怎样，安全作为人类的本能需求，依然是并且永远是推动科技进步的强大动力，也是未来品牌发展必须承担的责任与义务。就在几年前，在面对“自动驾驶汽车何时能获批”这个问题时，马斯克坚信，当自动驾驶的安全性达到人类驾驶员的10倍的时候，人们终究会改变自己的选择。这种选择正是源于那根“人类最柔软、最脆弱的神经”。

最后，我们还是借用荀子的至理名言来告诫那些为了商业利益还在一路狂奔的“货拉拉”们：“修道而不贰，则天不能祸……倍道而妄行，则天不能使之吉……本荒而用侈，则天不能使之富。”

还是那句话：出来混，终究是要还的。

来自“一土一洋”的相同启示

如果我们从对人性需求的满足来看品牌，那么一个品牌的成长过程就是对人性需求的满足从塔基到塔尖的过程。当只是一个好产品的时候，满足的是塔基的生理与安全的需求；当成为好品牌的时候，满足的是社交、尊重和自我实现的需求。毋庸置疑，品牌的确具有社交属性，更是人们在社交过程中不可或缺的沟通媒介与形象代言。

在中国传统文化、社会经济等影响下，礼物经济持续发展；而电商平台不仅提高了礼物选购的便捷性，还通过“造节”模式增加了新的节日，有效提高了送礼的频率，不断扩大礼物经济的市场规模。据艾媒咨询数据预测，2020年礼物经济的市场规模超过1万亿元。在全球礼品市场中，早在2008年前，“中国礼品”就已占60%以上的份额，成为世界第一。

众所周知，特别是对于中国人，社交中最看重的是面子，“有面子”成为评价一个人在社交中是什么角色、处于什么地位的重要标准。品牌首先在社交中扮演了礼品的角色。送什么牌子的东西，就决定双方在彼此心目中的分量。例如，对于老天津人，送糕点要送桂发祥和起士林的，这样双方才都觉得有面子。再有，品牌在社交中还扮演了场景的角色，例如，对于老北京人，吃饭要去全聚德和“老莫”，才会觉得够意思、够豪横。

让品牌的“名字”成为消费者的“面子”，让“面子”成为产品的附加值，这对于中国市场中的品牌至关重要，是提升品牌附加值和利润率的重要途径。在中国的消费场景中，经常会有这样的现象，就是对于很多产品，买的人不是用的人——买的东西是用来送的。

以茅台为例，茅台作为国内高端酒类的代表，其饮用价值固然存在，但其更大的价值是礼品价值，尤其是在中国这样的一个拥有悠久酒文化和礼品文化的国家，茅台在实际消费中更多是以礼品的价值出现，而非饮用的必需品。也正因为茅台占据了高端礼品这样的一个“面子”顶峰，可以说，在茅台所拥有的 3 万亿元市值中，礼品消费绝对是居功至伟。

在中国，说到赋予产品的社交属性，让自家的产品成为礼品，有一个人不得不提，就是曾经的“巨人”史玉柱。从“今年过节不收礼呀，收礼只收脑白金”和“今年孝敬咱爸妈，送礼还送脑白金”到“今年爸妈不收礼，收礼只收脑白金”和“今年送礼送什么？送礼就送脑白金”，“送礼”成为脑白金最主要的消费诉求和应用场景。

尽管很多人看到这个广告都有不同程度的“反感”，但是这个广告的效果是有目共睹的，脑白金在市场形成的业绩也是不可否认的。据多家媒体报道，2000 年，脑白金创造了 13 亿元的销售奇迹，成为保健品的状元；2003 年 9 月，脑白金月销售额突破 1 亿元；到了 2014 年，脑白金连续 16 年荣获保健品单品销量第一……

为什么会有这样的奇迹？门道就在“送礼”二字上。一切关于商业的问题，最终还是要回归到人性上来。在人性需求的驱动下，每个人都把自己的资金按照轻重缓急分配在不同的心理账户中。对于保健品，如果是本人使用，属于“日常开销”，往往不会觉得重要且必要。尤其是对于老年人，更是在日常开销上非常节俭。

如果是亲人使用，就属于“送礼支出”了。脑白金不仅将自身的产品成功划入“送礼”的资金分配账户，还将“孝敬”一并划入“孝道”的心理账户，将传播目标转向子女，加之并不昂贵的价格，便在市场上一路狂奔。

同样的道理，在许多消费者心里都认为哈根达斯很贵，很少会有人买了自己吃，因为这是属于自己“日常开销”的心理账户。一句“爱她，就请她吃哈根达斯”的广告语，巧妙地转移了哈根达斯在消费者心理账户中的等级，让人们觉得购买哈根达斯送给心爱的她是值得的。

说到挖掘产品的社交属性，除了礼品之外还有社交场所，就是我们在前文中提及的“第三空间”。说到这里，又有一个人不得不提，那就是星巴克的 CEO 霍华德 · 舒尔茨。

如前文所述，早在 1983 年，还不是星巴克 CEO 的霍华德 · 舒尔茨在意大利米兰出差时，他无意间走进一家咖啡吧，立刻就喜欢上了里面的氛围：咖啡调配师及其他工作人员显然和顾客非常熟悉，能叫出他们的名字。咖啡馆里有各种各样的人，说笑的男人，抱着小孩的女士，穿着校服的学生，还有在独自看书或发呆的人……霍华德 · 舒尔茨还注意到，类似的咖啡馆在意大利有很多。它们装修简陋，场地也不大，但特别受人欢迎，因为里面有种单纯、随性、熟悉的舒适感和群体感，这让他想起小时候在小区运动场里玩耍的感觉。正是从这天开始，霍华德 · 舒尔茨开始关注咖啡和咖啡馆的社交价值。

从霍华德 · 舒尔茨接手星巴克后，他就描绘了一幅“咖啡 + 社交”的市场蓝图，以及一个以高品质咖啡作为基础性价值来换取人均消费数量，以社交空间作为附加值来提升人均消费额度的商业模式。在这个被星巴克视为品牌附加值的“第三空间”的打造上，星巴克可谓是精雕细刻，不遗余力，致力于向顾客提供具有休闲性质文化的“星巴克体验”，并最终让这种文化突破全球不同地域、不同种族、不同信仰的界限。

更为重要的是星巴克对长期顾客的关注，它鼓励顾客与顾客、顾客与伙伴产生更多的社交连接。如果你长期在一家星巴克门店消费，就很有可能与店里的星巴克伙伴成为朋友。然后你就会发现，自己的口味被摸得一清二楚，点单时一个眼神就可以了。不时还能体验一下好的豆子和隐藏菜单。还有“黑话切口”，手写的咖啡杯，等等，都是围绕提升社交体验而预设的细节。

在互联网时代，人的社交需求已经不仅仅是由产品或服务来满足，而是基于社交的行为参与产品或服务的构建与优化，让产品或服务更加精准地对应人们的问题，更好地满足人们的需求，更高地提升人们的体验。

从 2008 年开始，顾客有关产品口味与品质、店内环境与体验、社会公益与慈善等方面的想法都可以在星巴克专门的网站社区上互动。抹茶、可可碎片、星冰乐、南瓜丝绒拿铁等明星单品正是出自这些想法。这充分体现了“共同创造”理念——将顾客视为品牌建设的共同主体。

从品牌“涉嫌歧视女性事件”谈起

从 2020 年 11 月开始到如今，业界已经发生了多起品牌方在传播与营销中涉嫌歧视，甚至是侮辱女性的“翻车”事件，引发了社会的广泛关注和热议。对此，我们不禁要问：这都是怎么了，为什么会这样？

如果静心想一下，这其中的确有很多的“不明白”，乃至“不理解”。很多问题并不是很深奥和复杂，许多错误也显得很幼稚和愚蠢。也许，正是应了那句话：越是简单的事情，越是容易被人们漠视；越是常识的逻辑，越是容易被人们舍弃。

例如，A 品牌在“女装尺码建议表”中的 S、M、L、XL 和 XXL 尺码规格显示的后面，分别写上了瘦、美、烂、稀烂、稀巴烂这样的刻意性的标注，而且还强调“仅限 18 ～ 35 岁女性”，有年龄歧视之嫌。

在笔者看来，如果试图判断这种做法是不是妥当，会不会引发那一部分消费者的不悦，甚至是不满，难道是一件很深奥、很复杂的事吗？其实，一句话就能搞明白这件事到底对不对，该不该做：己所不欲，勿施于人。难道 A 品牌企业那些要穿 L 以上衣服的女性员工被别人如此暗喻与形容时会无动于衷吗？

还有 2021 年 1 月，B 品牌发布的那则卸妆巾广告。其“创意”是，一名女子用全棉时代湿巾卸妆“变丑”后成功脱离被坏人跟踪的危险。这个所谓的“创意”传递出，漂亮的女性是这个社会的“潜在受害者”，而“丑”才是女性们的一道“安全屏障”。

人类一直以来的共识是，爱美之心人皆有之，追求美不仅是人类的本能，更是一种美好的生活态度。这条“创意”恰恰是与人类最为普适的价值观相背离，将美视为一种危险的因素。难道 B 品牌的创意团队中没有女性吗？她们都不爱美吗？

对此，全国妇联机关报《中国妇女报》很快将此条广告“定性”为“美化犯罪者 、丑化受害者，充满了偏见、恶意、无知”。真的是一语中的。这其中，无知则是这种偏见和恶意的罪魁祸首。这种无知体现在对正确的世界观、价值观的无知，体现在对社会道德与文明的无知，体现在对传统文化与公序良俗的无知，甚至体现在法律法规的无知……

笔者在这里要说的是，这种无知首先是体现在对人性的无知，乃至无视。

人类社会是由各种关系所构成的，当然也包括商业关系。品牌的逻辑就是基于人类的问题与需求，以产品或服务为介质，最终从价值转化为消费关系。毋庸置疑，企业是要获得利润的，但利润从何而来，无疑是从市场来，市场又是由谁构成的，无疑是客户，是顾客。他们又如何才能为企业提供利润，乃至提供越来越高的利润呢？其前提一定是与品牌建立起了从认识到认知、从认可到认定的心智关系。

笔者在《品牌系统性建设：沿循消费心理与行为的轨迹》一书中强调，品牌的本质就是关系。这种关系与人类社会其他关系一样，其核心是信任，而信任首先要源于尊重。尊重对方在不妨碍和伤害别人前提下的人格与权利，以及他们各自选择的生活态度与方式。

如前文所述，尊重是人类“五大需求”之一。因此，我们常说，连最起码的尊重都没有，还谈什么别的。对于消费者也是如此。如果消费者从品牌那里连起码的尊重都获得不了，那又如何会信任品牌，没有信任又何来选择、何来忠诚。因此，笔者在《星巴克：人本主义与关系哲学》一文中强调，品牌之道就是基于人本主义的关系哲学，这就是品牌的内在本质与发展规律。

特斯拉的 CEO 埃隆 · 马斯克认为，品牌只是一种感知，随着时间的推移，感知将与现实相结合。如果想让这种感知与现实在相遇的那一刻，碰撞出的是信任和拥抱，那么品牌就一定要坚守对人性的尊重、对人格的尊重这条底线。这是营销的底线，更是一切行为的底线。

然而，还是有企业在营销过程中反映出对消费者权益与利益的极度不尊重，更为滑稽的是对消费者智商的不尊重。墨子早在战国时期就在《商之道》中告诉了我们：“我有利，客无利，则客不存；我利大，客利小，则客不久；客有利，我无利，皮之不存，毛将安附？客我利相当，则客久存，我则久利！”这其中所强调的就是对消费者利益的高度尊重。

据新闻报道，在新冠肺炎疫情期间，我国有许多餐馆面对原材料的疯狂涨价，依然不改变原先给顾客的优惠承诺，这一切都是基于对顾客权益与利益的尊重。在这里，笔者与大家分享一个发生在一位山东 90 后小伙身上的真实故事。

2020年年底，山东济南一位开饭店的90后小伙，发了一条“闭店通知”，引无数人动容。这家名为“天一馅饼”的小店已经开了5年了，老板叫刘继阳。突如其来的疫情，让刘继阳全年下来亏损了50多万元。用他自己的话说：“实在是无力支撑了。”刘继阳决定关店。随后，他在店门口摆了一则“闭店通知”。他担心只在门店门口贴个告示不能广而告之，他就在自己的社交账号多次转发，传递的信息只有一个：要给会员们退充值卡里余下的15万元余额。

对此，刘继阳的想法是，生意不做了还要继续做人。做人，首先是要做一个懂得尊重他人的人，特别是对那些曾经给予我们信任和支持的人，要予以尊重。不然，“这么年轻就把信誉做坏了，以后怎么办？信誉还是挺重要的，先把人做好，再去做事情”。

对此，顾客们纷纷留言：“愿意一直做老板的顾客”“以后不管在哪里，我们都去支持”“相信你会东山再起的”。看，这个90后的小伙子，在尊重顾客这方面，比那些所谓的大品牌们可明白得多！

最后，再跟那些“大润发”念叨一声，品牌的本质是关系，关系的核心是信任，而信任的前提是尊重。这是人性的需求，更是品牌的根基。越是面对这个万变的时代，越是面对这个无限物化的时代，我们越是要立于人性特征的不变来应对时代特征的万变，越是要以“道之所在，虽千万人，我往矣”的大智慧取胜，而不是以舍本求末的小聪明取巧。

包包凭啥一直成为海淘“霸主”

有一组海淘大数据显示，在各类商品中，包包、奶粉、手机占据最受关注的海淘商品前三甲，其中包包以504.9万的关注数位居第一名。的确，各种调查数据显示，自海淘兴起之后，包包始终名列前茅，久居榜单之首。

我们借用“标题党”惯用的方式问一句：为什么是它？为什么不是袜子，不是内衣？这是因为，包包是可以“彰显”在外面的，是可以被外人所看到，甚至是瞩目的。所以，包包在一定程度上比其他产品更具有“炫耀”的作用，更能为人带来“自我实现”的价值。

说到这儿，让笔者想起了两个很久之前的事例。在旧社会，百姓的生活非常困难，只能以粗茶淡饭来果腹。有的人就在家中保留一块“猪油”，出门时往嘴上抹一抹，这样外人就以为他们家又有肉吃了，以此展现他们家比街坊四邻优越的生活状态。另一个例子，就是在改革开放后，当一部分人先富起来后，这些人中的不少“暴发户”都会在脖子上戴一条又大又宽的金项链，目的就是告诉别人——我有钱了。这可以称得上是改革开放后最早的“炫耀性消费”。

再如，在老北京人的所谓“上流社会”中，曾经流传着这样的一套餐饮标准：炒菜丰泽园，酱菜六必居，烤鸭全聚德，吃药同仁堂……这就从一个侧面反映了那些已经完成“自我实现”的人们的心理需求，并且成为成功者一种地位的标榜。

除了吃什么，去哪吃也成为自我实现的身份象征。在北京，有一家全名叫“北京莫斯科餐厅”的俄式西餐厅，在20世纪50—60年代成为北京青年“贵族”的“打卡”之地。在很长时间里，“去老莫”“撮老莫”成为人们炫耀的资本，还成为当时人们下馆子的口头禅。当年有什么大事难事需要麻烦别人，事主经常会说上一句：“事成之后，请你到‘老莫’。”

如前文所述，所有这些都是在“自我实现”需求下产生的荣誉心理，即“利益心理+归属心理”。这种心理在对品牌的需求上会有很多方面的体现。

例如，对稀缺性产品的追求。稀缺代表着不同凡响的价值，带来的是与众不同的感受，彰显的是特立独行的形象，标榜的是鹤立鸡群的地位。因此，许多大牌公司往往都会推出所谓的“限量版”来满足人们对稀缺性的需求。从百度上，我们看到这样“惊悚”的标题：

可遇不可求，盘点那些被表友疯抢的限量版腕表；

宜家又火了，8 款限量版一开售就被疯抢，价格甚至炒到上万；

千金难买限量款，被疯抢的 Nike 限量款大盘点；

售价 22 万 3 分钟售空，坦克 300 致敬莫奈限定版为何遭“疯抢”；

……

英文里有一句谚语为“Less is More”，意思是“少就是多”。这些发行量少而有限的产品，往往引来更多的关注，最终会为企业带来溢价更高的回报。

此外，特殊服务也会满足人们与众不同的利益心理与归属心理。以乘坐飞机为例，从乘客分类上有头等舱、商务舱和经济舱之分。如果我们将头等舱视为同类产品的优质品牌的话，头等舱的乘客享受了与其他低等舱完全不同的服务。

头等舱乘客免费托运重量比商务舱乘客多出 10 千克；

座椅是双人的，倾斜角度最高可达 180 度；

乘客可以优先登机；

机场还为头等舱乘客设置可专用的休息室，可以免费就餐与休息。

VIP 的服务往往意味着消费特权。以美国亚马逊为例，凡是持有 prime（会员）的消费者，即可获得包括“0 元包邮”“提前参加闪购”“免费试听音乐”以及“持卡人专属折扣”等多重常规之外的特殊优待。这种在消费过程中或产生消费之后所享有的特殊优待，就是人们常说的消费特权。

此外，个性化的定制产品也是“自我实现”者们热衷的。他们通过介入产品的生产过程，将能够表达和彰显个性特征、审美偏好的图案和文字印刷到指定的产品上，以满足专属性的利益心理以及个性化的归属心理，成为特定的消费族群生活方式的一种专属表达。

剑桥大学国际制造中心主任贾吉特·辛格·斯拉伊预测：大多数大型消费品公司将在5年内相继推出定制化服务，以便让更多的高端客户基于自身的特殊需要而拥有一份独一无二的获得感和归属感。

说到这里，还有一个重要角色没有登场，就是奢侈品。从社会学的角度来说，奢侈品曾经是贵族阶层的物品，如今虽然已经实现社会民主化，但人们的“富贵观”并未改变，奢侈品牌依旧在满足着人们对“自我实现”的本能需求。

英国的“劳斯莱斯”在1925年推出的超长型“幻影”（Phantom）被英国女王选为专车并作为接待外国元首的开道车。自1875年起专为英国供应雪茄烟的古巴“罗密欧”品牌，后来打造出了丘吉尔首相最喜爱的雪茄长度（7.48）的“丘吉尔”（Churchill）型号，至今也早已是举世闻名的雪茄。

一辆9米长的“凯迪拉克”车价格是60万美元，约合500万元人民币；市场上流行的劳斯莱斯“幻影车”最低价也有46万美元；顶级法拉利Enzo售价65万美元排队还买不到。

无论是打造“高贵感”也好，还是营造“昂贵感”也罢，这都是奢侈品在与普通消费者之间尽可能地拉开距离感。距离产生美。奢侈品牌总是在不断地设置消费壁垒，维护目标顾客的优越感，使认识品牌的人与实际拥有品牌的人在数量上形成巨大反差，这正是奢侈品牌的魅力所在。

必须要指出的是，品牌要想成为这种“炫耀性消费”的选择之一，就必须要拥有并持续保持品牌的高端品质与高端形象。

“烤鸭就吃全聚德”，这是流传了上百年的、全国人民都知道的一件事。全聚德烤鸭还曾经出现在APEC会议等国宴餐桌上。它的“挂炉烤鸭技艺”还入选了国家非遗传统项目，成为北京乃至中国品牌文化输出的重要产品之一。因此，我们不能说全聚德不“高贵”。

出乎意料的是，从2017到2019年，短短的三年里全聚德就累计失去了近两成的顾客。在美团点评北京烤鸭商户排行榜上，全聚德已然排在了四季民福、大董等烤鸭店的后面，仅列第12位。这是因为：一方面，菜品的品质并没有给顾客以“高贵”之感；另一方面，收取服务费，服务质量又不被顾客认可，被称之为“收了钱也不办事”。因此，许多顾客都是“吃过一次就不想再吃第二次了”。

不得已之下，按照媒体所报道的：“在自己的156岁生日到来之前，高贵了一个多世纪的全聚德终于肯降价了。”

一个包子卖出12～35元的“狗不理”，不能说它不“昂贵”，但是在2020年5月底宣布退市了。在2021年3月底，“狗不理”在北京的最后一家门店也宣告停业了。究其原因，是在“天价”包子的背后，近年来“难吃又贵”差评标签一直伴随着“狗不理”。在不断引发的浪潮般的顾客吐槽中，年近162岁的“狗不理”如今却变成了“人不理”。

这些曾经高高在上的老字号长时间陷入因循守旧的怪圈，“倚老卖老”，不思进取，与时代脱节。质次品差，价格虚高，逐渐失去了以往的光环，让消费者不再仰视，不再追捧，最终走下了神坛。

因此，有一句话必须要牢记：消费者最终忠诚的是价值和利益，而并非品牌本身！

总而言之，品牌一定要做好“人性与人本”这篇大文章。

星巴克的人本主义与关系哲学

我一直相信，创新是对关系本质的再思考。也正是对于这种关系的深入思考与阐述，催生了星巴克的价值观。

——霍华德·舒尔茨

上面这段话是星巴克的 CEO 霍华德·舒尔茨所说的。那么，他口中的星巴克价值观到底是什么呢？

1971 年，在西雅图的派克市场，一家经营咖啡豆业务的小店开张了，这就是最早的星巴克。然而，到了 2019 年 6 月底，星巴克已经征服了 76 个国家，在全球开出了 3 万多家店。在全世界各大都市每一条最为繁华的街道，几乎都能看到星巴克的美人鱼标志。

在业绩方面，星巴克从 1992 年上市时仅 2.5 亿美元的市值，到 2018 年已接近千亿美元的市值，给投资人也带来了巨大的回报。在英国品牌评估机构 Brand Finance 公布的《2018 全球最有价值 25 个餐厅品牌》中，星巴克以 324.21 亿美元稳坐第一宝座。

我们再看看星巴克在中国市场的表现。《星巴克特许加盟手册》的资料介绍，在一杯卡布奇诺咖啡的 32 元售价中，品牌溢价为 16.56 元，占比为 51.75%，超出了总价的一半。

一杯 354 毫升的中杯拿铁，在美国芝加哥售价折 19.98 元，在英国售价折 24.25 元，在印度售价折 15 元，在中国价格却是 27 元（以上均按人民币换算）。根据星巴克公司今年第二财季的报表，中国及亚太大区利润率为 32%，高居全球之首。（新浪财经，2013 年 10 月 21 日，《一杯星巴克到底该卖多少钱？》）

从 2008 年开始，星巴克在中国市场开始获得巨大的经济利益，成为在华发展最成功的美国消费品牌之一。2018 年 5 月 16 日，星巴克第一次在中国召开全球投资者交流大会。它毫不掩饰自己的野心。

星巴克计划截至 2022 财年底，将以每年新拓展 18 ~ 20 个城市的速度，在中国全新进入 100 个城市，覆盖城市总数达到 230 个；同时，每年新增门店数将提升 20% 至 600 家，最终实现门店数达到 6000 家的目标。此外，在未来 5 年，星巴克中国的总营业收入预计将达到 2017 财年的 3 倍，营业收入将翻两番以上。

对此，星巴克创始人霍华德 · 舒尔茨信心满满："中国已经是星巴克在全球范围内表现最强劲的市场，未来还将会取代美国，成为星巴克最大的市场。"以至于这位年过六旬的老人在清华大学演讲时，激动地说："在中国，星巴克公司就不是一家美国公司，而是一家中国公司！"

星巴克这么贵的咖啡，为何还能够在中国大展宏图呢？星巴克又如何做到让消费者为其产品和服务提供超常的支付，使其获得理想的品牌溢价呢？无论是星巴克也好，还是霍华德 · 舒尔茨也好，他们的底气到底来自何处呢？

就是来自霍华德 · 舒尔茨所说的人本主义，以及人本主义下的关系哲学。这两者是因果关系。因为强调以人为本，所以要重视品牌与人之间的关系，后者是前者的贯彻与实现，两者共同构建起了星巴克的核心价值观。正如霍华德 · 舒尔茨所强调的："我一直相信，创新是对关系本质的再思考，而不是重新思考产品本身。"

让我们还是回到马斯洛的人类需求层次理论，先从对生理与安全需求的满足上，看看星巴克是如何做的。

"道德采购"满足对功效与安全的需求

在马斯洛看来，生理和安全的需求是推动人们行动首要的动力，是人类基础的、最广泛的需求，也是最重要的激励因素，也就成为消费心理与行为初始的出发点和核心的激发点，当然也就成为关系构建的连接点和支撑点。生理与安全的需求所对应的是产品的功效与质量，而要满足这两点，产品就必须做到品质要“货真价实”（这个“价”我们可以理解为“价值”）。

让我们看看星巴克在这一杯“可口的咖啡”上是怎么做的。

首先，在咖啡豆的品类上，星巴克选用的是等级较高的“阿拉比卡”咖啡豆。然后，在苏门答腊、危地马拉、埃塞俄比亚、肯尼亚、东非、巴布亚新几内亚等地选用优质的咖啡豆，以确保星巴克咖啡品质的“底层代码”的基因与血统。

从采购、烘焙直至前台的咖啡制作星巴克制定了全面的行业标准，建立完整的供应商评量系统和数据库，可以精准地评估每家供应商的绩效，并通过经济上的激励手段和优先购买权，鼓励供应商们执行 CAFE 准则（咖啡和种植者公平规范），从而保证了产品和服务的品质；同时，星巴克在全球构建种植者支持中心。从咖啡豆采购开始，星巴克采用溢价收购，用以支持当地咖啡农的可持续发展，支持其发展教育、改善医疗，帮助他们不因生计问题背井离乡，进而持续提供优质的咖啡豆。

星巴克将以上的原材料品质保障机制称之为“道德采购”。

值得一提的是，星巴克经常组织员工去参观种植产地，从育苗到保育，从对供应商劳动环境的要求到规范种植和环保的指导，目的就是让员工切实感受到“道德采购”对咖啡农、对企业的重要意义，强化员工对产品品质的坚守。

这正是星巴克践行“人本主义 + 关系哲学”的一个典型范例。因为星巴克深知，从一把咖啡原豆到一杯咖啡，要经历相当长的供应链之路。因此，要想切实保障产品的品质，与供应商之间的关系就显得尤为重要。“道德采购”恰恰是星巴克“以人为本”这个核心价值观在如何看待和处理与供应商的关系上的践行与体现。

2017年新春之际，历时4年的耕耘，星巴克推出第一款产自中国的单一产区咖啡豆——星巴克®云南咖啡豆。这款咖啡采用100%在云南种植的优质阿拉比卡咖啡豆，倾注了星巴克对优选咖啡的高度热忱。

这是星巴克云南咖啡种植者支持中心与当地数千名咖啡农精诚合作的结晶。该中心为所在产区的咖啡农提供免费的咖啡种植、加工等知识培训和技术支持，同时推进“咖啡和种植者公平规范”(CAFE Practices)的培训和认证，指导星巴克与云南咖啡农持续提高咖啡品质的同时，推进长期可持续的咖啡种植，以提高社会、经济和环境保护的标准。4年间，星巴克云南种植者支持中心累计培训近1万人次，超过1200个咖啡农场通过了CAFE Practices认证，总种植面积逾1.1万公顷。其中，仅2016一年，就有576个农场通过认证。

同样深受当地咖啡农欢迎的，星巴克采用看板管理和优质优价等策略，让优选的云南咖啡豆从种植、收购到加工均能得到应有的呵护。最终，具有稳定而易于识别的独特风味的星巴克®云南咖啡豆问世。这无疑又是星巴克的“人本主义+关系哲学”的一个成功范例。

营造“第三空间”，以社交打造品牌附加值

在人类最基本的两大需求之上，就是社交需求。西方的咖啡与东方的茶一样，正是人类社交活动的最佳介质和载体。

1983年，尚不是星巴克掌舵人的霍华德·舒尔茨，在美食之国意大利考察时，强烈意识到，过去专门出售高质量的咖啡豆和咖啡器材的老模式没有前途，而能够提供良好线下体验、让大家在咖啡馆享受美味咖啡的同时完成社交需求的“意式咖啡”模式，才是美国咖啡的未来。

可以说，霍华德·舒尔茨的这个决定彻底颠覆了星巴克，乃至整个美国咖啡行业的旧商业模式。如果说高品质咖啡消费的高黏性提升了人均消费量，那么休闲社交属性带来的高附加值又提升了人均消费金额，

至此一个巨大的现磨咖啡第三空间社交的大市场被逐步打开和激活。

促动人们为“第三空间”付费的，正是人类对社交的需求。对此，我们从星巴克的财务收入构成角度，可以窥见一些端倪。

从星巴克近几年的财务报告来看，“在店消费饮品、食品”“袋装饮品”“杯子”“咖啡机等杂件在内的其他产品”这四部分业务，对星巴克的营收贡献较为稳定，占比基本维持在73%、20%、3%和4%。所以，在店售卖现磨咖啡的收入，是星巴克收入中占比最大的。

在这个最大的占比构成中，市场溢价是主要源泉。那么，星巴克在“在店消费饮品、食品”方面，又为何可以维持相比绝大多数同行的高定价呢？消费者是不是真像瑞幸咖啡所言，“只是需要一杯可口的咖啡”这么简单吗？

从人性需求角度看，一杯可口的咖啡只是满足了人们在个体层面上的需求，一个以咖啡为纽带，为人们提供惬意、舒适、愉悦的社交环境则是满足了更高层级的需求。咖啡正好属于除了酒和茶之外的，一种能够令人神志清醒、思维情绪兴奋的社交饮品（“咖啡”一词源自希腊语“Kaweh”，意为“力量与热情”）。

星巴克卖的附加值，用霍华德·舒尔茨自己的话说，就是这个社交的“第三空间”。在这个被星巴克视为品牌附加值的“第三空间”的打造上，星巴克可谓是精雕细刻，不遗余力。

1994年，霍华德·舒尔茨聘请莱特·梅西对全球的连锁店进行重新设计，力图把星巴克做成美国版的意大利咖啡屋，致力于向顾客提供具有休闲性质与文化的“星巴克体验”，它所标志和销售的已经不仅是一杯简单而又普通的咖啡，更是一种体验式的文化，并最终让这种文化突破全球不同地域、不同种族、不同信仰的界限。

笔者曾经在一张“星巴克文化营销内在逻辑关系图”中看到，“环境植入”在星巴克咖啡文化与目标消费者沟通要素中被列为首位。星巴克就是以为顾客提供一个宜人的环境、让顾客进餐之余得到精神文化的享受作为自身品牌形象的要素之一。这甚至让业界认为，咖啡品质的优异并不是星巴克的成功最为重要的因素，轻松、温馨的环境气氛的感染才是星巴克制胜的不二法宝。

就让我们从几个细节上看星巴克是如何打造这个“环境”附加值的。

首先，人们只要走进全世界任何一家星巴克店面，就能闻到熟悉的咖啡香气，马上产生放松和愉悦的感觉，这种效果正是源于星巴克的特别设计。

为了保有这份咖啡香气的魅力，霍华德·舒尔茨曾在自传《一路向前》中喊出“让三明治滚出星巴克”。原因就是这会影响星巴克店内浓郁的咖啡香气。同时被驱逐的，还有香水。星巴克的员工都不会在上班的时间内使用香水，也不会出售味道强烈的食品，吸烟也被明令禁止。其目的就是保证顾客在任何时候走进店内，闻到的只有咖啡的香味，以最大限度地强化其对星巴克咖啡的嗅觉记忆——久而久之，顾客的鼻子会记住星巴克。

在互联网技术还不普及的年代，上班族可以在提供网络服务的星巴克边喝咖啡边上网，为了让顾客拥有更多决策时间而采取横向排队的方式，即使顾客不点饮品坐在星巴克也不会被赶走，如果饮料碰翻了可以换一杯新的，还会提供免费的白开水等等。

星巴克利用“音乐是作为一种最没有沟通障碍的世界文化”这一载体，自主研发具有自主知识产权的音乐沟通体系，借此向顾客传递轻松、舒适的经营理念，触达顾客的内心诉求，从而实现心理上的共鸣，为顾客带来更深层次的消费体验。

星巴克每个门店柜台的后面，都会安装专门的水过滤装置，以确保全球每个地区和门店的咖啡品质都是稳定的。星巴克还为自己研制了专门的咖啡烘焙机，并配有专业的咖啡烘焙师。

所有这些只有一个目的，就是为顾客营造一个从感官感受到心理享受都能既舒适又舒心的社交空间。

因此，我们可以说，星巴克不仅仅是一家卖咖啡的企业，而且是高性价比的休闲商务解决方案提供商；它不仅创立了一个伟大的组织，而且创造了一种非凡的咖啡体验或咖啡文化。

以尊重激励“身穿绿围裙的伙伴”

说到尊重，笔者第一时间想起了20年前曾经看过的一部北京人艺的经典话剧《天下第一楼》，讲的是一家北京餐馆的故事。其中有一个情节让笔者至今记忆犹新：一位跑堂的小二，端着菜盘正要上楼为上面的客人送菜。不想被大堂经理给叫了下来，原因竟然是，这位小二的袖子是上卷着的，而楼上的客人恰恰是一位女客。

什么叫尊重？尊重是发自内心的、随时随地的、自然而然的尊敬、敬重。一家好的企业、一个好的品牌恰恰是通过与消费者之间以尊重为前提的关系构建，来获得消费者的信任和忠诚。正如星巴克CEO霍华德·舒尔茨在《将心注入》一书中强调的：

“很多人认为星巴克是一家市场营销做得很好的公司，其实我们是基于门店体验而打造的品牌，靠的是我们的伙伴和顾客之间通过服务的情感连接所带来的体验。身穿绿围裙的伙伴才是星巴克营销的核心。”

既然在霍华德·舒尔茨的眼里那些“身穿绿围裙的伙伴才是星巴克营销的核心”，那么星巴克又是如何调动起员工的主观能动性，让他们能够全心全意地去为顾客服务，为星巴克做贡献呢？

其中的关键恰恰就是人类的第四层需求——尊重。

毋庸置疑，每个人都希望自己的能力和成就得到群体乃至社会的承认，进而为别人所需要，受到别人的称赞、信赖，以及平等相待，甚至是拥护和爱戴。马斯洛认为，尊重需要得到满足，能使人对自己充满信心，对社会满腔热情，体验到自己活着的价值和意义。

如果说星巴克的成功首先源于“人本主义＋关系哲学”的价值观的话，那么星巴克正是基于人本主义的信念，通过给予员工更多的尊重，进而与员工之间真正形成了伙伴的关系。

由于其特殊的童年经历，霍华德·舒尔茨在重新创立星巴克时就发誓：“星巴克不仅仅是台创造财富的机器，而且还要让每个参与工作的员工都得到应得的利益和尊重。”

1988年，星巴克开始向所有全职和兼职员工，提供完备的医疗健康保险，它是全美最早给全体员工提供医疗保险的公司之一。

1991年，星巴克推出咖啡豆激励计划，成为美国第一家向全体员工提供股份计划的私有制企业，其中还包括每周兼职工作20个小时以上的员工，都有机会持有星巴克的咖啡豆股票（Bean Stock），并享受一系列的薪酬福利项目。

即使是在2008年，星巴克遇到了危机和亏损的时候，公司依然坚持不削减员工的医疗福利。

2017年4月，星巴克宣布：自当年6月1日起，所有在星巴克中国自营市场工作满两年且父母年龄低于75周岁的全职伙伴，都将享受到一项全新的“父母关爱计划”，即由公司全资提供的父母重疾保险。

在2017年4月的一天，星巴克举行了一场员工交流会。在交流会上，星巴克的高级管理人员了解到其中一些员工（他们称之为“伙伴”）亲历了父母患病，甚至经历过父母的逝去。在几个月前，星巴克曾经对中国的伙伴做了一次调查，发现父母的身体健康是他们最为关心的，他们也很担心自己的经济承受能力。

于是，就在当天，星巴克就在中国宣布了一项重要举措，从2017年6月1日起，星巴克为所有符合条件的全职中国员工，全资提供父母重大疾病保险。

在一篇题为《从文化自信论星巴克》（林冰冰、王曦，《中国市场》2016，18 期）的文章中明确指出："一个企业的精神面貌，绝大多数取决于员工本身，而员工的积极性来自企业带给他们的激励机制和福利分红。"

这与任正非的那个"钱给够了都是人才"的观点如出一辙。

对此，笔者始终认为，伟大的企业家一定都对人性有着深刻的洞察与超常的把握，不然就只能成为只有能力而没有魅力的生意人。

星巴克还经常在公司范围内进行民意调查，并善于倾听来自员工的小点子，使星巴克决策变得更加灵活，反应更快捷，也更有应变力，同时积极营造团队内部信任、尊重与沟通的氛围，提高了员工的主人翁意识。

星巴克对员工的尊重已经成为一种共识和自觉。前文提及的组织员工参观咖啡豆产地，在整个参观过程中，不仅有安保人员的全程保护，大巴车后面甚至有流动的厕所、救护车等，所有员工都被公司的人文关怀所感染。

尊重还体现在星巴克对顾客的态度上。

首先是对顾客需求的尊重。在人本主义和关系哲学的推动下，为了不断优化店内的顾客体验，真正实现想顾客所期，做顾客所需，2008 年，星巴克建立了"My Starbucks Idea"网站，以收集顾客在产品口味、店内体验、会员卡、店内设计、企业社会公益等多个方面的想法。

用户可以在线和其他用户互动，给他人的想法投票。获得高投票的想法还会被公司采纳，这其中成功变现的产品包括抹茶、可可碎片、星冰乐、南瓜丝绒拿铁等明星单品。这充分体现了"共同创造"理念，将顾客视为品牌建设的共同主体。

其次是对顾客为企业做出的贡献的尊重。例如，星巴克通过 My Starbucks Rewards 项目，加大对老客户的优惠力度。尊重换来了顾客更大的贡献。据统计，全球星巴克忠诚会员的消费次数是其他消费者的 3

倍。美国财经网站市场观察机构（Market Watch）的数据显示，星巴克会员账户里的金额已经超过了美国某些金融机构的存款，高达12亿美元(数据来源《咖啡新零售》)。

赋能自我实现，营造文化圈层

在尊重需求之上，是人类自我实现的需求。这是最高层次的需求。它是指最大限度地实现个人理想、抱负，发挥个人的能力，达到更高的人生境界，使自己逐渐成为自己所期望的人物。对于自我实现与自我超越需求的满足，星巴克是从员工和顾客两个维度展开的。

对于员工，星巴克极其重视员工职业培训体系的建设，有包括产品知识、门店经营、企业文化在内的全方位职业培训体系，有涵盖咖啡师、值班主管、门店经理和地区经理的全岗位的职业成长通道以及透明通畅的职业晋升路径：星级咖啡师培训计划——值班主管培训计划——门店经理培训计划——地区经理培训计划。

值得一提的是，星巴克还为员工开辟出一条独特的晋升路径，可谓是另辟蹊径，充分体现了星巴克管理层的良苦用心。这就是所谓的"伙伴回家计划"，即如果员工所在的家乡开了星巴克，那么公司会第一时间告诉他们，征求其意见是否要回乡担任店长等职务。这一计划为许多背井离乡的员工解决了职业成长与兼顾家庭的两难问题，使他们及其家属深获其益。

为什么公司要给予员工如此大的投入？对于这个问题，霍华德·舒尔茨的回答是：

"不是每一个商业决定都是出于经济利益的考量。对于星巴克这样一家公司而言，当我们听到了伙伴们发出的请求，我们是无法拒绝的，这是我们迈出的里程碑式的一步。"

作为一名企业家，霍华德·舒尔茨深深地懂得：不是咖啡做人的生意，而是人做咖啡的生意。人能够直接影响产品质量和服务质量。人才是决定星巴克成败的关键。

对员工的关怀、尊重和帮助，使得员工与企业之间构建起从价值共同体到利益共同体，再到命运共同体的紧密关系，进而帮助企业形成了强大的组织能力（据调查，星巴克员工的流失率约为同业水平的1/3，而且星巴克还数次获得“全球最佳雇主”和“中国最佳雇主”的称号），极大地调动了员工的积极性，促进了员工对于企业文化的认识和热爱，最终让员工能够“将心注入”，使得工作效率、效果与效益都有了显著的提高。

在满足人们族群归属感和自我实现的需求方面，星巴克为顾客提供了一个极具标识感和认同感的载体和媒介。

星巴克进入中国后，首先获得了来自中国一线城市的新潮白领精英们的认同。在星巴克进入中国市场之初，英国的《金融时报》曾专门做过一项调查研究，结论是：在当时的中国受众看来，在星巴克喝一杯咖啡，竟然要比买一件“维多利亚秘密”的国际名牌内衣更加时髦。难怪有人说，星巴克对于当代年轻人来说，可能是电影《穿 PRADA 的女王》里安妮·海瑟薇手里那一杯都市丽人的象征。在更多时候，这种象征竟然深化成了一种“执念”，而被称之为“实现星巴克自由”。

首先，对于大学生来说，从此步入社会的仪式感不仅仅体现为那场毕业典礼和第一张工资卡，还有那个象征着开启都市生活的绿色 Logo。曾几何时，大学时每当路过星巴克，看见坐在里面拿着苹果电脑办公的都市丽人都好令他们羡慕。

于是，这些社会新生代与都市丽人之间就会物化具象为每天的哑光雾面妆容和一步裙及高跟鞋，还有每个月 20 次的冰美式。对于他们，通勤装、Airpods 和星巴克，有了这些白领们的上班“三件套”，就不会有人怀疑你是职场菜鸟，特别是对新工作的忐忑和紧张，也都能消解一半。

对于那些“老司机”们，星巴克“美人鱼”在电脑旁曾经陪伴着他们度过了无数个灯火通明的夜晚，成为他们共同的一份青春的记忆。他们当中的许多人甚至在找工作或跳槽时都要提前查一下该公司是不是“星区房”。如果打开“专星送”看到“不在配送范围内”的提示，工作热情瞬间就凉了半截。因为在他们看来，如果少了冰美式的陪伴，加班做方案的动力就会衰减一半。

于是乎，在2010年，豆瓣曾流传着一份《星巴克完全装 × 指南》，从着装、携带的书籍、电子设备，到支付方式、打电话的语言等，都有详尽的说明。2012年一篇名为《我奋斗了18年才和你坐在一起喝咖啡》的文章刷屏网络，不知有多少北漂、沪漂一族，在其中找到了情感共鸣。

正如很多网友戏称，在“北上广”奋斗这么多年，没能买上房子和车子，唯一能向还在“十八线”生活的小学同学翠花、狗蛋们“炫耀”的，就是在朋友圈发上一段北岛的诗歌，再配上一张在星巴克咖啡馆用苹果电脑办公的照片。

可以说，在中国绝大多数80后群体的心中，星巴克的确已成为其小资中产生活的圈层标签与精神图腾之一。“星巴克自由”成为年轻人在自我实现历程中的一个“小目标”和“小标志”。

最后，值得一提的是星巴克的“积星运动”，这个也同样是星巴克人本主义与关系哲学的经典之作。

其一，是迎合人们对便宜、实惠，甚至是喜欢免费的心理需求。特别是在星巴克将“星享俱乐部会员制度”升级后，原本只有9颗星兑换1杯指定饮品的兑换方式，改变为1颗星星也可以兑换升杯、添加浓缩咖啡、糖浆等。这让广大会员们欢欣鼓舞。

其二，增强了咖啡与星巴克的社交属性与价值。升级后使得不少人终于可以大大方方地请同事来喝下午茶，也不会再感到有什么心疼。这极大地促进了同事及朋友之间的社交互动，让更多的“有星人”感受到星巴克和他们的生活与社交之间的情感连接。

其三，升级给会员们带来了更丰富的礼遇。例如，每 25 颗星星就可以兑换指定单品 78 元好礼券。这样，会员们遇到自己喜欢的马克杯或者吸管杯都可以兑换，许多会员都以此当作是给自己辛苦积攒那么久的“奖杯”。更为重要的是，新的积星换星制度让会员们在通往“星巴克自由”的路上，可以快马加鞭，日夜兼程。所有这些都会不同程度地满足人们“自我实现”的心理需求。

渐渐地，人们会发现，你在星巴克积累的星星，不再只是一个关于积累的游戏，更像是一个你与人生的纪念墙；你每天在星巴克点的咖啡，也不仅仅是一缕幽香和一份惬意，而是一个因咖啡而联结的你与岁月的故事。

至此，我们可以说，星巴克的营销就是一个非常具有代表性的“人性营销”的案例。正是基于此，才让星巴克不到半个世纪，就从一个西雅图的小店成为享誉全球的咖啡产业帝国。

当然，在人性特征之外，我们千万不要忘了还有时代特征。为此，我们常说，没有成功的企业只有时代的企业。在这个快速更迭的时代，星巴克也一样面临着如何在对人本主义的坚守中与时俱进的历史命题。

有业界人士认为，星巴克一直在顾客体验和店面效率两者之间寻求平衡。现实中，正是对于效率和利润的追求，让星巴克在不知不觉中牺牲掉很多宝贵的特质。

在今天的星巴克里，你可能会不时听到“× 先生，你的拿铁已经好了”的招呼声。要知道，在 10 年前的星巴克店内，声音分贝数可能仅为 30 左右，而如今可能高达 70，甚至 80。

变化还远不止于此。如今的星巴克门店更多的是“不宜久坐”的木质椅，加上座位之间的距离很近，桌子与椅子同高，根本不适合人们长时间谈话，人们的舒适度在不同程度地降低。因此，越来越多的人将“快餐”这个标签贴到了那个曾经与“叔叔和爷爷”完全不在一个“格调”里的星巴克的身上。

这分明是一道人本 VS 人性的千古难题。

至此，如果我们试图回答“我们为什么需要品牌”“品牌为何而生”“我们需要的是怎样的品牌”之“灵魂三问”，那么，“合乎人性的东西”就会让人“觉得亲切”这个逻辑已经给了我们一个明确的答案，那就是顺乎人性、合乎需求是品牌的立世之本，人本主义便是品牌价值的奠基之石。

第三章

莫让品牌背“道”而驰

法国启蒙思想家和哲学家狄德罗一针见血地指出："人类既强大又虚弱，既卑琐又崇高，既能洞察入微又常常视而不见。"的确，人性具有两面性：一方面，基于人性的本能与本性，衍生出各种各样、不同层级的需求；另一方面，在追求卓越、舒适、便捷、实惠、荣耀、归属等心理驱动下，不断推动时代的发展与科技的进步，使得在对这些需求的满足上品质越来越高端，体验越来越美好。

与此同时，人性在自私利己、以自我为中心的本性驱动下，无时无刻不表现出贪利、懒惰、自负、傲慢等人性中的劣根性。这些都会在更好地满足人性需求的进程中形成强大的对冲阻力，阻碍时代的发展，构成对立统一的正反两面。

对此，我们在品牌建设中，必须要给予足够的重视并高度警觉，以真、善、美、智为标准，扶正祛邪，时刻以正心指引自己，以正念约束自己，以正道对照自己，以正行要求自己，最终实现企业稳健、永续的正性发展。

做安分守己的品牌

上帝给了人们有限的力量，却给了人们无限的欲望。

——奥尼尔

我们常说，要做一个安分守己的人。其实做品牌也应如此。在笔者看来，安分守己并不代表不思进取，这个词一样是有着正向积极的含义。"安分"，就是安好本分；"守己"，就是守住自己。正如先哲们给出的两大法则——抱朴和守一。"朴"就是本分，"一"就是本质。同样，在乔布斯的人生中有一条最重要的决策原则，即永远去做你余生中最重要的那件事。那么，“最重要的那件事”就是我们要“安”的“分”；“永远去做”就是我们要守的那个“己”。

首先，我们要“安”好做一个“真正”的品牌的“分”，即要符合品牌的内在本质，遵循品牌的发展规律。如果我们将“真正”一词分开看，“真”代表要做正确的事，就是符合事物的内在本质；“正”代表要正确地去干事，就是要遵循事物的发展规律。对此，不仅要有渴望之心、遵循之心，更需要有敬畏之心、坚守之心。

这是做人的道理，同样也是做品牌的道理。

那么，我们看看作为企业的内在本质与发展规律是什么？

企业一般是指以盈利为目的，运用各种生产要素（土地、劳动力、资本、技术和企业家才能等），向市场提供商品或服务，实行自主经营、自负盈亏、独立核算的法人或其他社会经济组织。

毋庸置疑，盈利是企业的内在本质。通过盈利扩大再生产，通过盈利创新创造，通过盈利满足员工的生活需求，通过盈利履行社会责任，这是企业的发展规律。

传说乾隆皇帝下江南的时候，在镇江金山寺，他问当时的高僧：“长江中船只来来往往，这么繁华，一天到底要过多少条船啊？”高僧回答：“只有两条船。”乾隆问：“怎么会只有两条船呢？”高僧说：“一条为名，一条为利，整个长江之中来往的无非就是这两条船。”其实，这则小故事诠释的内涵正是《史记·货殖列传》中流传甚广的名句：“天下熙熙皆为利来，天下攘攘皆为利往。”

企业是逐利的，企业是要赚取利润的，这无可厚非，并且是名正言顺的。因此，企业所有的经营行为都是应该为盈利而服务的。这是企业核心的“本分”之一，是必须要将之“安”好、做“好”的。

那个曾经号称“一年卖出 10 亿杯，杯子连起来可绕地球三圈”的

“香飘飘”。一方面，它的那种将营销费用投入当作一种投资，靠“狂轰滥炸”的广告抢先一步攻占消费者心智的生存法则，几度被奉为商界教科书。另一方面，在上交所上市半年后，2018 年上半年，“香飘飘”亏损 5458.6 万元。到 2019 年上半年，凭靠政府为公司提供的 2300 万元左右补助，而收获了 2353 万元的净利润。也就是说，这个市值高达 10 多亿元的公司，在 2019 年整个上半年，仅赚了 53 万元。“香飘飘”的这种“销售费用增速始终高于其净利润增速”的经营模式，让锐公司（ID：shangjiezz）在 2020 年 7 月发出“香飘飘，不香了”的感慨。

曾经的 ofo 小黄车也是业界追捧的明星。这一边，公司创始人信心爆棚地发誓：“终有一天，我们 ofo 会和 Google 一样，影响世界！”那一边，仅仅上线 21 个月就完成了数十亿的融资，成为全球最大的共享单车平台，覆盖全球 40 个城市，注册用户超过 1500 万人，成为名副其实的单车行业大佬。2014 年成立，2015 年正式走进人们的视野，2016 年走向全国的 ofo 在历经了短暂的火爆后便迅即走向衰败。究其原因，有一种观点值得我们注意：“资本的大量涌入使得共享单车企业不再考虑如何精细化运营，甚至不用考虑盈利，只是不断投放和补贴，寄希望于新的投资人来投资。”

虽然资本的入局加快了互联网企业的发展，乃至加速了这些公司 IPO 的速度，但并未缩短企业扭亏为盈所需的时间。据新浪科技在 2019 年 10 月刊发的一篇题为《互联网公司还要亏多久：十家亏损大户累计亏掉 1700 亿》的文章中介绍，拼多多创办仅 34 个月就在美国上市，趣头条将时间缩短至 27 个月，瑞幸咖啡则进一步将之缩短至 23 个月。这三家公司在其所在领域创造了 IPO 速度新纪录的同时，也为自己贴上了一个共同的标签——持续亏损。

也就是说，互联网公司是用持续亏损换来了 IPO 的速度。据上述文章披露，在三年中，这三家公司累计亏损金额分别是 111 亿元、20 亿元、32 亿元，而且亏损幅度逐年扩大，短期内难以看到扭亏的可能。如果我们驻足回望会发现，还有许多成立 8 ～ 10 年，甚至以上的互联网公司虽先后实现了上市，但依然一路高“亏”猛“损”。

自从互联网平台企业风起云涌之后，亏损似乎成为一件“理直气壮”的事，甚至是一件在相当长的时间内都可以“理直气壮”的事。长时间地以投资代替盈利作为企业持续发展的支撑，但是，在道上混终归是要还的。谁手里的钱也不是大风刮来的，企业经营的本质与规律也不是谁都可以违背的。

在 2021 年 2 月的最后一天，苏宁足球俱乐部突然一纸官宣，将 108 天前刚刚在中超夺冠的球队“停止运营”，放眼全世界恐怕也仅此一例。不久后，随着深圳国资委旗下的深国际控股和深圳鲲鹏资本宣布将斥资 148.17 亿元拿下苏宁 23% 的股份，宣告这个曾经的世界 500 强企业已经到了卖身还债的地步。究其原因，就是两个字：亏损。2015—2020 年，苏宁易购的负债规模从 561 亿元扩大到 1361 亿元，猛增 800 亿元。

在《赵何娟对话李斌》中，钛媒体创始人赵何娟曾“质问”蔚来汽车创始人李斌：“企业的第一正义不是盈利吗？”李斌的回答是：“我希望能按照自己的节奏往前走，比盈利更重要的是真正赢得终局的竞争。”这两个人的问答很具代表性，相当于是对当下许多像李斌这样的互联网创业者的“灵魂之问”。在钛媒体看来，如何平衡企业投入与收益，平衡外界质疑与内心坚持，这也许也是当下典型的一种创新者的窘境。

不管怎样，一家企业无论以什么样的理由，都不能一直“烧着别人的钱，在做自己的事”。物质守恒定律告诉我们，物质是不会凭空产生的，是需要从一种形态转换成另一种形态的。对于投资也是一样。资本不会总是凭空且源源不断地产生的，它必然要从投资的形态转换成利润的形态。

盈利，是企业的内在本质。企业无论是在核心价值观上，还是在企业经营法则上，还是在商业模式上，都要紧紧围绕着盈利展开，这是企业发展的“道”之所在。

正如史玉柱曾经的“痛的领悟”：

“我觉得做一个企业，追求利润是第一位的。你不赚钱就是在危害社会，对这个我深有体会。企业不赢利就是在危害社会，就是最大的不道德。”

这是一段流传甚广，却始终不清楚出处的话，但的确发人深省。

然而，事物总是有两面性的。盈利是企业的天职，但企业家不是什么样的钱都要去赚，都可去赚。安分守己的另外一层内涵是不忘初心，牢记使命。试问：为什么将初心和使命放在一起？这是因为，初心所向，便是使命所指。使命大多源于初心，而初心往往正是你所要承担的使命。

从品牌来讲，安的是自己的本分，就是自己的那份初心。守的是自己的使命，将使命进行到底！无论是做人还是做企业，为什么要安分守己？这是因为，在企业发展的各个阶段都会出现这样那样的诱惑、蛊惑，使你在初心和使命面前开始摇摆、动摇，甚至是放弃。

中国的房地产开发大潮曾经巨浪滔天，造就了许许多多的财富神话和大小首富。就连许多制造业企业，如长虹、海尔、TCL、美的和美菱电器等，也都在当地拥有自己的地产业务。面对此等“暴富”良机，却始终有人不为所动，安于自己源于初心的本分，守住自己源于使命的原则。

2000 年，深圳房地产发展得很快，曾有人向任正非建议：“随便要点儿地盖盖房子，就能轻松实现 100 亿利润。”任正非一口就回绝了：“挣完了大钱，就不愿意再回来挣小钱了。”2010 年，又有部下向任正非提出相同的建议，任正非听后，拍桌子吼道：“华为不做房地产这件事早有定论，谁再提，谁下岗！”

在《任正非传》一书中提到：“他并非不想快速发财，而是有自己做企业的原则，他要做企业家，而不是去做老板，于是他选择了一条独自修行的道路。”这源于任正非对事物本质与规律的清醒认识：“未来的世界是知识的世界，不可能是这种泡沫的世界。”

还有董明珠女士。她也曾不容置疑地说：“我不做房地产，我们制造业不应该去碰房地产，那是机会主义。做房地产赚钱太快了，赚钱太多了，可是挣到钱有什么好处呢？大家发现炒房那么容易，谁还来干实业？”还有号称“吸管大王”的楼仲平。当朋友们建议他去投资房地产，甚至是将厂房外租以获取高额利润时他说：“我相信这件事情能做，但挣过那么快的钱，吸管就一定做不下去了。”在他看来，创业就像投娘胎，没得选。既然已经干了吸管这行，再难都要做下去。

曹德旺认为，房地产只是“虚幻”，实体才是经济根基，所以砍掉了所有和汽车玻璃主业无关的业务，集中精力做好中国人自己的玻璃！有的人说曹德旺很“土”，对此，曹德旺始终不以为然：“他们说我很土，没有关系。在他们看来，我做 P2P，做投融资平台都可能会赚大钱；但我说，我不是为了钱！”

就是这个“不是为了钱”的曹德旺，最终还是打破了“制造业难赚钱”这个定律。他自己曾算过一笔账：30 年白手起家，总共赚了 1000 亿元，给国家缴税接近 150 亿元，给股东派息约有 140 亿元。对此，曹德旺在接受媒体采访时表示：“我觉得这样的成绩还是可以的。”

岂止是“可以”啊！

的确，改革开放大潮中涌现出来的许多制造业企业，历经几十年的大机会时代，其间也遇到许许多多的市场机会——做房地产可以爆发，做互联网可以爆发，做资本运作可以爆发……但这些不忘初心、牢记使命的企业家们，始终不为所动。

就像任正非所形容的：“华为就是一只大乌龟，20 多年来，只知爬呀爬，全然没看见路两旁的鲜花，不被各种所谓的风口所左右，只傻傻地走自己的路。”也只有他们，真正成为中国企业的典范和民族品牌的脊梁。写到此，笔者想起了松下幸之助讲过的一句话：“企业不盈利就是罪恶，但是企业的目的不是为了盈利。”

说到“安分守己”，拼多多的黄峥有一份独特的感受。这份感受是源于

2006年的那顿“最贵的午餐”。2006年，曾经一手创立“小霸王”和“步步高”的段永平花了60万美元，成为第一位与巴菲特共进午餐的人。有一位年轻人被他邀请一起同行，这个人就是黄峥，那一年，他才20出头。

席间，段永平问：“投资中不可以做的事情是什么？”巴菲特的回答是：“不做空，不借钱，最重要的就是不要做不懂的东西。”其实，所谓的“不做空，不借钱”就是一种“安分”，而“不要做不懂的东西”所体现的正是那份“守己”。因此，当后来被问及，从这次“含金量”如此之高的午餐中，到底获得了怎样的财富秘密和成功诀窍时，黄峥的回答是：“这顿饭最大的意义可能让我意识到简单和常识的力量。”的确，巴菲特的“三不”原则是如此之简单，用黄峥的话说，“连我母亲都能听懂”，却给黄峥的启发极为深刻。

常识显而易见，容易理解，但我们因为成长、学习形成的偏见和个人利益的诉求蒙蔽了我们。

有媒体报道，拼多多上市那天，黄峥并没有到美国敲钟。对此，黄峥的解释似乎非常“简单”。

“我们每天都在围绕消费者的需求认真做事情，不会说突然之间股票市场上有一个代码好像就不一样了；或者说黄峥头上顶了一个市值，难道这个人就变了吗？其实什么也没有变。”

“每天都在围绕消费者的需求认真做事情”就是黄峥心中的本分。其实，这又何尝不是一种常识和简单。英雄所见略同。网易的丁磊对简单的理解与黄峥心有灵犀，难怪当初是他将初出茅庐的黄峥介绍给了段永平。

丁磊在2020年5月29日发布的一封《致股东》的信中，将许多人对网易的“看不懂”归因于“简单”，在他看来，在复杂世界，这种简单反而让人迷惑。对此，丁磊说，网易的产品战略简单到只有15个字：需要是根本，热爱是源头，能力是资本。换言之，这个产品是否解决了用户的真实需求？我们是否热爱这个事业，并有足够能力做到更好？

真正的高手能够从常识中看清本分，从简单中感悟智慧；但同时，黄峥也清醒地认识到：

“人的思想是很容易被染污的，对一件事做判断时，你需要了解背景和事实，了解之后需要的不是睿智，而是面对事实时是否还有勇气用理性和常识来判断。”

大道至简，常识至朴。越是简单的事情，越是容易被人们漠视；越是常识的逻辑，越是容易被人们舍弃。人的迷失常常会反映在对常识的无视、对能力的高估之上。荀子曾告诫我们：“天行有常，不为尧存，不为桀亡。应之以治则吉，应之以乱则凶。”这就是在告诉我们，道之所存，顺之则昌，逆之则亡。不管你曾经多么强大，多么辉煌。

要想成为百年企业，企业家还需要“少私寡欲，身心安静，意念集中”，时刻保持对人性中“贪婪”的警惕，时刻保持对“妄取”的严防，只有这样，才能在企业的发展历程中不忘自己的初心、守住自己的根本，才能始终如一地坚持“长期主义”，才能“活千百岁而形态未老”。这是“安分守己”的另一个内涵。

近一段时期，长期主义这个理念经常被各方人士提起。对于企业，我们为什么要做长期主义者？这是因为，从内在本质上看，做一家好的企业其原本就不是一个短期行为的事情。无论是最初价值的创造与提升，还是不断地持续发展，都不是一蹴而就的事，而是一个长期的过程。索尼创始人盛田昭夫说过一句话：“所有我们完成的美好事物，没有一件是可以迅速做成的，因为这些事物都太难、太复杂。”

正如中国上市公司协会会长、中国企业改革与发展研究会会长宋志平在题为《按着常理做企业》的演讲中所言：“做企业不可能三下五除二，做企业不可能马到成功，马到了也不一定会成功。”他因此感叹道：“做企业是一个苦差事，是久久为功的事业。”在宋志平看来，企业家精神主要体现在创新、坚守和责任这三点上；而这三点精神的内涵所诠释的正是所谓的“长期主义”。

首先创新就是一个需要坚持不懈的事情。因为时代总是在发展，人们对自身需求满足得更好、更快、更惠、更捷的要求也在与时俱进。因此，企业必须不断地通过技术创新和模式创新来为人们提供品质更高、体验更佳、性价更优的产品和服务。只有这样，才能不被新时代下的新需求、新要求所淘汰。任正非在接受媒体采访时介绍道：“在华为进入通信领域后，就确定了主攻方向。在顺利时，始终拒绝诱惑；在困难时，坚持方向不变。”由此，成就了现在的这个华为巨人。

在时代发展的不断变化和变革中，我们总会遇到层出不穷的艰难险阻，总会遇到四面八方的诱惑蛊惑，乃至源于我们自身人性中负面因素的困扰和羁绊。因此，坚持“本分”、坚守“自我”便显得尤为重要。今日头条在2020年5月23日转载了一篇题为《刘强东再写“家书”》的文章，在文章中我们体会到了刘强东对“坚守”的反思与反省。

“外界有这样一个评价：‘京东鼎盛的时期是2014—2015年刚刚上市时，是行业惧怕的对象……但忽然之间大家发现，京东开始跟在别人背后什么都学竞争对手。京东开始迷失自己。’这个评价非常犀利，却不失中肯。”

但是，坚守的前提是“正确”，只有做了正确的事，才算是“坚持”，不然那是“固执”。正所谓方向对了，速度才有意义。那么，对于企业，对于品牌，什么是正确的，什么是我们应该坚持的方向？这就是长期主义首先要回答和解决的问题。因为长期主义首先是对求“真”的信仰和追求，就是不断地去洞察事物的内在本质，始终遵循事物的发展规律。

在这其中，底层的代码和顶层的逻辑首先是“人性特征”，因此，坚持满足人性需求，便是我们建设品牌必须要一以贯之的核心所在，方向所在。与此同时，人又是具有社会性的，因此，坚持符合最普适的价值观、推动最和谐的社会关系、推动最生态的可持续发展也是我们不容置疑的发展路径。

当然，我们还要坚持企业经营的本质与规律，以不断的创新来创造出最好的价值，去向消费者输送最佳的利益，去履行社会责任，去营造企业发展的最佳环境，最终换取自身最好的发展。这就是我们所要坚持的“长期主义”的要旨所在。

曾经有许多人笑话曹德旺，说他真傻，一块汽车玻璃还能怎么玩出花来？对此，曹德旺曾自嘲：“全国人民都知道我最笨，做了几十年，只做一片玻璃。”的确，曹德旺几十年如一日雷打不动地扎根在汽车玻璃的领域，不断研发、不断精进。能加热的玻璃，能调节光线的玻璃，能显示数据的智能玻璃……只要是汽车玻璃，从来只有人们想不到，没有福耀造不出来的。就这样一块小小的汽车玻璃，真的让这个“傻子”做出了花样。做成了中国第一、世界第二的汽车玻璃供应商，在全世界每4辆汽车里，就有一辆用的是福耀玻璃。

在紧紧围绕人性特征的同时，我们千万不能忽略了时代特征。在企业发展的进程中，始终不要忘记人们对需求满足的程度和体验是永无止境的，是会驱动科技的进步而日夜兼程的。如前所述，人们在需求满足之上在不断地追求更高的品质、更加的便捷、更大的实惠、更加的美好。

围绕人性的这种驱动，企业必须要在自己的赛道上通过对趋势的前瞻性预判与把握，通过不断地创新发展、不断地寻找新的业务空间，才能让企业在不失去自身优势的前提下，与时俱进，强化自身的核心竞争力，最终实现企业的可持续性发展。

在后胶卷时代，富士公司果断地放弃了胶卷这棵“摇钱树”，但并没有放弃自身在胶片核心技术方面的传统优势，而是重新洞察问题与需求，为产品找到了新的市场空间，创造出电视、电脑和智能手机制作LCD面板的高性能胶片，将原来有关胶原蛋白和纳米产品开发的尖端技术运用在抗衰老的美容产品上，将原先的强大的“奔跑”能力应用到新的赛道上，最终实现了对柯达的逆袭。

值得一提的是，与时俱进的创新一定不是为了创新而创新，一定是基于人性的痛点问题与刚性需求。在 2013 年跻身全球前三大手机厂商、缔造“巧克力”系列手机的韩国电子巨头 LG（KRX: 066570）已经正式官宣，于 2021 年 7 月 31 日以后全面停止生产和销售手机。当手机行业进入智能时代时，LG 似乎有些“后知后觉”，直至 2009 年才进军智能手机市场，直到 2010 年才推出首款安卓手机。

在 LG 后续的机型设计中渐渐偏离了主流智能手机方向，过分强调标新立异，目的是为其“炫技式营销”不断提供新的秀点与卖点。许多产品都不是从用户使用习惯出发，没有聚焦用户需求以及专注技术研发，这使得 LG 不仅在创新价值的速度上滞后，在价值创新的角度上也出现偏离。因此，在激烈的市场竞争中 LG 也就无法赢得消费者的青睐。

除了始终保证发展方向的正确性外，还要通过不断地修正、改进和完善来实现战略的路径、方法和工具，保障企业能够始终以更加正确的方法完成正确的事。

在 2003 年以前，英国自行车队是历史上最失败的车队。失败到几乎无处购买装备的地步，因为制造商们担心车手让自己的品牌蒙羞；但在 2008 年北京奥运会上，还是这个车队竟然赢得了一半以上的金牌。在时隔 4 年的伦敦奥运会上，更是打破了 9 项奥运会纪录和 7 项世界纪录。在此后的 6 年里更是获得了 5 次“环法”冠军。

到底是什么让一支车队脱胎换骨？答案是，在 10 年的时间里，英国自行车队并没有选择放弃，而是一直致力于 1% 的改进。比如：用酒精擦轮胎，以获得更好的抓地力；给每个队员配备专门的枕头和床垫，让队员在出差的酒店里可以快速入睡；把卡车内涂抹成白色，便于发现灰尘，因为这些灰尘会降低调试过的自行车性能……

每次 1% 的改进效果并不显著，但是将这种改进坚持 10 年，就会积累到几百个环节的改进，最终集腋成裘，汇聚成巨大的力量，带来质的飞跃。这就是长期主义者会享受到的红利。这个故事告诉我们：长期主义是在坚持重复一件正确的大事的前提下，不断地坚持改进一件件小事。

同样，对于责任的担当也需要时间的考验。

2021 年伊始，有关雨润食品的负面消息便层出不穷：雨润系 120 家公司破产重整；债权超过 700 亿元，雨润破产重组；江苏前首富真的无力回天了？

如果我们将时针拨回到 1993 年，雨润食品的创始人祝义财曾许下这样的承诺：“为了把食品做好，其他不熟悉的产业我们不做，靠投机的行业也不做。”看得出，当时的祝义财是将“把食品做好”视为自己的责任。随着企业的不断发展与成功，雨润却逐渐成为一家跨物流、食品、地产、旅游、建筑的综合性集团企业。

事情的另一面则是雨润食品的安全事件层出不穷。2011 年，雨润食品更是被媒体爆出食品安全问题，产品中存在头发、塑料包装、金属卡扣等异物。此外，雨润食品旗下河北雨润公司更是遭举报称一批产品中被检出含有瘦肉精残留。

《第一财经日报》于 2014 年年底刊发的一篇题为《华润食品的安全事件层出不穷，一次抽查四款产品出问题》的文章介绍，在国家食品药品监督管理总局公布的 2014 年度第二阶段 19 类食品及食品添加剂的监督抽检信息中，雨润食品有四批次产品上榜。

雨润食品为我们带来的启示是，一定要认识和处理好长期与短期的关系。长期与短期犹如一枚硬币的两面，它们之间是对立统一的关系。所谓对立，是因为没有一个又一个的“短期”就不会汇集成一个“长期”，正所谓“千里之行始于足下”。“不积跬步，无以至千里；不积小流，无以成江海”。重视长远价值，通常不会失去眼前利益。仅仅重视眼前利益，则往往会失去长远价值。这真是应验了罗振宇曾经说的那句话：“只有长期主义者，才能成为时间的朋友。”

与罗振宇的这句话相同的是，只有长期主义者，才能成为消费者的朋友。只有这样才能获取到消费者的终身价值（Customer Lifetime Value），即每个消费者未来可能为企业带来的收益总和。其实，很多大型企业都会给自己的终身顾客定价，如星巴克就把自己的终身顾客定价为 1.4 万美元，雷克萨斯估测出一位终身顾客贡献的价值在 60 万美元以上。

在现代营销学之父菲利普 · 科特勒的经典著作《市场营销》中，讲了这样一个小案例：一位经营连锁超市的老板在美国两个州拥有 4 家分店。他说，每当他看到一位生气的顾客，就好像看到了 5 万美元从他的商店飞了出去。

原来，他的顾客平均每周消费 100 美元，如果按照一年 50 周、一位顾客的生命周期为 10 年来计算的话，当一位顾客转而选择竞争对手的超市，自己的商店就会损失大约 5 万美元的收入。如果这位顾客的负面口碑传递给了他的家人或者邻居，商店的损失又要多好几倍。

“人无远虑，必有近忧”，这句出自孔子《论语 · 卫灵公》的名言已经传诵了几千年；但是，有许多处在市场导入期的企业，常常会以“生存第一”为理由，拒绝对企业进行长期的思考与规划。那么，“先活下来”真的不需要做长期的考量吗？

有一个例子，也许会给读者一些启迪。

1910 年，有两支探险队都准备到南极去，让人类第一次将足迹留在地球的最南端。一支队伍是阿蒙森团队，另一支队伍是斯科特团队。为了抢先登临这块最神秘的大陆，两支队伍开始了前期的各项准备。最后，阿蒙森团队第一个到达了南极，斯科特团队则晚到了一个月。令人心痛的是，斯科特团队的整支队伍都死在了回程路上。

在形成这种结果的各种因素中，有一个因素是决定性的，就是阿蒙森团队以长达“一年”的长远规划来为“两个月”的南极之行做了充分的考量和充足的准备。为此，阿蒙森事先跑到爱斯基摩人的生活区，和这些极地人一起生活了 1 年多。

在这1年多时间里，阿蒙森学会了如何用皮毛保暖，如何训练狗拉雪橇，如何在极寒之地长久地活下去。换言之，阿蒙森根本不是用了两个月才到达南极，而是用了“一年”零两个月！正因为如此，才让他们在面对后面的困难时拿出的是截然不同的预案，当然也就呈现出了截然不同的结局。

阿蒙森团队用的是爱斯基摩犬拉雪橇，5个人带了3吨物资，大量使用传统皮毛进行保暖；而斯科特团队选择了无法适应南极冰天雪地环境的西伯利亚矮种马和3台雪地摩托，足有17人的队伍却只带了1吨物资，选用一般的保暖服饰来御寒。

所有这些不同之处，都成为斯科特团队所犯的致命错误。

这个例子告诉我们，一个没有长远规划或是不能预见未来和把握未来的企业，注定会在发展的历程中出现许许多多致命的问题。正如《荀子·大略》中所警示的：“先事虑事，先患虑患。先事虑事谓之接，接则事优成；先患虑患谓之豫，豫则祸不生。事至而后虑者谓之后，后则事不举。患至而后虑者谓之困，困则祸不可御。”

华晨集团破产重整所带给我们的启示是，国家政策一定会随着时代的发展做出相应的调整，事实也是如此，2018年4月，政策宣布放宽中国汽车行业外国股权限制，华晨中国依靠华晨宝马巨额利润输出的时代也将结束。如果华晨集团有长期性战略考量的话，就会预见到，政策保护的红利无法永久存在，一味地将自身的长远发展寄托在国家政策红利之上是无法长期支撑华晨集团的可持续发展的。

因此，华晨集团应该在享有政策红利期间持续加大对自主品牌的研发投入，提升自主创新能力，实现独立发展的目标。就像韩国现代一样，在长期战略的指引下，逐步摆脱对引进技术的依赖性，通过“引进技术——消化吸收技术——再创新”的自主创新模式，逐步成长为具有强大独立自主创新能力的竞争型公司。

这是事物发展的必然，也是企业可持续性发展的历史必然。

过去的40年，之所以能够高速发展是因为中国经济处在一个“大机会”时代。刚刚起步的中国经济充满了战略机会与市场空间。人们不需要有多么长远的考虑和长期的规划，在很多情况下，入局便是赢家。在那个时代，只要在某个至关重要的“点”上做得好，便会呈现出一个令人满意的结果。

在那段时期，在很大程度上不需要企业做什么长远的考虑。那时的企业家也还没有意识、水平和能力去想更长远的事，做更长远的规划。他们从生存起步，边走边看，边看边想，就是这么一步一步地一路走来。

据媒体报道，世界500强公司的平均寿命已经从20世纪20年代的67年降到了2015的12年。为什么会有如此的现象出现？这是因为今天的市场需求和竞争环境已然发生了巨大的变化，中国经济已经从增量市场转变为存量市场。随之而来的，便是企业也要从机会化生存转变为专业化生存。从线性成长到系统性成长，从短期主义转变为长期主义。这也是笔者为什么始终强调品牌要通过系统性建设的初衷所在。

在这种时代的拐点，许多企业似乎都没有做好准备。要知道，能够如此预见和把握未来的前提就是，企业要始终具有长期主义的思维模式，具有长期主义的战略规划体系，具有长期主义的科学决策体系。以往，在增量市场下的机会化生存时代，企业只要把眼前的事做好就能不断前行，逐步成长；但在存量市场下的专业化生存时代，对企业发展的长远规划就显得愈发重要。

在今天，无论是一个好产品，还是一个好渠道，乃至一个好广告，都不足以成就一个品牌。品牌已经逐渐回归其本质——价值、利益、心智和关系。然而，只有长期主义才能带动企业不断地向纵深发展，直至形成一个连贯的价值体系，才能源源不断地向消费者输送越来越好的利益；只有长期保持良好的品牌形象，才能在消费者心智中形成持久的信任、美誉和忠诚，才能与消费者建立起长期的亲密关系，直至为企业带来高附加值，以及可持续的长远发展。如此才能从容应对市场空间日益狭小、竞争日益激烈的未来。

品牌恰恰是需要一个长期的培育过程，品牌的播种与收获不是在同一个季节。正如品牌资产鼻祖、美国名牌管理协会的戴维·阿克所言：“品牌应该被看作一种财富，就像木材储备一样。如果不考虑未来，把所有储备都耗尽的话，短期效益可能很可观，但财富也在这个过程中遭到了破坏。”

最后，笔者有一个感悟与读者分享：要想成为长期主义者，一定要坚信天道酬勤和天道自衡。因为这个世界一定会砥砺前行的，而驱动力正是对问题的不断解决，对需求的持续满足。这些都需要无数的勤奋者坚持不懈地去努力。如果这个世界的游戏规则是将好处都给了懒惰的人，那还会有谁愿意为时代发展做出自己的贡献呢？在这个大前提下，一切的“不对”“错误”都将被天道来纠正和均衡。

我们常说，机会总是为有准备的人准备的。所谓的“有准备”恰恰是一个长期主义者的表现。因为不知道机会何时能来，所以必须要坚持长期主义，不争一时之长短，以长期的“准备”来换取高附加值，以及可持续的长远发展。因此，笔者非常赞同高瓴资本创始人张磊在《价值》一书中所阐述的观点：“长期主义不仅仅是一种方法论，更是一种价值观。流水不争先，争的是滔滔不绝。”

做利出一孔的品牌

用功譬如掘井，与其多掘数井，而皆不见泉，何若老守一井，力求及泉，而用之不竭乎？

——曾国藩

从2019年开始，有关企业沉沦的信息越来越多，令人唏嘘不已。许多从改革开放的大潮中成长起来的民营企业，在历经几十年的高速发展之后，一下子面临难以为继的局面，甚至到了生死存亡的拐点。其中的幸运者，还有重整旗鼓的能力与资格，不少的企业则走向了沉沦，连同曾经的辉煌一起，为后来者留下了一个个发人深省的问号。

怎么了？为什么？

当我们探究其中，也许会发现，他们在一个问题上有着共同之处，正是值得我们洞察与深思的重中之重——他们都不是坚定的长期主义者。当然，这其中有历史发展不同阶段的客观因素，也源于这一代企业家作为市场经济先驱者的共同宿命。但不管怎样，在前进的历程中，无论是被迷惑也好，困惑也好，乃至被诱惑也罢，在负面人性的驱使下，最终还是忘记了初心，偏离了正确的方向。于是，一个又一个的关乎企业生死存亡的问题接踵而至，一个又一个被现实否定的结果纷至沓来，最终导致他们不是衰退，就是衰败。

这其中有一个共同的现象，就是不约而同地深陷于“多元化发展”这个泥潭。在20世纪90年代初，“企业多元化”是热门而又时髦的话题。无论是企业界还是管理学界的主流声音都在倡导“多元化”，有一个非常著名的说法，就是要避免将“所有鸡蛋放在一个篮子里”。

然而，正是这个“多元化”让不少的企业在30年后，走上了一条大致相同的不归之路。这样的例子不胜枚举，因此而带来的教训惨痛至极。咱们先从那些曾经风光无限的老品牌说起。

方正集团是由北京大学于1986年投资创办的。方正集团旗下的方正电脑的销量一度排全国第二，仅次于联想集团；但在后来，方正集团不做电脑了，开始大举进军医疗医药、房地产、产业金融、产城融合和大宗商品贸易等产业。

多元化并没有让方正集团走上一条可持续的道路。根据上海清算所公告，截至 2021 年 1 月 18 日，北大方正集团、方正产控、北大医疗、北大信产、北大资源的债权人共有 725 家向方正集团管理人申报了 736 笔债权，申报债权金额共 2347.34 亿元人民币。

紧随其后的，是创建于 1987 年的娃哈哈，曾经是中国最大、全球第五的食品饮料生产企业，在销售收入、利润、利税等指标上连续 11 年位居中国饮料行业首位。

2002 年，娃哈哈开始进军童装市场。半年后销售收入达 1.5 亿元。然而，在发展近 10 年后的 2011 年，其童装业务的收入仅为 2 亿元，占娃哈哈集团业务的总比重也一直呈下降趋势，店铺数量更是仅有 500 多家，远未达到宗庆后当初的“3 个月内组建 2000 家加盟连锁店、年销售额突破 10 亿元”的宏伟目标。

1996 年成立的小猪班纳在 2010 年全年销售额已突破 10 亿元。与娃哈哈童装几乎同时成立的森马服饰，其旗下品牌巴拉巴拉 2013 年的年销售额已超过 50 亿元，年复合增长率一度高达 60% 以上。

究其原因，问题首先出在与母品牌的关系上。因为“娃哈哈”品牌非常强势，所以娃哈哈童装在成立之初想借用母品牌的影响力，但是，做儿童饮料的母品牌与做童装的子品牌之间并不存在内在价值的强关联，也不会在消费者心智中形成信任的联想。

在渠道借船出海方面，卖饮料的渠道优势无法为童装销售提供支持，缺乏目标客户群体基础。资深服装专家程伟雄在接受采访时表示，娃哈哈将其做食品饮料的渠道经验套用在服装上，本意是想用强大的渠道优势来带动“0 基础”的童装业务的发展，但这一举措恰恰是没有认清食品和服装在渠道运营上的差异。

在市场定位方面，既放不下身段做低端产品，又突破不了原有的娃哈哈中低端品牌定位，改走高端路线，因此顾客群一直难以界定，地位尴尬。中国童装竞争非常激烈，在夹缝中求生存的前提一定要有自身鲜明的特点，不上不下的定位很容易被挤出市场。

娃哈哈童装的价格曾经定位为春秋款 100 ~ 300 元、夏季款 60 ~ 200 元、冬季款 200 ~ 700 元，相比之下属于国内的中端定位。娃哈哈在国内的渠道多以县城、地级市的批发市场为主，这与中档童装的定位严重不符，不仅丝毫起不到提升影响力的作用，还使得多数消费者对于“娃哈哈童装”长时间一无所知。同时也会让如此大众化的消费群体与中高端的价位之间出现较大的“错位”。

娃哈哈不仅仅涉足童装，还投资 150 亿元发展白酒、高调进军婴幼儿奶粉“爱迪生”、投资商业地产项目娃欧，但这些项目发展均不理想。2018 年 6 月 1 日，娃哈哈对外宣布开始进军大健康产业，不仅要开设 1000 家功能食品馆，还要开发保健型食品。看来，娃哈哈在多元化的道路上已经越走越“远”了。对此，2021 年 3 月在“童装加盟网”上刊发的一篇题为《娃哈哈童装问世 13 年收入无增长》的文章表示出担忧：“从目前来看，娃哈哈的多元化战略未能为主业分忧，反而可能成为拖累。若寄希望凭借饮料行业的强势渠道去打通其他多元化方向的坦途，娃哈哈只会从一个错误走向另一个错误。”

我们再说说创建于 1992 年的汇源。汇源的纯果汁和中浓度果汁饮料的市场份额一直处于全国领先地位。汇源浓缩果浆、浓缩果汁和部分果汁饮品出口五大洲的 30 多个国家和地区，是全球果汁市场中的佼佼者。

2020 年 5 月，《砺石商业评论》却发表了一篇题为《汇源败局始末》的万字长文，向世人揭示了曾经风光无限的汇源已经到了危险的地步。文章介绍，2019 年 9 月，先锋集团旗下 P2P 平台的一纸公告，撕开了汇源庞大的债务链条。同年 9 月 20 日，因股权质押等问题，招商银行向法院申请诉前财产保全，冻结了汇源创始人的 41.03 亿元资产。2020 年 2 月 14 日，汇源竟然被取消上市资格。

该文在细数汇源的发展历程中，有两段文字道出了汇源结局的关键所在：“遍布全国搁浅的所谓‘大农业’项目、大大小小的债主，已成为企业不得不面对的现实。”“企业忙于扩张，内部也没有得力的人才，所以此后汇源几乎再无任何创新产品。”

随后，笔者在百度百科上看到以下这段话。

汇源已在全国建立了140多个经营实体，链接了1000多万亩优质果蔬茶粮等种植基地，建立了几乎遍布全国的销售网络，构建了一个横跨东西、纵贯南北的农业产业化经营体系。

如果你有机会走进汇源，就会看到这样的一块横幅标牌，上面写着十个大字：“大中国，大农业，大有可为”。这个所谓的“大农业”就是领导者心中雄伟的生态农业蓝图，包括果品、蔬菜、茶叶等繁多的类目，遍布全国一多半的区域，还要一、二、三产业结合一把抓。在记录汇源发展历程的一篇文章中说：“其中任何一个单点拿出来都可能压垮一个公司，可汇源要全部拿下。”

曾几何时，制造型企业向上游拓展似乎是行业中一个发展的共识。从伊利收购牧场到中粮布局农场，再到双汇进军养殖，向产业链条的上游去获得市场主导权，甚至是原料定价权，这都无可厚非，但是如何在能力和资金、边界与规模之间找到一个可持续的平衡点，无时无刻不在考验着这些离自身的核心竞争力渐行渐远的企业。

再看看1993年成立的雨润食品，它是中国低温肉制品的开创者。在成立7年之后的21世纪初，雨润食品已经在全国近200个城市拓展了营销体系，拥有1000多家经销商，营业收入超过30亿元。凭借低温肉制品，雨润食品成功确立了属于自己的地位，形成了“南雨润、北双汇”的市场格局。

2006年，雨润食品创始人祝义财迎来高光时刻，彼时雨润食品公布港股上市后首份财报，2005年营业收入为44.5亿元、同比增长71.8%，净利润为3.6亿元、同比增长112.3%，作为大股东的祝义财以2.3亿美元身家排名“2004福布斯大陆富豪榜”第41位，成为当之无愧的“江苏首富”。

如此轻易获得的资金，如此快速增长的财富，人性中的“自信”被强烈地激发出来。意气风发的祝义财在2007年开始构建猪肉产业链，2010年着手布局生猪屠宰业……随后，一场名为“333”的战略在全国轰轰烈烈地展开——在全国30个省会城市建设农副产品全球采购中心，在300个地级市建设农副产品物流配送中心，在3000个县域建设农副产品种养生产基地。

随后的雨润食品其旗下的产业涉及食品、生猪屠宰、生猪养殖及禽业，还有地产业务，包括住宅地产、商业地产、旅游地产等；同时以经营农产品批发市场为主的农产品物流业务，在成都、西安、哈尔滨、赤峰等城市布局了多个项目。

到了2012年，被多元化过度抽血的雨润食品开始出现营业收入下滑的现象。直至2021年，“雨润系”旗下的122家企业成为破产重整企业，其中7家公司就有超过700亿元债务。

同是创建于20世纪90年代的富贵鸟。这个曾经的一代鞋王和“国民皮鞋”，也同样深陷多元化的困局之中而无法自拔。面对上市后突然膨胀的财富，仅仅在一年内，富贵鸟旗下迅速发展出10家企业。在进军童鞋童服市场无果后，它又开始介入更不熟悉的金融、房地产、矿业等板块，旗下有矿业公司、P2P公司，甚至还有小额贷款公司。

然而这些并没有达到林和平的预期，他在其他领域的投资也纷纷失败，尤其是金融行业，不仅没能缓解企业危机，还让富贵鸟企业欠了债务。为了偿还债务，富贵鸟花光了股市的钱，只能开始借借借……最终，42亿元的债务彻底压垮了这个曾经的一代鞋王，于2019年8月26日，富贵鸟股份有限公司宣布破产。

2019年8月20日搜狐网转载了一篇题为《又一老牌巨头破产退市，“富贵鸟”无法飞起来了》的文章，道出其中原委：“如果说‘鞋王’达芙妮和百丽陨落是战略没有跟上，被时代所抛弃，那么富贵鸟之‘死’却是自己‘作死’！这个作死的路子就是所谓的‘多元化’。”

后面是成立于1997年2月8日的恒大集团。3年巨亏40亿元的恒大冰泉给我们带来的教训和反思主要集中在两个方面：一是没有按照事物的客观规律办事，二是超出了自己的“本分”边界。

在一篇评论文章中提及：“2013年中国中高端水市场整体不过50亿元。恒大冰泉的目标是第一年即达到100亿元，3年达到300亿元。这似乎是要凌驾于市场规律之上。”

其一，恒大母品牌与恒大冰泉子品牌之间，在价值的内在关联上根本不具备强背书的关系。恒大母品牌是一家房地产企业，与饮用水的子品牌之间没有价值的强关联性。因此，母品牌无法为子品牌带来很好的背书效应。

其二，恒大冰泉违背饮用水市场规律还体现在价格体系方面。在大众心理上水的价值和饮料相比有很大差距，这导致饮用水在价格线上远低于饮料。恒大冰泉上市时期，国内饮料类产品的价格在3元以内，甚至低于2.5元，直到2016年，行业才开始在5元价格线上做文章。

营销上有“定价定天下”的说法，定价不到位，可能会把企业置于一个尴尬的境地。从大众心理角度来看，水和饮料是两种价值完全不同的饮品，3.8元在饮料里已经算是较高的，在饮用水品类中就更高了，这样一来，恒大冰泉的定价就让人感到迷茫。最终，因其价格远远超出消费者的认知与接受水平而无法赢得消费者认可。

其三，要想与消费者达成价值共鸣，占领消费者心智，改变消费者的品牌认知与消费习惯，必须有一个能够针对“痛点”问题和刚性需求的理由。对于恒大冰泉，其水源长白山无法成为独占性的价值，无法在消费者心智中形成认知壁垒，其定位总是变来变去，严重影响了消费者对品牌价值的认知积累。

其四，恒大集团曾斥巨资狂铺渠道，这原本没有错，对于快消品毕竟是“终端为王”。问题是，渠道终端要想做好不是铺完货就了事，这是一个需要精耕、养护的工作——客情关系、终端陈列、终端宣传物料等，有很多精细工作要做。一个月铺货20万个终端背后，虽然量上的数字很大，但是如果“一铺了之”，渠道的“质”就很难保障，多数都变成了低能或无效终端。

其五，在一个存量市场的狭小空间内，专业化生存便成为必要。在恒大集团开始操作恒大冰泉的时候，主力团队都来自恒大地产，虽然媒体推广依旧可以发挥作用，但是两个行业面对的是不同的消费者、不同的消费背景（房地产从严格意义上讲，不能算是纯粹的市场化机制）、不同的渠道资源、不同的操作规则。

中国的民营企业大多是在改革开放的机会大潮下，凭靠创业者的胆识和胆魄抓住了一个甚至多个机会，实现了野蛮生长，迅速达到了相当的规模。随后，便是上市。在增量巨大的市场背景下，于是获得了很多的资金。这些企业家在多少有些“轻而易举”获得的资金面前，变得更加“自信”，于是不约而同地走上了一条多元化发展之路。

理想很丰满，现实很骨感。这不仅仅是体现在中国的本土品牌上，即使是全世界曾经的多元化偶像——通用电气，近几年从业务到财务全面崩盘，股价暴跌近70%，连续每年亏损过百亿美元。

多元化业态势必对企业的资金能力、资源的整合能力、专业化的支撑能力，以及对市场风险的管控能力有着非常高的要求。与西方的企业相比，作为改革开放后的第一代企业，大多在这些方面有着先天性的缺陷。再加上在他们最容易获得资金、最有钱的时候，并没有将好钢用在刀刃上，没有将资金用在自己主业的可持续发展上。换言之，没有用在“深挖洞、广积粮和高筑墙”上。

以至于在后面的发展中，无论是从产品研发上，还是科技水平上都与资金一样出现“断链”问题，使得在企业的核心竞争力上出现断层，必然导致其在可持续的发展力上难以为继。事已至此，企业的底蕴和企业的能力越来越无法适应市场竞争的要求，直至一地鸡毛、危机四伏，最终以资金链断裂而收场。

今日头条在2020年5月23日转载题为《刘强东再写“家书”》的文章，其中有一段刘强东自我剖析式的念白。

“业务上，一度欲望代替了逻辑。我们被太多机会所吸引，什么都想做，能力却未必支撑，甚至有时候商业逻辑还没有想清楚就迫不及待地跳了进去……我们投资了很多项目，最终发现自己并不具备‘点石成金’的能力……在公司规模急剧扩张的同时，管理、文化体系的搭建和更新并没有跟上。大企业病、傲慢、山头主义等问题开始出现，整个公司失去了活力，腐蚀了我们的竞争基础。”

可见，在改革开放大潮中成长起来的第一代企业在战略管理上还难以避免被人性中的弱点所驱动，甚至是绑架。企业中缺乏包括战略洞察、识别、分析和判断，乃至决策的科学、客观的管理机制，更多的是靠企业领导的个人好恶、认识和判断来决定企业的发展方向。

在人性的弱点中，好大喜功榜上有名。之所以将其上升至“人性”高度，是因为下到走卒贩夫，中到企业家，再到更高一级的领导，无一不受“本性”的制约。李世民是一代明主，欧阳修在《新唐书·太宗》中归纳了李世民晚年四大“毛病”：“牵于多爱，复立浮屠，好大喜功，勤兵于远。”如果我们以现代的商业理念来看，那么，第一条说的是不专注，缺乏战略定力，第二条说的是迷恋于虚幻的东西，第三条说的是追求虚名、不切实际，第四条说的是将战线拉得太长，战场布得太大。

决定企业发展战略的要素有很多，在此，笔者从“道”的层谈谈面对战略认知的顶层思考。这是因为，企业也是人类社会在经济领域中的一种事物，同样遵循世间“大道”，不能违背自身的内在本质与发展规律，要“做正确的事”和“正确地做事”。对此，荀子曾告诫我们：“应之以治则吉，应之以乱则凶。”

如何才能达到“以治则吉”呢？先哲们给出了两大原则——守一和抱朴，即保守本真，怀抱纯朴，不萦于物欲。“守一”就是安分，是不忘初心、坚守根本；“抱朴”就是守己，是尊重常识，不以自喜也不以己悲。前者考验的是企业家的定力，后者考验的则是企业家的敬畏心。这不仅是企业战略管理的顶层思考，更是企业战略决策的“道”之所在。从“守一与安分”和“抱朴与守己”的角度，中国民营企业的发展历程给予我们非常深刻的启示。

其一，人的能力是有限的。对于许多成功的企业家却是颠倒了过来。对此，步步高集团董事长段永平曾说：“知道自己能力圈有多大，往往比自己能力圈有多大要重要得多。”特别是对于那些靠个人胆魄抓住了改革开放大潮中的机会而一战成名的企业家们，有时往往将“胆量”等同于“力量”。正如新浪财经刊发的一篇文章中所指出的：“成功商人最容易犯的错误，就是由于多年来不断的成功，误以为自己干什么都会成功。”

人的智力与能力一定是有边界的。对此，企业家们要保持清醒的认识，要清楚并承认自己能力的边界。中国第一代企业家都是在改革开放的大背景、大机遇之下崛起的。这其中固然离不开自身的胆识与魄力，但社会的赋能、时代的推动也是成功的关键因素。对此，企业家们不要将企业的成功过多地归于个人的胆识与能力。况且，江山代有才人出，各领风骚数百年。更何况，事物的发展不以人的意志为转移。特别是在这个快速更迭的时代，任何企业都不可能永远踏准时代的节拍，任何人都无法以一己之力驾驭时代，独步天下。

其二，正是因为人的精力是有限的，所以做事，特别是做大事必须要做到专注，专注，再专注，全神贯注，聚精会神。古人云：“圣人守一乃知万事，故能为天下法式也。”就是说，智慧的人坚持万事归一的法则，便能治理天下。曾国藩也曾说：“用功譬若掘井，与其多掘数井而皆不见泉，何若老守一井，力求及泉而用之不竭乎？”

华为之所以成绩卓著，同样是因为几十年如一日地专注于战略。通过提高某一方面的世界竞争力，从而证明不需要什么背景也可以进入世界强手之列。苹果手机只专注于核心设计，然后通过整合全球优质产业链资源来完成自身的产业布局。这使得苹果在收益占增加值的比率中高达 73.9% ~ 94.5%。

在专注方面，网易也称得上是一个榜样。在 20 多年的发展历程中，网易也曾经历过几次不小的周期性危机，但最终活了下来。对于其中的秘诀，丁磊认为，网易的哲学就是像个傻瓜一样，为一件事坚持，为一个念头疯狂，总有一天会找到想要的答案。丁磊始终强调，网易从来不怕慢，不急着融资，不赶着赚钱。相反，早在 2000 年年初，网易就确定了精品战略，以近 20 年的时间打磨一款游戏，也可以用数年之力做一款音乐 APP，用自己的节奏稳扎稳打。

再举一个反面的例子。曾经被选为全美最杰出的 12 位移民之一，从里根总统手上接过了“总统自由奖章”，也曾经被总设计师亲切接见，被夸赞说“你在美国很出名，现在是家大业大”的王安博士，在推出了变革性的产品 WPS 系统之后，便开始摧枯拉朽式地接管原本属于 IBM 的领地。

就在王安推出 WPS 的 1976 年，乔布斯创办了一家专攻 PC（个人电脑）的公司——苹果。在新的潮流来到之时，王安并没有因此而动，他认为搞个人电脑是件荒唐的事情。IBM 也一度和王安持相同的看法，对乔布斯不屑一顾；但随后 IBM 率先惊醒过来，从 1981 年开始加大 PC 投入，和苹果一起伫立在 PC 时代的潮头。

此后，PC 的功能越来越强，王安的小型机和文字处理机不再具有优势。加之缺少与市场兼容的软件，自身的软件又有局限性，因此市场份额一再被挤压，许多电脑厂商都纷纷选择了与 IBM 电脑兼容。尽管随后王安电脑也开始了向 PC 端的战略转移，但在放弃了自身在软件系统方面的优势后，最终的结果是，既没将当时已经占据先机的 WPS 做大做强，也没能让 PC 突出重围，还让公司有优势的产品因失去了“专注”而逐渐落入平庸甚至落后。

其实问题并不在主攻软件系统开发这个战略方向上，因为不管什么电脑都是离不开程序驱动的。只是既定的战略要在“时代特征”面前做出必要的调整——坚持自身在软件方面的优势不动摇，坚持软件程序开发的主赛道不动摇。然后，及时主动地拥抱、融合代表计算机未来发展趋势的个人电脑。

对此，比尔·盖茨曾经感叹道：“如果王安能够始终专注做软件系统，世界上可能就不会有微软了。”世上没有如果。曾经在很长时间里引领美国科技产业方向的“王安传奇”就此谢幕。1992 年，在王安去世的两年后，已不能继续正常经营的王安电脑最终宣布破产。对此，段永平曾经说过：“很多所谓厉害的人，其实仅仅是因为他们一直在老老实实地做他们该做的事情而已。”

“王安传奇”的落幕还间接地引发了中国一个“巨人”的轰然倒下。这个“巨人”就是史玉柱的巨人集团。1992 年，史玉柱去美国考察，正好见证了曾经无比辉煌的王安电脑破产。王安电脑的命运引起史玉柱的反思：未来的巨人，也会如此这般地倒下吗？

在当时的许多专家都将王安电脑的衰败归结于产品太单一、不够多元化后，巨人集团便开始了多元化之路。在文字处理软件 M–6403、财务管理软件、酒店管理软件以及手写电脑等硬件业务之外，巨人集团还涉及服装生产、化妆品以及保健品和房地产等多个领域。

在此后的 1994 年，一根压倒“巨人”的“稻草”出现了，就是史玉柱投资兴建的、号称当时的内地第一高楼——巨人大厦。

从2个亿一路飙升到12个亿的建设投资，就像黑洞一样源源不断地将越来越多的资金吸入。到了1996年，甚至连原本要用于保健品推广的钱都不得不挪用过来，缓解工程上的燃眉之急，但此时巨人并没有认识到问题的严重性。

有许多人去问段永平，是否对某一个项目有兴趣，大多都被段永平拒绝了。段永平对此曾做过这样的“解释”：“我知道我自己和我的企业就这么点能力和规模，不可能再分散资源，我根本就不追求有天上掉馅饼的事。”在段永平这段“领悟”的背后其实是蕴含着深刻的道理的。

意大利物理学家、数学家、天文学家及哲学家伽利略在1638年曾得出这样的结论：“世间万事万物通常都不能按照简单的线性比例缩放。”这对于所谓的大的生物、大的工具、大的企业、大的城市，都是如此。对此，我们需要牢记的是，对于“大”它并不只是“小”的放大版，而是一种更为复杂、更为系统的生态，我们需要去面对、去应对。

在企业发展的道路上，昨天可能是困难困扰，今天可能就是变化变革。只有专注才能让意志坚定，才能抵达远方。正如《诗经》中所说：“淑人君子，其仪一兮。其仪一兮，心如结兮！”故君子结于一也。这句话就是倡导君子们行为要专一，不偏邪，如此，意志才会坚如磐石。

其三，对于企业而言，资源是有限的，因此企业家要懂得“力出一孔，利出一孔”的道理。要将核心的资源聚焦在主战场上，凝神聚力，坚定初心不动摇，坚持战略不动摇；扬长避短，将最长的那块板做到极致，集中优势兵力打歼灭战。

对于企业来讲，技术研发乃至技术研发驱动下的产品研发便是其可持续发展的核心、“焦点”所在。在这方面，“蜗居”在苏北小城市连云港的恒瑞医药，坚持走以产品研发为核心价值的发展之路不动摇，企业的一切行为都聚焦在这个主赛道上。

江苏恒瑞医药股份有限公司（以下简称恒瑞医药）成立于1970年，

原名连云港制药厂，至 1990 年工厂经营陷入困境。如今的恒瑞当家人孙飘扬在当年的员工大会上，第一次亮明了自己的信念："如果没有技术，命运就只会被掌控在别人手里，为了不被人'拿捏'，必须拿下专利。"从此，孙飘扬为恒瑞医药找到一个 30 年始终如一的强大基因：坚持研发不动摇。

自 2011 年至 2019 年上半年，恒瑞医药累计研发投入已经超过百亿元。在 2020 年 6 月 Pharm Exec（美国制药经理人杂志）公布的 2020 年全球制药企业 TOP50 榜单中，上榜医药企业的研发投入中，恒瑞医药以 5.18 亿美元位列第 36 名。持续的聚焦带来了收益。截至 2020 年 3 月 24 日，恒瑞医药市值已达 3788.58 亿元。

另一个典范是只卖酱油的上市公司海天味业，在过去几年中其市值一路上涨到接近 3000 亿元。这背后是公司净利润从 2009 年的 7 亿元涨到 2019 年接近 40 亿元。

其实，发生在海天味业身上的故事几乎是恒瑞医药的翻版。一样是濒临倒闭的国有企业——20 世纪 80–90 年代，已经难以为继的珠江酱油厂；一样是灵魂人物出现——26 岁进厂的大学生庞康；一样是专注研发——海天味业 2019 年报显示，其研发投入总计超过 5.87 亿元，较上年度同期增长了 19.15%。

海天味业始终将资本聚焦在调味品这条主线上，不断深耕，不断拓展，并没有投入其他的非相关产业。2014 年，海天味业收购开平广中皇食品公司，进军腐乳领域；2017 年，海天味业收购镇江丹和醋业公司，在醋市场发力…… 一系列的操作让如今的海天味业旗下产品坐拥八大系列 200 多个规格和品种，一个调味品王国正在崛起。

当年，谷歌以 29.1 亿美元将摩托罗拉移动出售给联想，理由就是基于聚焦主业的长板理论。CEO 佩奇解释说："这笔交易让谷歌将全部精力和资源都投入整个安卓生态系统的创新中，从而使全球智能手机用户受惠。”百事可乐在中国市场，也是将目光和力量都集中在运营百事可乐品牌这个核心价值之上，而将所有的制作、渠道、发货、物流全部外包。

其四，要想做到专注和聚焦，始终要对过度的欲望加以克制。人的智力与能力是有边界的，但世间的诱惑是无限的，特别是财富的诱惑很难抗拒。要说良药，有一条最为重要，就是克制过于贪婪的欲望。企业家为了自己的初心与使命，为了企业的愿景和目标，要勇于放弃各种眼前诱惑、既得短利。因为做企业最需要的就是克制和忍耐，要甘于和乐于享受“延迟满足”，要甘于向“非常之财”说“不”！

2001 年福清市出现财政危机，曾向福耀玻璃董事长曹德旺求助。于是，曹德旺以个人名义做担保，对方则将福清所有收费站抵押给曹德旺。期限是 5 年。后来，曹德旺不仅将收上的钱款直接还给了银行，还只收了两年多，在本息清付之后，便放弃了收费。

还有，拼多多登陆纳斯达克时，本可以提升发行价 20%，但黄峥坚持定价在 19 美元，这源于他对“贪婪”的抵制。对此，黄峥说：“不占别人便宜，哪怕我们有这样的能力。”老干妈的创始人陶华碧一直坚持“我又不差钱，既然老干妈不差流动资金，为什么还要去上市融资？”老干妈不想大肆对外扩张，只想稳稳当当做企业。

如前文所述，2000 年之后，面对“随便要点地盖盖房子，就能轻松实现一百亿利润”的建议，任正非一口回绝：“挣完了大钱，就不愿意再回来挣小钱了。”正是源于对欲望的控制，才让华为成为世界闻名的伟大企业，才让华为能够始终遵循任正非的教导：在大机会时代千万不要机会主义。

毋庸置疑的是，“体质”与“体量”始终是企业发展的战略性考量。正是因为人总被欲望所驱动，所以企业家才要有底线意识与边界思维。底线代表的是品质，边界代表的是能力。边界的拓展绝不能突破底线，能力的输出绝不能损害品质，要“稳稳当当做企业”，而不要“急急忙忙去挣钱”。

任何事物都有一种天然的自衡欲求与动力，这就是所谓天道自衡。顺应之就会与外界形成彼此之间的生存平衡，于是便可和谐相处；违背之就会打破与外界之间的生态平衡，就会彼此产生抵触，最终会带来伤害。这其中蕴含了我们看待世界的认识论和方法论。

其五，人总还是要有敬畏之心。老子在《道德经》中指出："人法地，地法天，天法道，道法自然。"其义便是告诉人们，人是在道、天、地之下的。因此，对它们要有敬畏之心。

我们也就必须要承认，从本质上讲，人类不管变得多么"强大"，总归还是要在"天"这个大的生态系统里。人们能够改变的只是"物"而已，而并非"天"。因此说，宇宙、自然、人、社会，这个序列逻辑应该既是一种定律，也是一种常识。

当下，有许多曾经的成功企业家，以及一些还没成功的年轻企业家，似乎觉得"钱"已然是这个世界的"老大"。资金在手，就可以忘乎所以，就可以为所欲为，可以不受天、地、道的制约与惩治。

"成功的商人最容易犯的错误，就是由于多年来不断地成功，误以为自己干什么都会成功。"其实，何止如此，国美王在贵宾厅揭牌时，小品王在炫私人飞机时，万达王在豪言小目标和勇抢生意时，地产王在逃离亚洲时……他们何尝相信世上还有"满则溢，盈则亏"的道理，更不会相信命运的"报应与反击"会来得如此之快之猛！

因此，做事还是要有敬畏之心的，尊重常识和规律，畏惧因果与天道。

在历经几十年的高歌猛进之后，许多曾经的成功企业家坦言："现在面临的问题要比创业时难很多。创业艰难，但那是一个让自己不断获得肯定的过程，虽艰苦却愉悦。如今，则是一个需要对自己重新审视，甚至是不断否定的过程，这要比创业的艰苦更难熬，更需要强大的勇气来面对。"

第四章

平则匡正，衡乃至恒

企业求利，无可厚非。消费者求益也是天经地义。于是，品牌的建设过程就成为人性博弈的过程——这是笔者对品牌的一个感悟。企业往往会追求利润最大化，消费者则始终在追求利益最大化。那么，在利己与利他之间，在得与舍之间，在利与义之间，如何摆正品牌与消费者之间的关系，则是摆在企业面前的一个必须要回答的命题。

面对市场的诱惑，面对规模的蛊惑，我们要“平心静气”，不好大喜功，不急功近利，找到既符合自身能力优势，又符合自身资源的边界平衡点，形成一个可推动企业稳健、可续发展的动态平衡。只有这样，才能匡扶我们初发心时的正气，让我们能正确地认识发展、正性地驱动发展、正向地恒久发展。

做克己复礼的品牌

克己复礼为仁。一日克己复礼，天下归仁焉。为仁由己，而由人乎哉？

——孔子

佳能：欲将取之，必先予之

正因为人类有“趋利”的本能，所以才会表现出自私的本性，进而表现出喜欢占便宜、求实惠的天性。那么，如何在经营过程中，既能满足又能利用人们的这种心理，使之成为获得消费者喜爱乃至信任的驱动力，是对所有企业的一个重要考验。

阿尔迪创立于20世纪40年代，如今已经成为德国最大的食品连锁零售企业。在它发展的早期，曾经有一段时间，不少顾客发现商店少收了他们的钱款，当顾客想把钱还回去时，商店的员工谢绝了，这是怎么回事呢？原来，老板特奥将商店中所有商品价格的尾数改为0或5。这样一方面可以减少营业员每次找零钱所花的时间，提升营业效率和营业额，另一方面让阿尔迪卖出的商品比其他商店便宜了将近一半，让顾客获得"出乎意料"的实惠消费。

如今，商品多样化，让消费者拥有更多的选择权。那么，品牌如何才能从众多的选择中脱颖而出呢？信息的碎片化和媒介的多元化，让消费者获取品牌信息的干扰度越来越强，那么，如何能够让消费者清晰、确切、深刻地感受到品牌独特的价值呢？答案在"体验"二字上。品牌传播已经从单纯的信息传递时代进入"信息＋体验"的营销时代。

那么，又如何在消费者还不十分了解品牌，或者还不十分了解产品，还没有信任或接受品牌价值的时候，能够获得消费者的品牌体验呢？答案在"让利"二字上。通过免费的或优惠的价格迎合人们"贪便宜"的心理，最大限度地吸引用户，以便快速地让更多人在第一时间对产品形成体验。然后从中筛选出具有刚性需求的目标用户，并将其逐步过渡到收费模式。先有用户，再有客户；用得好，才能卖得好——已经成为互联网平台最为常用而有效的商业模式，网约车如此，共享单车也是如此。

其实，以让利为核心的体验营销并不是互联网平台的首创。

1987年11月12日，肯德基在中国的第一家餐厅在北京前门繁华地带正式开业；1990年10月8日，麦当劳在深圳开设了中国的第一家麦当劳餐厅。至此，"洋快餐"们在为中国百姓带来一种与以往不同的就餐体验的同时，也为中国的餐饮市场奉献了一种全新的商业模式。

到后来，有一个问题总是萦绕在笔者的心头：中国人连满汉全席都能做，难道就做不好炸鸡和汉堡吗？其实，肯德基也好，麦当劳也罢，之所以能够成为全球品牌，它们的成功之处更重要的是对人性的深入洞察与对商业的深刻理解。

众所周知，在线下餐饮业，场地的大小决定了其业务的规模，是其经营的核心资源之一。因此，翻台率成为衡量一家餐厅经营业绩好坏的金标准。正因为如此，在中餐馆如果客人不点餐而只是占有座位是要被店家视为“无理”而被“驱赶”的。当然，客人也从来不好意思这样做。借此，不消费、不进门，客商双方已达成共识，认为这是一个非常合理的商业规则。

随着肯德基和麦当劳的出现，这种被视为天经地义的商规竟然被打破了。人们先是看到这两家餐厅都在店内特意划出一块场地让顾客带的孩子“免费”去玩耍。随后，人们又发现，你进到店里即使什么都不要，也没人理会你，更不会“驱逐”你。于是乎，路过歇脚的，等人的，如厕的，相亲的，写作业的，聊事的……大堂内各色人等，出于各种需求，有的什么都没消费，有的一杯饮料、一份炸鸡汉堡一坐就是一天。

于是，笔者就给肯德基和麦当劳的大堂起了个别名：城市大客厅。

我们常说，做品牌就是人性与人性之间的博弈。企业一方以获取最大利润为追求，顾客一方以获得更大的利益为追求。站在人性的立场，哪一方都没有错。在进店的人中，有些是白白占用经营场地的，有些以很少的花费占用很长时间的座位，严重影响了所谓的“翻台率”。我们想，无论是麦当劳还是肯德基，他们都看在眼里，明白在心中。甚至于，他们也可能在心里默默地“叫苦”或“责怨”，但是最终他们还是“忍”住了，始终没有改变这种经营业态。

为什么？因为他们懂得，生意做的就是“人”，没有人又何来生意。来的都是客，这是一个非常简单却是根本的商业道理。人来人往，本身就是一种“备受欢迎”的暗示，就是一种广而见之的推广。也许他们还懂得，每个人都有贪便宜、求实惠的心理。做生意就是要迎合、满足这些人性的需求。

一样是在中国改革开放的初期，佳能公司为了从比它抢先一步抢占新闻摄影市场的品牌那里抢夺市场，便采用了这种体验式营销的手段。

佳能公司经过调查发现，中国众多的摄影工作者、爱好者只能从样本资料上了解佳能 EOS 照相机的性能，从商店的橱窗里看到它的模样，却不能去摸一摸、试一试它的功能究竟怎样。为了使 EOS 与中国的消费者熟悉起来，成为“好朋友”，佳能公司上海事务所将大批佳能 EOS 照相机“借”给上海的记者，让他们免费使用 40 天，同时又请维修部的专家讲解它的功用、性能。

1992 年夏天，上海各大报纸和许多摄影记者都用上了佳能 EOS 照相机。从 EOS1 到 EOS1000，配有各种款式的镜头。拿起相机发现，每个上面都贴有一张标签：“佳能赞助器材”。40 天匆匆而过，记者们送还照相机时都恋恋不舍。不久，一些记者通知佳能公司上海事务所，他们准备购置一批 EOS 相机。佳能公司以“欲取先予”的策略叩开了中国的市场之门。

再有就是星巴克。星巴克经过长期的市场调研，发现其核心顾客群是年龄在 25 ~ 40 岁的公司“白领”，他们当中有很多人都有一边喝咖啡一边工作的习惯。于是，为了提高这部分客户的进店次数，同时让他们每次停留的时间更久、购买的咖啡更多，星巴克从 2002 年 8 月开始，在 1000 家门市免费提供快速无线上网服务，可以满足顾客无线上网、收发电子信件等需求。果然，此项服务一经推出，极大地提升了顾客在星巴克“第三空间”的消费体验，其门店的上座率得到了显著提高。

最后，将明代《小窗幽记》中的一句话与读者们分享：“让利精于取利，逃名巧于邀名。”我们常说，君子爱财，取之有道。品牌获利也是一样，而其“道”便在舍与得之间。

京瓷：无论如何都要取悦客户

众所周知，供与需是市场经济内在关系的两个基本方面，供需的动态变化是调节市场经济的重要杠杆之一。在产品紧缺的时代，企业就是“老大”，消费者满大街追着产品跑，没有更多的自主与选择权。这个时候，无论是产品定价还是信息传递，企业都拥有至高的话语权和主导权。

如今，商品多样化，让消费者拥有了更多的选择权；信息互联化，让消费者拥有了更多的知情权；平台多元化，让消费者拥有了更多的评判权；媒介社交化，让消费者拥有了更多的话语权。在这个时候，消费者不再循着渠道、看着广告来追着产品跑，而是产品开始去找消费者。这就是我们常说的“消费主权时代”到来了。

消费主权的背后其实就是供需关系已经发生了转变，也就是从需大于供，变成了供大于需。面对越来越多的选择，消费者开始“挑挑拣拣”了，谁让我更信任、更满意、更喜欢，我就把“票子”投给谁。其实，对品牌的选择与对朋友的选择一样，大多数人都喜欢厚道诚实的人、仗义疏财的人。

品牌的背后也是人，他们经商的目的也不是做公益，也要追求利润最大化。问题是，双方的“势”已经发生了变化，“讨好”也好，“争宠”也罢，品牌就要放下身段，朝着消费者“开屏”。这前提就是，要“逆”着自己的人性，“压”着自己的需求。正所谓反人性就是顺人性。这是事物对立统一的两个方面。从这个角度来看，做生意拼的就是看谁最能“压抑”自己，然后才是能够更好地满足别人。

正如稻盛和夫先生所强调的：“取悦客户是从商之本，做不到这一点，就不可能持续获取利润。”因此，京瓷公司始终尽力满足客户对于交货期的各种“无理要求”，哪怕大半夜，也要按照客户的指示送货上门；总是尽量接受客户的压价。这就是稻盛和夫在“取悦客户”的前面加的那个前缀“无论如何都要”。

被誉为“中国风险投资之父”的成思危先生曾经亲历这样一件事。有一次，成老在法国和朋友一起到一家日本寿司店就餐。后来，寿司剩了不少，于是，成老就叫来服务员说：“点多了，打下包吧。”店员说：“寿司不可以打包。”成老不解：“为什么？叫经理来。”经理来了依然坚持：“的确不能打包，因为寿司不易保鲜。”成老说：“我回去就放冰箱。”经理依然坚持：“我们无法确认您一定会这么做。”成老质问：“那怎么办，就浪费了吗？”经理后面的回答完全超出成老的想象：“我们来处理，所有剩下的部分，由我们来买单。”

后来，成老在许多场合都提起此事，可见，对于他的印象是多么的深刻。这是因为，这家日本寿司店将一件所有人都认为符合情理的事情，竟然做成了“匪夷所思”的事。恰恰在这种对人的“逆”与“顺”中，品牌的声誉直抵顾客心底。因超出顾客的心理预期与利益期望，而让顾客为之心动、心仪，更好地实现了顾客对品牌从认识到认知、从认可到认定的心智占有过程，完成了从知名度到信任度、从美誉度到忠诚度的建设过程。

2020 年 11 月 27 日晚，美国鞋类电商 Zappos 的创始人谢家华（Tony Hsieh），因家中起火意外辞世。谢家华的名字，虽然对许多中国年轻人还比较陌生，但在美国是家喻户晓。在创办 Zappos 的 20 多年里，谢家华带领这家公司一路高歌猛进，目前已成为全球最大的鞋类电商，销售额一度占到全美鞋类的 1/4，被称为“卖鞋的亚马逊”，谢家华也被称为“杨致远第二”。

除了是一位卓越的创业者外，谢家华更多让人铭记的是他在商业世界以外的“不走寻常路”。在“顺”与“逆”的选择中，他选择了后者——每天强迫自己做一件让自己不舒服的事，通过不断突破自己的“硬性规定”来向顾客“传递快乐”（个人所著传记的书名）。

谢家华“强迫”自己为Zappos上5.8万种款式的各类鞋都要从8个角度进行拍照，这就意味着要拍摄46万张照片。目的就是要让顾客更清晰地了解商品，减少对网上购物的忧虑和不确定感。同时还“强迫”自己做出承诺，即“鞋合适即穿，不合适便换”，送货和退货的运费全部免费。后来，谢家华又“强迫”自己做了一件事，即采用售后延迟付款方式，承诺顾客购买商品后90天之内可以不付款。

最终，在降低运营成本与确保服务品质之间，谢家华选择了克制自己的欲望，以保持服务的品质如一来“取悦”顾客。这在许多人眼里是逆人性而动的，是违背常理的。事实证明，这无疑是“聪明”的，更是智慧的。

当然，除了智慧与信念之外，还要有足够的能力通过“压抑”自己来更好地满足顾客。因为，毕竟企业是需要赚取利润的。在这个方面的典范，非沃尔玛莫属。一方面，沃尔玛提出“帮顾客节省每一分钱”（而不是帮企业多挣每一分钱）的宗旨，实现了价格最便宜的承诺；另一方面，凭借强大的供应链优势，将商品高效配送至沃尔玛全国门店，缩短了运输时间，将成本优化做到极致，最终把节省下来的费用让利给顾客。

有人问沃尔玛山姆·沃尔顿，沃尔玛成功有什么秘诀？他总是这样说：“这得益于我们每天每个小时都希望超出顾客的期望。”的确，沃尔玛将“超出顾客期望”作为一个理念提出，并使之成为沃尔玛的核心竞争力和持续发展力。

笔者刚入职场的时候，部门领导的一句教诲至今牢记于心：服务就是压抑自己，满足别人。今天的市场经营拼的就是你能在多大程度上“压抑”自己，又在多大程度上能够“满足”别人。如果说“己所不欲，勿施于人”是人生法则的话，那么“人之所欲，我所不欲”也一样是“道”之所在。沃尔玛“帮顾客节省的每一分钱”的背后所蕴含的，恰恰是“由利他再及利己”的人性博弈与品牌真谛。

海底捞：患难之中真情何在

2021 年 3 月 1 日，海底捞披露上一年的业绩公告后，很快就冲上了微博热搜。根据公告可知，一直以来都是风光无二的“火锅一哥”2020 年净利润较 2019 年竟然下降了约 90%。对此，海底捞在公告中表示，业绩的断崖式下滑主要是受到疫情及美元汇率的影响。

我们要问的是：仅仅是因为疫情吗？

笔者一直以来对“四大天王”之一的刘德华并没有太多的关注。但前不久看到的一篇《刘德华，你可真行》的文章，刹那之间，刘德华的形象在心中高大了起来。

文章介绍，香港影星蓝洁瑛在世时，一度精神失常流落街头，昔日的追求者和好友也纷纷离她而去。最困顿的那段日子里，刘德华给她送去了 10 万元港币，又跑到相关部门，为蓝洁瑛申请本该得到的福利待遇，并给她找了心理医生。备受折磨的蓝洁瑛生前曾说：“这个世上没有多少人值得信任，我只相信刘德华。”

“疾风知劲草，岁寒知松柏”。这是因为，人有趋利避害的本能，当自己面临危害、伤害和损害时，都希望甚至是渴望别人能够伸出援手，帮助自己渡过难关。

毋庸置疑，新冠肺炎疫情的打击的确是沉重的。据介绍，从 2020 年 1 月 26 日起，海底捞在中国大陆的门店曾一度停业 46 天。此后，又因为防疫的要求，导致整体客户数量的持续减少。

随后，海底捞的应对措施来了，首当其冲的便是涨价。

2020 年 4 月，海底捞就因“一片土豆 1.5 元，一碗米饭 7 元钱”被吐槽上了热搜，网友直呼“实在吃不起了”，但紧随其后，海底捞发布“道歉声明”，宣布价格已恢复如前。作为常识，商业的本质就是交易，而交易的核心就是顾客用价格去与产品交换价值。在正常的情况，价值与价格应该是成正比的，它们之间关系是否相谐直接关系到顾客的利益。

海底捞的这次涨价更多的是与疫情所带来的经营损失有关，那片 1.5 元的土豆与那碗 7 元钱的米饭，与以往并没有什么不同，但是价格还是涨了。价格恰恰是顾客利益的体现，价值不变而价格增加就意味着对顾客利益的损害。

虽然海底捞在发布的《致歉信》中承认上调了部分菜品价格，并指出“涨价是公司管理层的错误决策，伤害了海底捞顾客的利益”，但是海底捞似乎有些“不甘心”，依然换个方式继续与顾客的这种利益“博弈”。

就在 2021 年的 3 月 4 日，海底捞公开宣布，上海有 31 家门店已开始试点推行小料台产品更新，其重点便是将会提供植物蛋白新品“味伴侣”作为搭配配料。

从 2021 年 3 月 5 日起，上海这 31 家门店开始将原先免费的五香牛肉末列入菜单，开始有偿售卖。对于海底捞此举，媒体报道：“网友们吵翻了天。”这是因为在不少网友眼里，海底捞最经典的就是番茄牛肉汤锅底，而其中的牛肉粒竟然被顾客视为“番茄牛肉粒汤的灵魂”。无疑，将牛肉粒换成素的“味伴侣”在很大程度上影响了顾客的就餐体验。

据媒体报道，许多网友认为是因为“大家都去薅牛肉粒的羊毛”，所以海底捞为节约成本，迫不得已开始用素食来替代牛肉粒，但海底捞似乎对此不予认同。海底捞总部在回应中称，“味伴侣”作为一种植物蛋白产品，使用创新技术制作而成，目前成本比牛肉粒要高。

这就令人费解了。一方面是，顾客因丢失了“灵魂”而倍感体验变差；一方面是，海底捞还因此而增加了成本，特别是在面临前所未有的经营下行压力的特殊时期。就像海底捞越是疫情压缩了就餐人数，越是要逆势加开门店一样，如此违背常理，到底是为什么呢？其中的真实缘由不得而知。

我们来看看相反的例子。

在这次新冠肺炎疫情中，日本受到打击最大的是价格便宜、依靠快速翻桌模式经营的拉面馆。据媒体报道，在东京新桥区营业超过20年的后乐本铺，在2019年年底只有26个座位的店面每天还能卖出500碗拉面。疫情来袭后，他们依据政府发布的紧急事态宣言——缩短营业时间，并大砍员工4成薪水，支持营运。最终仍不敌挑战，2020年8月28日，后乐本铺新桥分店永久关门。

令人不解的是，许多拉面店虽然砍员工薪水，试图度过艰难时期，但就是不调涨拉面价格增加收入。宁愿倒闭，不愿涨价，为什么？后乐本铺61岁的员工齐藤嘉久道出了其中的原委："涨价从来不是选项之一，把我们的负担转移到顾客身上完全不公平。疫情中，他们的财务状况可能一样紧迫，却依然来我们店里消费。"

在中国山东济南，天一馅饼店的90后老板刘继阳，在因疫情冲击而关店后，将会员原先充值的15万余款准备退还给顾客。他一边在店门口张贴告示，一边在微信群里广而告知。15万元对于已经亏损、经营无力维持的小店来说并不是一笔小钱，但他并没有以顾客的钱来弥补自己的损失。

对此，许多顾客和网友都盼其"东山再起"。就在刘继阳打算把车卖了用来还清充值费用的时候，网商银行也被刘继阳"信誉很重要，先把人做好再做事"的精神所打动，为他提供了十几万元的免息贷款。

"老板，我们陪你东山再起！"这句话代表着什么，代表着品牌与消费者关系中最高的境界，就是忠诚度。世上没有无缘无故的爱，也没有无缘无故的恨。消费者对品牌的忠诚是有前提的，特别是在患难之中是要见真情的。

特殊时期，企业的运营不能寄希望于"报复性消费"，更不能"报复性涨价"。因为越是在艰难的时期，物美价廉越是王道。就在海底捞宣布涨价的时候，麦当劳推出了一款"周一会员半价桶"。闻讯而来的消费者，抢到麦当劳小程序崩盘。

更何况，无论是海底捞，还是西贝餐饮都已从银行获得了数额不菲的“输血”。难怪有网友质疑：一方面要政府补贴免租，一方面还涨价，难道不是应该降价促销？

看来，问题的根本是，在困难面前，在利益面前，中国的海底捞们最终还是失去了坚守“服务至上、顾客至上”理念的大义。还是那句话，顾客忠诚的是价值，是利益，而不是品牌本身。

默克尔牙膏：贪婪者注定是愚蠢的

在20世纪90年代，在中国大地上盛行过一阵“点子”风潮，靠一个“点子”而撬动市场的传奇似乎每天都在发生，时不时被人们传颂。以至于还诞生了一位所谓的“点子大王”，一时风光无二。

记得，当时有一个来自国外的“点子”令包括笔者在内的许多人佩服得五体投地，发自内心地感叹道：“瞧人家这点子，咋想出来的。”这个风靡一时的“金点子”就是，一家牙膏公司，将牙膏口扩大了些许，让市场销量陡增，真可谓“点石成金”。

20多年后，当笔者在丰富“品牌系统性建设”的课件时，想起了这个案例。上网一查才知道，这家企业是美国的默克尔牙膏公司在“突飞猛进”的一年之后，销量就开始大幅下降，三年之后便宣告倒闭了。原来是因为家庭主妇们渐渐地感受到牙膏支出的增加，当“恍然大悟”之后，便彻底抛弃了这家企业。

时至于此，笔者才“恍然大悟”，原来这根本就不是什么“金点子”，而是一个大大的败笔。以损害消费者的信任，乃至关系为代价来换取经营的短期增长，这无疑是饮鸩止渴，福为祸依，甚至是“大逆不道”啊！

苹果公司的“降速门”事件，也是如出一辙。事件缘起于韩国首尔消费者主权公民联合会起诉苹果公司，它认为苹果公司之所以故意压低

iPhone 性能，是因为想引诱用户早早升级设备，其实根本没有必要。对此，苹果公司一边坚决否认，一边发布公开道歉，同时提出了解决方案，即将更换手机电池的费用从 79 美元降至 29 美元。

社会和消费者们对此并不买账。从 2017 年年底开始，苹果公司因此面临至少 60 起的相关诉讼。直至 2020 年 7 月，在苹果公司“降速门”中受到影响的用户已经可以在线申请苹果提供的和解金了。

在中国，苹果公司“降速门”事件更是惊动了上层。《人民日报》发表评论文章指出：“即便采取了这样的措施，仍然涉嫌侵害消费者的知情权、选择权和公平交易权，有违诚信原则。”更有不少网友惊呼：“苹果也开始跟消费者玩心眼儿了，开始算计消费者了，开始要起小聪明来了。”更有网友哀叹道：“苹果从此不再是一个伟大的企业了。”

对此，我们不禁要问：为什么这些能够生产出“伟大”产品的企业，却不能让品牌变得越来越“伟大”？究其根源，就是源于人性中的劣根性——自私与贪婪。自私是要占有，贪婪则是不断地占有。就像《渔夫与金鱼的故事》中的老太婆，在第一个愿望被满足之后，第二个愿望马上就蹦出来了。一个接一个，永无休止。问题是，过分地追求利益就会蒙蔽我们的双眼，当我们贪婪地放纵欲望时我们的心智就会变得愚钝。

当愚蠢与贪婪相遇，贪婪注定会让人愚蠢，愚蠢又让人变得更贪婪，于是，那些原本很“聪明”的人，到头来反被聪明误，做出了令人匪夷所思的自毁长城、得不偿失的“神操作”。更有甚者，让人类吹起了一个又一个自欺欺人的泡沫。

必须承认，世间的诱惑是无限的，特别是财富的诱惑很难抗拒。要说良药，有一条最为重要，就是克制过于贪婪的欲望。只有这样，才能让自己真正地聪明起来，始终保持理性的认识、客观的判断，以及对规律的尊重。

因此，要想成就伟大的品牌必须要懂得和坚持对欲望的克制。即使在房地产行业遍地是金，周遭的其他企业许多因为涉足房地产而赚得盆满钵满的时候，华为也始终不为所动。坚持做“最苦的、笨的事情，让华为成为中国乃至全球最强大的科技企业”。（任正非语）

与任正非英雄所见略同的还有格力，还有福耀，还有网易。面对高利润产业的诱惑，曹德旺曾说：“除了做房地产，他们还搞互联网 P2P 投融资平台，我相信他们可能会赚大钱，但我不是为了钱，做这些名声不好听，名声搞坏了。”再说网易，它可以用近 20 年的时间打磨一款游戏，也可以用数年之力做一款音乐 App。这是因为丁磊的价值观是：网易从来不怕慢，不急着融资，不赶着赚钱。

因此，一个伟大的企业，一个伟大的企业家，一定是最能洞悉人性和把控人性的。一方面，将人性中积极的部分最大限度地转化为企业创新发展、与时俱进的动力；另一方面，将人性中劣性的部分最大限度地予以克制，让企业和自身尽量不被欲望所驱使，不被诱惑所干扰，始终保持清醒的头脑、理性的判断和科学的决策，始终能够不忘初心，牢记使命。

最后，以意大利托马斯 · 阿奎纳的一句话作为警示：“贪婪是背向神的罪恶，正如所有朽坏的罪恶一样，是人为了会腐败的东西而放弃了永恒的东西。”

杜嘉班纳：傲慢是傲慢者的墓志铭

希腊的修道士庞义伐曾提出 8 种损害个人灵性的恶行，分别是贪食、好色、贪财、伤悲、愤怒、懒惰、自负及傲慢。庞义伐观察到当时的人们逐渐变得以自我为中心，其中尤以骄傲为甚。其实，在《圣经》中的“七宗罪”里，排在第一位的也是傲慢。

品牌如人，因为品牌都是人做的。所以，人有“七宗罪”，品牌亦然，当然也包括这个“罪魁”——傲慢。

众所周知，自由、博爱、平等一向被资本主义国家所推崇。然而，在西方社会及其品牌的傲慢面前，这种价值观显得如此苍白与脆弱。其根源就在于面对别人的时候，他们心中的那份傲慢。

这种傲慢首先表现在他们的“博爱”上，表现在他们的品牌推广与市场营销中。

2018 年 11 月中旬，杜嘉班纳对外发布了一支名为《起筷吃饭》的广告纪录片，片中的女模特形象和她笨手笨脚使用筷子的内容演绎被指刻意丑化中国人。杜嘉班纳创始人之一 Stefano Gabbana 随后在回复网友的质疑时予以否认并道歉。

杜嘉班纳虽然在社交网络上发布了道歉视频，但被中国的消费者们认为态度极不真诚，直言杜嘉班纳并非是真切地认识到了自己的错误，而仅仅是希望能够留在中国庞大的消费市场内继续赚钱。

当然还不止于此。从雀巢奶粉、麦当劳回锅油、戴尔笔记本换芯、柯达公司的 LS443 问题相机、宝洁的 SK-Ⅱ化妆品，到现在的 NEC 笔记本电脑，这些“洋品牌”在处理问题产品的过程中都不同程度地表现出傲慢的形象。

这种“大品牌傲慢症”也不仅仅局限于洋品牌，我们本土的大品牌，特别是那些老字号的品牌，依仗着几十年来积淀下来的顾客认同和品牌背书，以大欺客，倚老卖老。

先以全聚德为例。全聚德的傲慢首先体现在无视时代发展上。作为像餐饮业这样市场充分竞争的行业，思想僵化、与时代脱节往往是非常致命的问题，而这恰恰会成为像全聚德这样的老字号身上的“常见病”“多发病”和“慢性病”。

傲慢还表现在无视消费者利益上。全聚德给许多消费者留下的印象是，性价比极低，菜品贵，烤鸭并不是那么名副其实。此外，在全聚德消费 500 元的烤鸭，结账时还要收 50 元的服务费，但又往往是“收了钱也不办事”。

与全聚德有着同样傲慢的还有 162 岁的“狗不理”。他的傲慢更多的是体现在“欺客”上。

普通的小笼猪肉包，8 个包子 96 元，相当于 12 元 / 个；

中等档次的小笼三鲜包，8 个包子 104 元，相当于 13 元 / 个；

高档的大虾包，1 个包子竟然卖到了 35 元；

甚至出现了靠速冻产品为主营的现象……

这个堪称包子界 LV 的价格体系，妥妥地是要把广大的普通消费者拒之门外啊！

正所谓，傲慢是傲慢者的墓志铭，傲慢最终还是要付出代价的。

杜嘉班纳事件发生后，原本定于中国上海的杜嘉班纳时尚大秀尚未开场便被取消，不仅众多明星退出了大秀的参与行程，连同在中国拥有超高人气的两位明星代言人也与杜嘉班纳解除了商业合作，更令人始料未及的是整个中国市场开始了对杜嘉班纳的集体抗议与抵制。

截至 2018 年 11 月 25 日，中国市场内八大互联网电商平台下架了所有杜嘉班纳的商品，明星们和消费者们纷纷在互联网社交平台宣布弃用杜嘉班纳品牌下的奢侈品，意大利的中国留学生们也在杜嘉班纳店门前自发组织抗议活动，与此同时，杜嘉班纳中国 PR 团队宣布集体辞职。

在傲慢面前，消费者开始用脚投票。年报显示，全聚德接待顾客次数从 2017 年的 804 万人次跌到 2018 年的 770 万人次，再跌到 2019 年的 658 万人次。三年时间里，全聚德累计失去了近两成的顾客。终于在它 156 周岁之际，宣布对菜单与菜品价格进行调整。媒体为此惊呼：“高贵了一个多世纪的全聚德终于肯降价了！”在这里，“高贵”却是傲慢的代名词。傲慢也常常会以高贵的面目出现。

再看看一样“高贵”无比的狗不理。2019年上半年，大众的口碑开始呈现急剧下降的趋势。面对潮水般的差评，狗不理并没有选择改制，而是选择关店。在关掉了11家店而在北京仅剩的王府井两家店铺中，一家有近900条差评，另一家更是有近5000多条吐槽。口碑的崩溃和大规模关店直接导致业绩的疯狂下滑，进而出现了几乎全靠天津地区来支撑的局面。直至2020年5月11日，天津狗不理食品股份有限公司宣布终止股票挂牌。“狗不理”真的变成了“人不理”。

微软CEO纳德拉曾经告诫我们：“在自信与傲慢之间有一条微妙的界线，而我们要的是自信而非傲慢。”的确，一个自以为是、高高在上的品牌注定会被时代所抛弃的，也最终会被消费者所遗弃的，一定也会被市场竞争所摈弃的。这一切都可以从简·奥斯汀在《傲慢与偏见》里告诉我们的那句话中找到答案：“傲慢让别人无法来爱我，偏见让我无法去爱别人。”

做永葆青春的品牌

每个人都要给自己一点儿危机感。因为生活永远在变化中，而变化就意味着危机。

——斯宾塞·约翰逊

吴晓波在2001年和2007年分别出版的两部《大败局》中研究了19家企业，它们的共同点是没有一家是正常死亡的，都是在高速成长的时候突然遭遇了崩溃性失败。究其根源，还是在人性！

从人性本原来看，最主要的有三点：避害、趋利和求舒适。这三点既是推动人类进步的动力，同时也会成为阻碍社会发展的阻力。在一个相对阶段中，那些已经掌握确定性的优势、身处舒适区、享受既得利益的人，同样是出于避害、趋利和求舒适的人性需求，害怕变革所带来的风险以及对利益的重新分配，而不愿意走出舒适区，最终成为阻碍社会进步的绊脚石。

中国的企业在改革开放大潮推动下，历经40多年的高速发展。其中的佼佼者已经在市场竞争中获得了确定性优势，那些经历艰苦卓绝而奋勇向前的开创者们也都成为企业发展的既得利益者。最终，无论是企业还是身在其中的人们开始步入由确定性优势和既得利益所营造出的舒适区，于是人性中的因避害所带来的故步、因趋利而带来的自封、因贪恋舒适而带来的懒惰便在企业中弥散开来。

最终，确定性优势转为自负，既得性利益转为自满，舒适区转为自闭。所有这些都幻化成布满机体的蛀虫，在一点点蚕食着企业的机体，一点点掏空了企业的灵魂，一点点消磨了企业的斗志，一点点将企业推向坟墓，成为阻碍企业发展的“三座大山”（见图4–1）。正如张瑞敏先生所警示的：“只有时代的企业，没有成功的企业。”

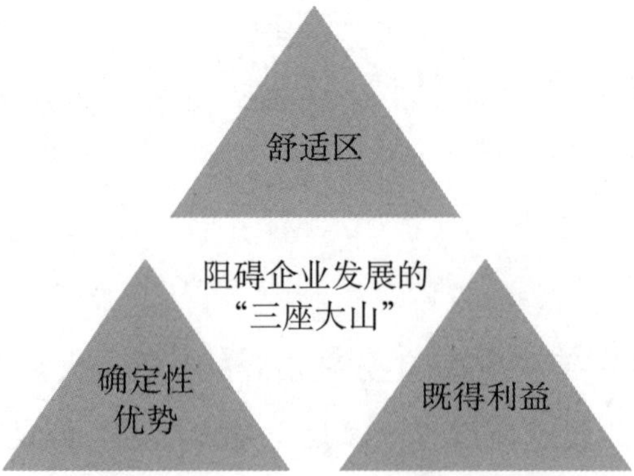

图4–1　阻碍企业发展的“三座大山”

从纸张生产的佼佼者到手机行业的领军者，诺基亚的传奇整整演绎了 150 年，不可谓不成功。诺基亚早在 1960 年就开始生产制造手机产品，后来成为全球手机销量的霸主。正是长达 14 年的手机市场销量第一的确定性优势让诺基亚陷入困顿，成为诺基亚前进的桎梏，让这个巨人在很长的一段时间内都是戴着镣铐跳舞。

芬兰经济研究院的学者指出："最后，核心能力就会变核心障碍，困住了自己。"早在 2004 年，诺基亚就开始研发智能手机，最终还是被决策层在对新投资的成本与潜在收益谨慎地权衡后予以否定。理由是：失败风险高且投入巨大。归根结底，还是诺基亚舍不得放弃早已落后，但曾经在市场上一骑绝尘的塞班系统。最终，让诺基亚与智能手机和"触控"风潮擦肩而过，痛失战略大机遇。

基于已经建立起来的确定性优势，诺基亚依然幻想保持产业链通吃的竞争模式，而没有以开放的姿态去拥抱未来的可能性。2007 年，诺基亚率先在全球推出移动互联网 Ovi Store，这比苹果的 App Store 和谷歌的 Google Play 早了整整一年有余，却没有像苹果和谷歌那样打造开放的平台。后面的事实则证明，苹果和谷歌的应用商店获得了巨大的成功。

"我们并没有做错什么，但不知为什么，我们就输了。"随着这句哀婉的告别语，曾经的手机帝国轰然倒塌。殊不知，在迅猛发展的时代，看的不是你"没做错什么"，而是你"没做什么"。在更迭的时代没有跟进，在开放的时代依然故步自封，诺基亚既是输给了自己，也是输给了时代。

与诺基亚一样，曾经的柯达，也屹立在行业的潮头 100 多年，也不可谓不成功。高额的利润更是让柯达生存得从容且淡定，作为感光胶片行业的引领者，也曾经一直走在技术的前沿。但是，早在 1991 年就开始研发数码相机的柯达，为什么在数字时代来临之际就掉队了呢？答案就在"既得利益"之中。

柯达的老板曾骄傲地放言："世界上只有卖毒品的人利润高于我们。"

因此，柯达以往的大部分研发都是围绕着“胶卷”这个曾为柯达带来无以复加的高额利润的核心价值展开的。殊不知，高额利润有的时候也是“毒品”，它可以让企业始终处在“兴奋”“满足”，甚至是“麻醉”的状态，进而形成深深的迷恋和依赖。恰恰是“胶卷”这个确定性优势捆住了柯达与时俱进的手脚，让它的前进步伐最终落后于时代。

数字成像完全取代底片和相纸的时代已经来临，面对这一不可阻挡的趋势，柯达也曾斥巨资以研发应对，但又总是瞻前顾后、患得患失，因为数字成像技术的普及必然意味着柯达公司将丧失胶卷、相纸所带来的丰厚利润。反观“千年老二”富士，其身上既得利益的“包袱”似乎要轻了很多。到 2000 年，柯达的数字化产品比例还只有 20%，而富士胶片的数字化比例已经高达 60%。其结果便是，2012 年，柯达宣布破产，而富士品牌市值已经达到 120 亿美元。于是，紧跟时代的企业最终逆袭了曾经成功的企业。

索尼，无疑也是一家成功且伟大的企业。许多的行业桂冠都成为索尼的“头饰”——世界视听、电子游戏、通信产品和信息技术等领域的先导者，世界上最早的便携式数码产品的开创者，世界上最大的电子产品制造商之一，世界电子游戏业三大巨头之一，美国好莱坞六大电影公司之一，等等。

这其中有一个“头衔”值得我们关注，就是“世界上最早的便携式数码产品的开创者”。的确，索尼是最早研发 MP3 的企业。2004 年 10 月，索尼在欧洲发布了其首款以 Walkman 冠名的闪存 MP3 数字音乐播放器产品，标志着索尼是 MP3 领域中的先行者。与诺基亚和柯达一样，先行者不一定就成为未来的领先者，最终还是被以苹果为首的多家企业抢夺了“胜利成果”。

我们不能因此而质疑索尼的研发能力，问题则在于早在 1968 年日本索尼就入股哥伦比亚广播公司（CBS），并将其改组成 CBS/Sony 唱片公司。从此，唱片业务便成为索尼的市场版图中不可或缺的且具有强大资源的经营板块。直至 2012 年 4 月，在收购了老牌音乐公司百代之后，索尼便一跃成为全球最大的音乐公司，手中握有全球 1/3 的音乐版权，索尼在音乐唱片及版权领域的舒适区就此形成。

正因为如此，索尼的唱片业务部门便成为索尼大家庭中非常强势的一员，拥有很大的话语权。初出茅庐的研制 MP3 的部门不仅远没有盈利，还需要唱片业务给予资金支持。更为重要的是，以单曲售卖模式为主的 MP3 产品无疑是以一首主打曲拉动十首音乐售卖的“打包”模式的唱片产品的替代者，乃至颠覆者，未来的发展也足以证实了这一点。由此而产生的阻力可想而知。最终，索尼在这道“阻力”面前开始摇摆，以致不断地延误战机，最终将 MP3 的主流市场拱手让给了充满活力的苹果。

毋庸置疑，舒适一定会带来懒惰，而懒惰一定会让你一无所有。就像在 Instagram 上高频出现的一句话：“舒适圈是一个美好的地方，可惜的是，这里却什么都没有。”

众所周知，苏宁与许多企业一样搭上了中国经济腾飞大势，取得了令人瞩目的成绩，曾获得中国连锁百强榜单排名第一、全球最具价值 500 大品牌榜第 296 位、中国品牌 500 强排行榜第 69 位的荣誉。

不可否认，苏宁也有过辉煌的过去，但为何以如此之快的速度落后了呢？正所谓，冰冻三尺非一日之寒。在业界看来，在互联网大潮下，苏宁一次次的转型无非是对互联网的小打小闹，不存在任何实际意义的创新。因此，从不在创新上下功夫，被认为是苏宁落后的真正原因。

首先是“复制粘贴”京东，一边进军全品类，一边收购天天快递等几家物流公司，在全国广建仓库。随后是“偷师”阿里的新零售，建立智慧零售线上线下一体化，各种无人店、扫脸支付、人工智能无一遗漏。为此，苏宁启动了一轮并购狂潮，扬言要开 1 万家苏宁小店，然后 27 亿元收购万达百货，最后 60 亿元接盘家乐福中国。

再有，跟着阿里整了一个苏宁版的大文娱，照着阿里收购优酷土豆的样子收购了 PPTV，照着阿里影业的样子复刻一个苏宁影业，照着蚂蚁金服的样子来了一个苏宁金服，照着冠名恒大淘宝的样子干脆买了两支球队（江苏苏宁队和国际米兰）；再到后面开始跟风拼多多，推出了苏宁拼购、苏宁推客、苏小团……

苏宁的落后折射出企业一边在创新发展上“懒惰”，一边想着急功近利。

另一个巨头——联想在战略上选择了一条较为轻松的、以生意为主导的“贸—工—技”路线，华为则选择了与联想正好相反的、更为艰难的、以技术创新为主导的“技—工—贸”路线。

与之相对应的是苹果的约翰·斯卡利与乔布斯。前者一样是钟情于“贸—工—技”，最终让苹果因为销售导向而濒临破产，直到乔布斯复出才重新回归科技创新战略，成为世界第一。

2001 年，联想销售额就已被华为反超。到了 2018 年，联想市值在 100 亿美元上下徘徊，华为估值却已高达 1.3 万亿美元，前者只有后者 1%！因此我们说，搞组装和模仿的短期主义确实能在某个当下收获眼前的利润，但只有技术和创新才是深谋远虑的修行之路。像乔布斯、任正非这样的具有长期主义精神的企业家才是拥有大格局的战略家。

“舒适”还搞垮了另外一家大型国有企业——华晨集团。2020 年 11 月 20 日，沈阳市中级人民法院裁定受理债权人对华晨汽车集团控股有限公司重整申请，标志着这家企业正式进入破产重整程序。

原本，华晨集团日子过得是很舒服的。这是因为华晨中国与德国宝马合资的当时，国家为了保护本土合资企业的利益，特地对外商占股比例做了限制，华晨中国便成为政策的受益者。我们从下面一组数据中，可以看到华晨中国因此而获得的政策红利究竟有多大。

2017 年、2018 年、2019 年三个年度，华晨宝马总计为华晨集团贡献了 191 亿元的利润，分别占当年华晨中国净利润的 135.5%、117.9% 和 125%。

然而，这份巨大的输血红利让华晨集团放松了加强自主品牌的造血能力。刊发在《企业管理》杂志上的一篇题为《华晨集团破产重整的背后》的文章采用“研发费用占营业收入之比”的方法，来衡量华晨集团的研发力度。通过相关数据对比，可以明显看出华晨集团三家自主品牌上市公司的研发投入相比于长安汽车存在着不足。即使是优于另两家公司的新晨动力在研发投入总体上也呈下降趋势，长安汽车却是呈上升趋势。

正是因为自主公司研发投入量的不足，使得其产品没有形成属于自身特有的核心汽车技术，自主品牌销量始终处在下滑的状态。因此，才导致在 2017 年、2018 年、2019 年三个年度，华晨宝马虽然为华晨集团贡献了 191 亿元的利润，但华晨中国实际亏损了 38.7 亿元。

正因为华晨集团长期处在政策红利的舒适区中，所以造成了过分依赖合资企业的技术及利润，并没有实现独立自主创新与拥有核心竞争力的局面。这就导致了一边有合资品牌年年贡献巨额利润，一边集团却年年亏损的“怪”现象，最终以“破产重整”而告终。

时至今日，当我们继续审视中国企业发展的现状与结局时会发现，对确定性优势依赖、对既得利益的不舍和对舒适区的迷恋，依然宛如压在企业头上、挡在前行路上的“三座大山”，让不少企业要不就是负重前行、气喘吁吁、要不就是举步维艰、四面楚歌，甚至已经走向衰败。对此，我们必须时刻告诫自己：没有成功的企业，只有时代的企业。

华为在《华为基本法》中承诺：“我们将永远不进入信息服务业，通过无依赖的市场压力传递，使内部机制永远处于激活状态。”华为为什么要这样做，背后有什么深刻意义？华为永远不做电信服务商，其实就是为了能让自己总是处于“无依赖”的不安全状态，让自己没有什么产业可以高枕无忧，让自己永远感觉到压力，永远处在临阵状态，最终让自己能“生于忧患”，而不会“死于安乐”。

美国作家斯宾塞·约翰逊在其畅销书《谁动了我的奶酪》中提到：“别以为目前的舒适是一种享受，享受惯了这种舒适，你也就变成了呆子、傻子，最终必将一事无成。”对此，解决之道当然是解铃还须系铃人，以“人性”之道还治“人性”之身。

笔者在发表于《企业管理》杂志的《双管齐下调动主观能动性》一文中指出：自从西方管理学被引进到中国之后，关于东西方管理模式之争便从来没有停止过。也许模式有长短，但任何事情都有其内在的本质与规律，在这一点上东西方没有不同，即管理的本质是人，管理的原则就是要以人文本。管理的目的也只有一个，即通过以人为核心的管理模式，最终极大地调动起人的主观能动性，并借此为企业不断创造出社会价值和经济价值，这是公司治理与管理的本质所在。

因此，管理要围绕“人”而不是“事”来展开。不能因“事”而废人，更不能因“管”而废人。因为所有的“事”都是人做的，再好的管理标准或流程都是由人执行的。我们身边不乏非常完善却形同虚设的管理制度，而所谓的“虚”正是虚在人这个环节之上。这其中有一点值得强调，即在管理上我们不能将手段当目的。

未来，当标准化、规模化大生产模式逐渐被智能化、个性化生产模式所取代，创新力必将成为企业最重要的核心竞争力。这就要求企业最大限度地推动员工从以往单纯的服从力和执行力向创想力和创造力转变，倒逼企业管理要回归人的本质。

另外一点也非常重要，就是正确处理“管”与“理”的关系。许多企业在管理中“重管轻理”，认为管理就是管，不明白“理”在管理中的作用与意义。其实，“理”是“管”的前提，没有“理”好的企业也就不会在真正意义上“管”好企业。管而不理，就会出现上述以手段当作目的的问题。

那么，在管理中我们要“理”什么？笔者的个人观点是，“理”关系，就是梳理员工责、权、利之间的关系，梳理员工与企业之间的关系。很多企业都出现过有权无责，或是有责无权，或是有责无利，或是有权无责但有利的状况，这极大地遏制了员工的主观能动性和工作积极性，同时会对工作的效率与效果形成巨大的负面影响。

有些企业过分强调员工对企业的服从与忠诚，甚至崇尚愚忠文化，提倡盲目崇拜和感恩。绝大多数员工不会对企业无前提、无条件地忠诚。这是违背人性的，因为人的主观能动性的发挥最根本的动因是在实践中付出了主观努力，并从客观世界中得到了回报。忠诚源于企业员工共同成长、共创价值、共享利益，它将员工各自的命运紧密地结合在一起，员工与企业在成为价值共同体和命运共同体的基础上成为命运共同体。只有这样才能最大限度地调动起员工的主观能动性。

以最大限度地调动起员工的主观能动性这个目标作为出发点，从组织体制和分配机制两大方面入手，赋予变革的内在驱动和落地保障，最终助力企业的转型升级。这是一切变革的前提。

众所周知，中国的改革开放是从农村开始的，是从家庭联产承包责任制开始的。“家庭”解决的组织的问题，从原先的公社、大队、生产小队的组织机制缩小到家庭这个最小单位。“承包”解决的则是分配的问题，由原先的“大锅饭”、干好干坏一个样，变成由生产任务承担者对其生产成果负责并按产量或产值计算劳动报酬的方式。这就极大地调动起了中国农民的主观能动性，中国改革开放的序幕也由此拉开。由此可见，组织体制与分配机制对于变革是何等的必要和重要。

股份制也好，合伙制也好，其实都是在组织体制和分配机制上不断地改进，不断地优化责权利之间的关系。与股份制相比，合伙制变资本雇用人才为资本与人才“共享共创共担”，共同推动企业的创新与发展。这使得人资关系更加紧密，人才开发更加充分，内部管理更有效率。合伙人制度使西方的投资银行在100多年中，将最优秀也是流动性最高的业内精英集结在一起，形成了一种独特、稳定而有效的管理架构，并先后产生了诸如摩根、美林、高盛等优秀的投资银行。

对此，我们以华为和海尔为对标，看看它们是如何破解这道“以其人之道，还治其人”的发展命题的。

其一，面对确定性优势带来的舒适区，《华为基本法》的第一章中就明确指出，要“通过无依赖的市场压力传递，使内部机制永远处于激活状态”，并将其提到公司宗旨中“核心价值观”的高度。

其二，华为认为，华为没有可以依存的自然资源，唯有在人的头脑中挖掘出大油田、大森林、大煤矿……为此，始终坚持以人为本的价值导向，将“人”放在第一要素之上，并特别强调“人力资本不断增值的目标优先于财务资本增值的目标”。

其三，在组织机制上，华为通过实行员工持股制度，同时向核心层和中坚层倾斜。一方面，通过普惠认同华为的模范员工，结成公司与员工的利益与命运共同体；另一方面，使最有责任心与才能的人进入组织的中坚层。

其四，在分配机制上，华为主张顾客、员工与合作者结成利益共同体，并明确表示，要以奋斗者为本，绝不让“雷锋”吃亏。在对人、财、物这三种关键资源的分配中，首先考虑对优秀人才的分配，让奋斗者们在物质和精神的两个方面获得尊重和自我实现的人性满足。

其五，在持续激发和鼓励员工跳出舒适区方面，华为从根本上否定评价与价值分配上的短视、攀比与平均主义。特别规定要拨出一定的资源，用以支持员工把出色的创意转化为顾客需要的产品，目的就是最大限度地满足员工的创造感及成就感。

其六，面对由创新导致的失败，员工们以“避害”的心理敬而远之的问题。华为提出“宽容失败”的主张，并提倡“胜者举杯相庆，败者拼死相救”的企业文化，切实践行“只有宽容失败，才是真正的鼓励创新”的理念。

解铃还须系铃人，我们要解开人性中的劣根性之“铃”，就必须要从“人性”入手。因此，海尔集团董事局主席、首席执行官张瑞敏先生在2020年8月29日召开的亚布力夏季高峰会上指出，物联网时代的价值观，就是人的价值最大化。

“工业革命以来，没有说人的价值最大化，而是股东价值最大化。在这个前提下，是追求企业利润最大化，并不关注每个人的价值最大化。所以，这是最核心的一个不同。”

当然，股东也是“人”，但股东更多体现的是资本的代表。张瑞敏先生所强调的是普遍意义上的“人”，是每一个人。

海尔的“人单合一”模式正是以最广泛的“人”作为出发点而设计和推出的。其核心就是最大化地调动人的主观能动性，最大化地实现人的主观价值。以此为核心，海尔在组织体制和分配机制上实现了深刻的变革，用海尔人的话讲：“这是推倒重来啊！”

在组织体制方面，在“人单合一”的模式下，“人”是开放的，是去中心化的。员工不局限于企业内部，不从属于某个岗位，任何人都可以凭借有竞争力的预案竞争上岗；员工也不再是被动执行者，而是拥有“三权”（现场决策权、用人权和分配权）的创业者和动态合伙人。这种体制最根本的改变是，从以往的以企业为中心转化为从企业、员工和用户三个平行维度进行战略定位、组织结构、运营流程和资源配置的设计。

在分配机制方面，在“人单合一”的模式下，每个员工都直接面对用户，创造用户价值，并在为用户创造价值中获得自己的价值分享。实现了员工的价值与所创造的用户价值二者合一。每个人的薪酬来自用户评价、用户付薪，而不是上级评价、企业付薪。传统的企业付薪是事后评价考核的结果，而用户付薪是事先算赢、对赌分享的超额利润。因此有观点认为，“人单合一”模式是以薪酬驱动的方式所形成的根本性变革来倒逼出企业两个变量——战略和组织的模式颠覆。

必须要指出的是，这种模式颠覆的核心是颠覆了企业、员工和用户三者之间的组织关系和利益关系，打破了“大企业＝大锅饭”的分配机制。正如张瑞敏所强调的那样：企业的上级是谁？员工的上级是谁？就是用户。所以，给用户创造了价值，就有薪金；没有用户价值，就没有薪金。正是这种组织体系的重构和利益关系的转变才为海尔带来了整个商业模式的重建，而这种重建是更好地满足了人性的需求，更加顺应了时代的发展。否则，又如何让人们走出舒适区，放下既得利益，去面对未来的不确定性。

正是因为“人单合一”是基于人性的出发点而设计的，所以这个模式才是普适的，才是放之四海而皆准的。在海尔的国际化进程中兼并了多家海外企业，如何将它们原本各不相同的企业理念归结到一个统一的价值观上，成为包括海尔在内的许多中国国际化企业的一道命题，甚至是难题。因为在世界范围内的购并，如果不成功大都是文化的不同所导致的。

例如，海尔在美国兼并的GE家电所崇尚的是个人主义，在日本兼并的三洋所崇尚的是集体主义，在欧洲兼并的意大利Candy所崇尚的是自由，在澳大利亚兼并的新西兰斐雪派克（Fisher&Paykel）所崇尚的是返璞归真，它们各自都有不同的价值诉求与文化主张。

在海尔看来，无论哪个国家、哪个民族、哪个企业，有一点是共通的，就是企业中的每个人都希望体现自己的价值，都希望得到别人的尊重，都希望得到尊严，这是人性所在，也是人类的共性所在。

基于此，海尔采取的是一种被称之为“沙拉式”的文化导入，即在一个沙拉里面有各种不同的蔬菜，每种蔬菜可以代表一个国家、一个民族，或者是一个企业；但是有一样是统一的，就是沙拉酱。这个所谓的“沙拉酱”在张瑞敏先生眼里，就是“人单合一”模式。通过这个模式，海尔所传递的就是每个人生而平等，每个人都有自己的权利的理念。也只有这样的理念和模式才能将来自各国的合作伙伴紧密地整合在一起。

例如，在海尔兼并 GE 家电的时候，在 1.2 万人的员工中只有十几人可以得到期权。现在，有几千名员工都可以获得“人单合一”的奖励。用张瑞敏先生的话说：“这个就完全不一样了。”

再如，海尔利用“人单合一”的理念和模式成功地说服了企业工会，同意突破日本企业传统的“年功序列”工资模式，打破了长期的平均主义。其原因就在于，有越来越多的年轻员工愿意接受“人单合一”的模式。

正是“人单合一”模式的推行，使得海尔在日本市场表现出强劲的竞争力。张瑞敏先生在 2020 年 8 月 29 日召开的 2020 亚布力夏季高峰会上介绍，在日本整体经济状况严重下降的情况下，海尔在日本所有的家电企业增长是最快的，达到两位数的增长。

微软说，我们离最后的破产只有 100 天；任正非说，自己 10 年来天天思考的都是失败，对成功视而不见。身在世界 500 强之列的企业，每隔 10 年便会消失 1/3；中国的企业经营环境复杂程度比 10 年前提高了 2.5 倍，竞争惨烈的程度比 10 年前增加了 3.3 倍。这就导致目前中国企业的平均寿命仅是 10 年前的 20%。

无情的事实告诉我们，任何企业都无法在既定的优势中一直领跑未来，也无法在既得的利益中永葆活力，更不能在原有的舒适区中一劳永逸。唯有在不确定性中持续地激发出创新的能量，不断延展确定性优势，甘于舍弃既得利益，毅然跳出舒适区，才能与时俱进，不断完成自我的蜕变，延长企业的生命周期。

对此，我们要像塔勒布在《反脆弱：从不确定性中获益》中所倡导的那样：“跳出确定性迷恋，并且义无反顾！不做束手无策、被风吹灭的蜡烛，而要做野火，因为风的到来而变得更加旺盛。”

下篇　方法论

探寻品牌规律之路

探究品牌建设之径

第五章

真与智，品牌力量的源泉

英国著名小说家、诗人约瑟夫·鲁德亚德·吉卜林曾说:“一切精美的东西都有其深沉的内涵。”如果我们将人视为一件“精美的东西”的话，那么他的深沉的内涵便是真、善、美、智。因此，如果我们要想做“正确”的事，就必须要从自然、社会和人三个层面来弄清“道”之所在，而其中的真谛也一样是真、善、美、智。真、善、美、智也恰恰是我们可以在面对人性的两面性时，用以抵御和战胜人类劣根性的强大武器。

真乃万物万事之本

研究真理、认识真理和相信真理，乃是人性中最高的美德。

——弗朗西斯·培根

为何将“真”位列这“四大美德”之首呢?英国文艺复兴时期散文家、哲学家弗朗西斯·培根认为，只有真，才能了解到这个世界的本来面目，才能无限接近事物的本质与规律。坚持真理，就是要遵循事物的内在本质与发展规律，对此不仅要有渴望之心、追求之心，更需要有敬畏之心、坚守之心。

“真”又是善、美与智的前提。以“美”为例，德国有一条古老的谚语:“美本身必须是真的。”如果说这一条谚语道出了“因”的话，那么这一条苏联的谚语则道出了“果”:“失去了真，同时也就失去了美。”来自中国台湾慈济慈善事业基金会的一个信条则完全将真和美融为一体:“美就是真，真就是美。”

笔者曾经为时任湖南卫视经营中心主任范旭文先生撰写过一篇题为《道之所在，我往矣》的专访文章。在文章中，笔者将“道”诠释为“道理”与“道义”两层含义。道理，便是所谓的真理，就是事物的内在本质与发展规律；道义就是对使命的践行与对责任的承担。

对于“道理”，人们首先面对的是自身的认知问题。德国哲学家康德说过：“世界之所以是这样的取决于你的认知。”我们只有为自己认知到一个真实的世界，世界的本来面目才会呈现在我们的面前。我们经常会说，这个人有才能。其中“才”代表的是认识问题的水平，“能”则是代表解决问题的能力。为何要将“才”放在“能”的前面？是因为，人们解决问题能力的强弱一定是取决于认识水平的高低。

真，代表着要做正确的事；正，代表着要正确地去干事。这是做人的道理，同样也是做品牌的道理。必须指出的是，做正确的事比正确地做事重要 100 倍。《教父》中有这样一段话：“花半秒钟就看透事物本质的人，与花一辈子都看不清事物本质的人，注定是截然不同的命运。”

因此，我们要不断地提升自身的认知水平。笔者总结的认识论中，包括三个层级：知识与经验，逻辑与关联，本质与规律（见图 5–1）。人们正是通过这三个阶段的递进，才能全面而非片面地、动态而非静止地、整体而非孤立地认识问题，才能透过现象看到本质，才能实现从感性到理性的飞跃，才能不断地、无限地接近世界的本原，最终洞悉“道”之所在。

图 5–1 认识论之“三段论”模型

所有事物都有着纵向的自身逻辑和横向的外在关联，二者合一，便是笔者称之为的——系统（见图 5-2）。南怀瑾先生在《易经杂说》的开篇阐述《易经》的三个大原则（变易、简易和不易）时举了这样的一个例子：人们建起一座房子，然后这座房子一定是会倒的，这是其自身的逻辑，是有常的；但是，它何时倒，却是跟未来会出现的环境变化乃至天灾人祸有直接关联的，这又是无常的。这与人的生老病死道理是一样的。

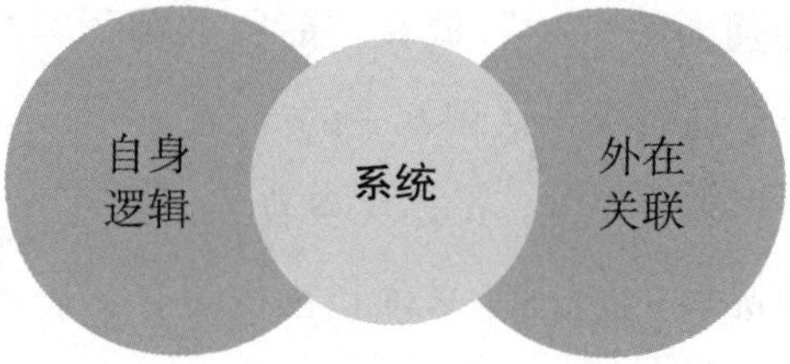

图 5-2 “系统”的构成模型

在很多情况下，将一件自身逻辑“很对”的事情放在一个“不对”的外在关联中，“对”的也会变成“不对”。例如，笔者所在的单位有一段时间在食堂楼梯的拐角处摆放一个发布“疫情公告”的易拉宝。从自身逻辑来看，公告就是要让员工看的，而食堂又是员工聚集的场所，因此将公告摆放在食堂是非常正确的；但是，我们要是从外在关联的角度看，这件貌似非常正确的事情又是“错误”的。这是因为，食堂是一个来来往往的流动性很大的场所，楼梯拐角又是上下楼的交汇处，员工是无法在这样的一个场景中仔仔细细地将公告中密密麻麻的文字阅读一遍的。

我们要不断地提升系统性认识问题的水平和系统性解决问题的能力，目的就是让我们能够朝着事物的内在本质与发展规律的层面迈进。事物的内在本质告诉我们，这种事物到底是什么；事物的发展规律则告诉我们，这种事物的演变会沿循怎样的轨迹。前者是永恒不变的，后者是基于前者的不变而变化的。因此，我们一定不能犯形而上学的错误，即片面、孤立和静止地看待问题。

辩证唯物主义是马克思主义的一种哲学理论。辩证唯物主义认为世界在本质上是物质的，正如恩格斯所说："世界的真正的统一性在于它的物质性。"这是事物的内在本质。辩证唯物主义同时又认为，物质世界是按照它本身固有的规律运动、变化和发展的，这便是事物的发展规律，即基于其矛盾双方的统一性和斗争性，促使事物不断地由低级向高级发展。因此，事物的矛盾规律，即对立统一的规律，它是物质世界运动、变化和发展的最根本的规律。就像前文所述的人性的两面性，一方面可以促进人类社会发展，一方面又为其设置了重重障碍。恰恰在人性的矛盾统一中，人类社会不断走向文明，走向进步。

笔者正是基于事物的内在本质与发展规律，提出了"人性特征"和"时代特征"两个人类事物的底层代码。前者是万变中的不变，后者是不变中的万变。我们的生存法则就是立于人性特征的不变来应对时代特征的万变。以照相为例。人们爱美的天性是永远不会变的，希望能为自己留下人生的倩影的需求也是永恒的。变化的是人们对照相操作的便捷性和画面的品质性的要求，人们希望借助最新的技术和材料，不断研发生产出新的产品。其实，人类所有本性需求的满足都是沿循这样的一个规律，通信是，交通是，居住也是。

正如罗曼·罗兰在《罗曼·罗兰回忆录》中给予我们的启示。

"真理和正义有多种形式，它们和人的种族一样繁多，和时代、气候一样变化无常，但它们的本质到处都是一样的；在翻天覆地的情况下，我需要抓住的正是这个不可摧毁的一致点。"

对于品牌，那个"不可摧毁的一致点"是什么呢？就是价值的真实性与关系的真诚性。

其一，品牌要拥有一个“真材实料”的好产品。在21世纪初，有一个保健品的品牌受到中年男性消费者的追捧——蚁力神。该产品直接抓住了中年男性内心的根本需求，同时请著名的小品王来代言助阵，“谁用谁知道”的广告语曾经被广泛传诵。

无论消费者怎么“用”，也绝对不会“知道”，宣传中所说的作用其实只是源于一种叫“西多芬”的成分，整体成本只有两角钱，售价却高达几十元甚至上百元。就是靠这样伪劣的产品，竟然累计骗取金额高达200多亿元。要知道，假的永远真不了！在蚁力神的骗局被揭穿后的2007年，蚁力神天玺集团正式破产倒闭。

南京冠生园月饼事件又是一个令人痛心的反面教材。一个有着80多年历史的老字号，几年前竟一时利欲熏心，用陈馅翻炒后再制成月饼出售。事件被曝光后，各界齐声痛斥其无信之举。冠生园顿时无人问津，并从此一蹶不振，最终破产。

百年以来，有一副对联始终被同仁堂的大小门店所“供奉”：“炮制虽繁必不敢省人工，品味虽贵必不敢减物力。”上联说的就是不“偷工”，下联说的就是不“减料”。这是写在《乐氏世代祖传丸散膏丹下料配方》中的一条祖训，出自同仁堂第二代传人乐凤鸣之手，被一代又一代的同仁堂人所坚守，成为精神信条。

日本konishi染布公司，在第一次世界大战前使用德国的染料，不仅染色鲜艳，牢固度也高。第一次世界大战发生后，该公司无法再进口德国染料。为了保证产品品质一贯卓越，年近古稀的老板将库存的坯布全部剪掉，因为他担心自己死后接任者会偷偷用质量稍差的日本染料，导致品质下降。后来，公司将当年老板剪掉的一缕一缕的坯布悬挂在公司大堂中，以警示后来者。

诞生于2003年年底的巴奴毛肚火锅以“服务不是我们的特色”作为

品牌广告语，让不少消费者为之一问：“那什么才是巴奴的特色？”巴奴的老板杜中兵的回答是：“产品主义。”于是，在巴奴，啤酒是百威鲜啤、扎啤而非自己代加工的啤酒，羊肉是天然羔羊而非新西兰一般的羊肉，毛肚是新西兰的毛肚而非普通的毛肚，鸭血是鲜鸭血而非熟鸭血，豆芽是井水瘦豆芽而非粗胖毒豆芽，菜品是新鲜菜品而非火碱发制菜品。对此，杜中兵说：“这就是商业的道理，其实很朴实，一点都不高大上。”

必须要指出的是，在确保产品品质的基础上，如何处理好成本与利润、品质与发展的问题始终是企业必须要面对和解决的存亡命题。沃尔玛始终坚守商品品质的底线，在销售食品时，从保质期结束的前一天开始降价 30% 销售，保质期到达当天上午 10 点全部撤下柜台销毁。事实上，沃尔玛并没有将因此而提升的商品成本转嫁给消费者，而是通过连锁经营的组织形式和高新技术的管理手段降低经营费用，最终让消费者买到物美价廉的商品。

戴尔为了和华硕等电脑品牌竞争，向消费者承诺更低价和更加个性化的设置与服务。为此，戴尔将商品从厂商直接销售给客户，减少中间环节，从而最大限度地降低产品价格。与此同时，戴尔的这种直销模式更多地围绕中小企业进行“IT 化服务”，从而建立其产业优势，实现了深度个性化的服务。

其二，品牌要拥有一个“真情实意”的好形象。换言之，品牌的真实性还体现在消费者品牌形象的识别上，反映在品牌形象在消费者心目中的真实程度上。在品牌的形象识别体系中，理念识别传递的是品牌的定位与价值主张及承诺。这是品牌与消费者心智沟通以及与消费者关系建立的开端。因此，在与消费者初步建立心智联系和形成信任的过程中，“先入为主”往往影响着对品牌的形象识别，由此品牌的好形象则显得尤为重要。

Smartisan T1 是锤子科技 2014 年 7 月正式上市的一款产品。在这款产品的宣传中，包含了“东半球最好用的手机”“世界顶尖的设计”“一切都是最好的”这样的宣传语。看得出，罗永浩对这款在中国智能手机领域率先获得 iF 国际设计奖金奖的手机偏爱有加，但是应用极端的词语就是对消费者的误导。后来被人举报，称其涉嫌虚假广告宣传。

随后，锤子科技官网的文案便由之前的“东半球最好用的手机”变成了“全球第二好用的智能手机”，不知道这是发自内心的“谦虚”还是担心被罚的“心虚”。无独有偶，小米 3 在开始宣传时，也曾打出“全球最快手机”的宣传语。这让中国的消费者欢呼雀跃，原来全球最好用和第二好用的手机都诞生在自己的祖国。后来小米也“谦虚”了一把，悄悄地在原来的广告语前面加了四个字——“迄今为止”。

与锤子科技和小米一样悄悄“改作业”的还有立志要成为本土高端手机第一品牌的 8848 钛金手机和被怀疑“累坏制茶大师”的小罐茶。

在 2016 年被消费者投诉宣传中“5 系钛合金”实际只是普通钛合金，实体店宣传的“蓝宝石”实际只是蓝宝石玻璃之后，线下实体店“钛金”“蓝宝石”等宣传语就被店家给遮蔽了。针对消费者投诉，中国消费者协会对 8848 钛金手机进行了相关调查。其结论是，所谓的“钛金”手机，其实际材质为普通工业纯钛或钛合金；而官网宣传的“采用瑞士名贵腕表所用 5 系钛合金”中的“5 系列钛合金”说法竟然是品牌主自造的。

2016 年，消费者对 8848 钛金手机的频繁投诉并没影响领导层持续打造爆款的热情。于是最新作品——“小罐茶”开始上线销售了。一条 3 分钟的央视广告宣传片将八位制茶大师的身影带入消费者的视线中。渐渐地，观众开始越来越“心疼”这几位年近古稀的制茶大师的过度操劳——按照小罐茶 2018 年 20 亿元的销售额计算，每位制茶大师需要每天炒制 1466 斤新鲜茶叶才能满足需求。

由此，广告宣传将产品介绍中的“大师制作”改为了“大师监制”，将“八位制茶大师共同缔造”变更为“八位制茶大师，敬你一杯中国好茶”，将网络旗舰店的广告语“小罐茶大师作”换成了“贵客到、小罐茶”。

在假与大的同时，还有虚与空。表现为与消费者兜圈子、打哑谜、玩概念。比如，某轿车品牌的品牌主张是“敢享敢为”，某别墅的广告语是“让自然读懂别墅”，某功能饮料的广告语是“汗的味道跟水一样”，等等，对于这些自话自说、云里雾里，让消费者不知所云的内容，别说让消费者“信”了，连“懂”都很难做到。就是利用消费者的“不懂”，某些品牌跟消费者玩起了概念。曾被小米 4 大力弘扬的“奥氏体 304”材质，其实就是被用来生成普通勺子、水盆、拖把杆、晾衣架的一种被业界称为“304”的不锈钢，再加上一种被称为奥氏体的、很容易被加工成型的普通金属材料。如此普通的两个术语，竟然被炫得让消费者不知所云。

无论怎样，终究还得是“耳听为虚，眼见为实”，理念的识别最终还是要落实在行为识别之上。“每天一斤奶，强壮中国人”曾经是一家著名奶企的广告语，也曾盛传一时。随着“三聚氰胺事件”引起消费者关注，让这句广为传播的“铮铮誓言”最终成为笑谈。在锤子手机的 ROM 发布会上，罗永浩也曾做出承诺：在锤子手机上，所有预装的 App 都可以删除；在这款手机上有超越 Siri 功能的“语音助手”，只要语音输入就可以找到对应的 App 或者文件，进行后续使用或者删除等操作；锤子手机启动电源键具有自动解锁的功能……然而，事实证明，在新发布的锤子手机中，所有上述功能都未实现。

腾讯网 2021 年 4 月刊发一篇题为《阿里第一款自研 10 亿美元级手游诞生，它引爆怎样巨浪？》的文章，文中指出，“饿死不做游戏”的“梗”依然还会被人提起。事实上，早在 2014 年阿里就开始布局游戏业务。“不做游戏”可是阿里曾立下的铮铮誓言，画下的一道红线：“我们坚定地认为游戏不能改变中国，游戏我们一分钱也不投。人家投，我们鼓掌，但我们不做，这是我们的一个原则。”

如果说华为曾经也决定永远不做手机是因曾被小灵通“蛇咬”而怕了手机的“井绳”的话，那么阿里不做手机可不仅仅是基于经营的考虑，而是上升到价值观的高度，并将此作为一个大的“原则”。

还有以“粉丝社群经济”著称的、一直高呼“因为米粉，所以小米”的小米。除了如前文所述，小米将“全球最快手机”随机应变改成了“迄今为止全球最快手机”之外，还与消费者玩起了“偷换概念”和“虚晃一枪”的游戏。

2018 年 4 月 23 日小米董事会决议：“从今天起，小米硬件综合净利润率永远不会超过 5%，如有超出的部分，将超出部分全部返还给用户。”“要在众声喧哗中凸显自己的广告，同时创造能够带来收益的回应，任何营销都必须做出一个重大承诺。”

看来，小米是深谙此道。只是在汲取了上次的教训后，我们还是要看看这次的承诺到底是出自真情还是源于实意？乐淘乐购网站创始人、艾瑞网专栏作者何玺撰文介绍，全球手机行业真实现状与早已形成的共识是：手机利润的 90% 以上都被苹果、三星所赚取，而硬件综合净利润基本上是不会超过 5% 的。

有网友曾经以 2016 年为参照，为小米算了一笔账：这一年，小米盈利 9.13 亿元，其中，79% 来自硬件，21% 来自互联网服务业务。其中，硬件业务的净利润率仅为 2.8%。即使是从过往几年的数据来看，小米综合硬件净利率都达不到 5%。这位网友认为，以小米“感动人心、价格厚道”的营销理念来看，小米未来的净利率也很有可能做不到净利率 5% 以上。

也许，网民的数据出处难保权威，态度难保客观，但荣耀总裁赵明的话应该是具有一定的说服力的：“就我们而言，如果硬件综合净利润率能够达到 5% 就已经很开心了。”这是因为，在他看来，中国硬件公司综合净利润能够达到 5% 的公司可以说是凤毛麟角。

如此说来，小米是以“董事会决议”以及“在产品发布会上郑重宣布”这样极具权威性和仪式感的方式，对一个小概率可以实现的目标做出了“庄严”的承诺。尽管何玺先生依然说“雷军说小米综合净利润率永远不超过5%，玺哥相信他是真心的！”而在笔者看来，这个“承诺”也许是出于“真情”，但并没显得有多少的“实意”。

诚信是人类所有关系的基础。《诗》中有云：“为人君，止于仁；为人臣，止于敬；为人子，止于孝；为人父，止于慈；与国人交，止于信。”我们说，品牌的实质就是关系，而关系的核心是信任，信任的前提便是诚信。因此说，诚信同样是品牌的根基。正如美国通用电气前CEO杰克·韦尔奇所言：“任何一家想在当今激烈的市场竞争中取胜的企业都必须认真面对‘诚信’二字。”因此，杰克·韦尔奇将“诚信”视为通用电气公司和员工最关注的事，绝对不可有任何松懈的事，讲得再多也不够的事。

智乃人间之正道

智慧之于灵魂犹如健康之于身体。

——拉罗什富科

记得十几年前，笔者曾经托朋友写过这样的一幅字：要以大智慧取胜，不以小聪明取巧。两者有何区别呢？

在笔者看来，聪明的人对世界的理解往往局限于感觉和感受，智慧的人则偏重于感想与感悟。因此，聪明往往是源于本能的驱使，更多的是关注“术”，只是知道自己想做什么和能做什么，反映的是生存的能力；

智慧往往是源于理想的驱动，更多的是关注“道”，明白自己该做什么，不该做什么，反映的是人生的境界。正如作家许清玄将白鹭比作雪，在他看来，愚者看鹭，聪者看雪，智者看白。

那么，何为大智慧？简而言之，便是人间正道！

何为“道”？如前文所述，“道”就是事物的本质与规律，就是人性的好恶与优劣。何为“正”？“正”就是要遵循事物本质与规律，就是满足人性中能够促进世界发展、社会进步和人类文明的一面，同时要遏制人性中阻碍时代发展、加剧社会矛盾和破坏人类文明的一面。

当我们有了上述的初心，便是拥有了正心；当我们越来越接近事物的本质与规律，洞悉人性的内涵，便是拥有了正知；当我们坚信真理的力量、善良的力量和美好的力量，便是拥有了正念；当我们坚持按照客观规律办事，坚守法律和道德的底线，便是拥有了正行。这样一来，我们就可以不被过度的欲望所诱惑，不被不当的利益所迷惑，不因虚伪的观念而困惑，不因莫测的未来而恐慌，最终，达到“做正确的事”和“正确地做事”的境界。

冯友兰先生在他的哲学专著《中国哲学简史》中指出，事物虽然千变万化，但在各种变化的底层，事物演变的法则并不改变。人如果懂得这些法则，按照这些法则来安排自己的行动，就可以使事物的演变对于自己有利。

有一天，一个小和尚问了空大师：“师父，您成天给我们讲智慧的好处，可智慧究竟是什么呢？”了空大师说：“智的上面为‘知’，下面为‘日’，其含义便是‘日知’——每日求知便为智。慧是由‘彗’与‘心’组成，彗星的‘彗’是‘扫除’的意思，所以扫除心中杂念即为慧。”与此类似，培根所倡导的“研究真理、认识真理”便是智，“相信真理”便是慧。

《郭店楚简》中说：“易，所以会天道、人道也。”这说明，智者除了要洞察“事”之道外，还要洞悉“人”之道。因此，要想成为智者，一定要去探寻和总结客观事物的本质与规律，洞悉和把握人性的优与劣、善与恶。然后，要实践之，坚守之，敬畏之，捍卫之。

说到企业家，不能不提任正非。《任正非接受外媒采访实录》一文介绍，华为公司所有权的归属是 96 768 名持股员工，而任正非和众多员工一样，持股比例仅为 1.14%。任正非说："我知道乔布斯是 0.58%，说明我的股权数量继续下降应该是合理的，向乔布斯学习。财聚人散，财散人聚——这便是最为重要的人性之道。"

2002 年，经济景气回升，而此时的阿里巴巴还未得到客户的广泛认可，企业还处在一个"生死"的边缘。为了提升经营利润，有些销售人员违背公司规定，偷偷给客户回扣。后来，两位销售人员的业绩加起来比所有人的业绩还多 60%，这引起了公司管理层的注意。派人一查，发现这两位员工竟然每一单都给了客户回扣。经过激烈的心理斗争，最终将他们开除。

在笔者看来，成功的企业家都是洞察人性和把握人性的顶尖高手，他们最懂得如何通过更好地满足人性的需求将人性的优与善调动起来并发挥到极致，以及如何通过更好地制约人性的欲望将人性的劣与恶的危害降到最低。

在此基础之上，能否始终保持清醒的头脑，以理性和常识来判断，特别是坚持正确的方向，不为别人的错误而改变自己，则显得尤为重要。这是因为，越是常识的越是容易被漠视，越是简单的越是容易被舍弃。《礼记》中说"人弃常则妖兴"。只有我们坚定对真理的信仰与忠诚而有正心，坚信真理的无上与恒久而有正念，坚持对真理的追求与探索而有正知，坚定地践行与捍卫真理而有正行，才可以成为智者。

看到《道德经》中有这样一段文字："道生之，德蓄之，物形之，势成之。"看过之后，瞬间感悟：品牌不也是由道而生、由德而蓄、由物而形、由势而成吗？道即真，德生善，形于美，智成势。这不正是品牌的智慧所在吗？

首先，我们要探寻一下品牌的道之何在，真理又是什么呢？

笔者在与许多企业的沟通中，经常会听到这样的观点：我们是小企业，目前不需要品牌；我们还处在业务拓展期，不需要品牌；还是先求生存再做品牌吧；等我们做大一点之后再做品牌吧；我们是 B2B 的企业，不需要品牌；等等。那么，企业与品牌到底是什么关系呢？企业何时才需要品牌呢？

其实，解答这个问题并不复杂。如前所述，所有的企业，无论大小都是以盈利为目的的，而利润来自市场，市场是由消费者组成的。那么，企业如何从消费者的钱包里“掏”出“利润”呢？消费者又如何愿意跟企业进行交换呢？这是因为，企业的产品或服务能够帮助消费者解决问题，能够满足消费者的需求，能够为消费者创造价值，能够为消费者带来利益。

对此，企业又如何做到这四个“能够”呢？那就是要洞察消费者的问题，了解消费者的需求，研究消费者的特征，提升消费者的体验。不然，消费者是不会管你企业大不大，小不小，生不生存，一样会对你不理不睬，更别说帮你解决利润问题了。由此可见，消费者是企业生存的土壤，是企业发展的前提。

前面说的是品牌与企业起点的关系，下面我们要讲述的是品牌与企业终点的关系。笔者在培训中经常被学员问及：我们为何要花钱花精力做品牌？品牌到底为我们解决什么问题？品牌与市场之间是什么关系？搞促销不也是一样能卖出货吗？

我们花钱、花精力做品牌，是因为我们要追求更高的利润率，为企业实现可持续发展；而这是靠品牌所带来的市场规模来实现的，是靠品牌所带来的市场溢价来实现的。正如笔者在《品牌系统性建设：沿循消费心理与行为的轨迹》一书中所强调的，品牌对于企业的意义在于，通过广泛而深入的认知转化实现高附加值、可持续的市场转化。认知转化的广泛性形成品牌的知名度，认知转化的深入性形成品牌的信任度，借此来影响与改变消费者的心智。市场转化的高附加值源于品牌的美誉度，市场转化的可持续性源于品牌的忠诚度，借此来解决消费者关系的建立与延续的问题。

这就是品牌“道生之”的核心所在。

在“道生之”的基础上，品牌还需要“物形之”，亦即品牌需要通过各式各样的产品或服务来使之具象化，即所谓的品牌价值。在 20 世纪 50 年代初，达彼思广告的董事长罗瑟 · 瑞夫斯就提出了著名的 USP 理论。这一理论强调，每一则广告必须向消费者提供一个价值主张，让其明白购买广告中的产品可以获得什么功效和利益。

“没有成功的企业，只有时代的企业”。如今，这句话经常被人们提起。这句话背后的深意就是，时代总会淘汰那些已经无法创造出新的价值、无法给消费者带来更好的利益的企业，连同企业旗下的品牌。相反，时代也总是会推动那些能够创造出更为独特的价值，能够借此为消费者输送更为便捷、更为舒适、更为实惠、更为美观的产品或服务的企业和品牌。

1940 年，麦当劳兄弟在美国加利福尼亚州的圣贝纳迪诺创建了“Dick and Mac McDonald”餐厅，是今天麦当劳餐厅的原型。餐厅生意火爆，一到周末 125 个停车位爆满。后来，他们对餐厅进行改革，将点餐方式改为窗口自助点餐，并精简菜品，甚至辞掉了厨师，所有的操作流程化、机械化。通过这样的统一制作方式，既提高了效率，又降低了成本，为麦当劳后来风靡全球奠定了很好的基础。企业家通过不断创新，为自己创造出独特的价值，进而为消费者输送更好的利益。这是品牌成功的典范。

必须要指出的是，价值的实现是通过不断的技术创新实现的，这代表和体现了企业在智慧之上的智力水平。只有不断地通过技术创新满足消费者更深层次的需求，为消费者带来品质更优、体验更佳、更为便捷、更为实惠的产品或服务，才能实现企业的长远发展。

让我们看看大众汽车的百年技术创新历程。

1911 年，铸铝发动机，干式气缸套、四轮制动；1921 年，左舵车；1923 年，空气过滤器；1927 年，8 缸发动机；1931 年，前驱技术；1934 年，中置引擎；1936 年，安全碰撞；1980 年，全时四驱系统；1982 年，最低的风阻系数车型；1986 年，最快的机械魔兽；1989 年，柴油直喷轿车；1994 年，全铝豪华车身轿车；1999 年，310 牛顿 · 米的变速箱；2002 年，多媒体交互系统 MMI；2003 年，双离合变速器；2004 年，SI 燃油直喷技术及 2.0 TFSI 发动机；2005 年，侧向辅助系统；2008 年，3.0 TFSI 发动机；2008 年，驾驶模式选项系统……

由此可见，企业与企业之间、品牌与品牌之间的竞争都是以技术创新为先导、为支点、为要素的。

笔者在《中国名牌》杂志发表了一篇题为《核心技术：品牌国际化的关键》的文章。

“对于品牌而言，没有独占性的价值就不会赋予消费者一个必选的理由，也就不具备品牌价值的必要性。没有独占性，就很容易被复制，甚至被超越；没有独占性，就可能陷入同质化竞争的‘红海’之中。这对于品牌的后来者是一条不归之路，也就不具备品牌价值的持续性，最终也就无法赢得竞争。

那么，品牌价值的独占性从何而来？无疑就是拥有自主知识产权的核心技术。只有这个杀手锏才能在竞争中形成难以逾越的壁垒，才有资格整合世界级的产业链优质资源，才能赋予品牌高附加值、可持续的竞争力量。”

价值不是用来孤芳自赏的，是用来进行交易的。品牌的价值之所以有“价值”是因为它对应了人们的痛点问题，满足了人们的刚性需求。

正所谓“拿人钱财，与人消灾”。意即品牌要能够通过价值向消费者输送利益，能够影响乃至赢得消费者心智的，目的是与消费者建立起彼此信任与信赖的长期共生、共享的关系。

毋庸置疑，人类社会所有事物都会体现在“关系”二字之上。人与天、人与地、人与事、人与人，无一不是关系的连接与呈现。那么，品牌与消费者之间的关系也是人与人之间关系的一种形式和表现，是从关心到动心、从知心到交心、从放心到舒心、从开心到忠心的关系，是从生人到熟人、从熟人到朋友、从朋友到“老铁”的关系。

所有的关系其核心都是信任，而信任首先源于关爱、付出、诚信和珍惜。这一切我们都需要“德”的“蓄”之，只有拥有“德”才能让品牌因“蓄”而积聚，因“蓄”而长久。品牌价值的形成恰恰需要一个长期的积累、汇聚的过程，集腋成裘、积微成著，方能使其价值彰显。正如贾谊在《贾子 · 无蓄》中所言：“蓄积者，天下之大命也。”对于品牌，尤为如此。

以沃尔玛为例，我们来解读一下品牌是如何通过自身良好的品德最终影响并赢得消费者的心智，进而与消费者建立起良好且长期的关系的。

沃尔玛创建于 1962 年，目前已经成为美国最大的私人雇主和世界上最大的连锁零售企业。在全球 27 个国家开设了 1 万多家商场，下设 69 个品牌，每周光临沃尔玛的顾客有 2 亿人次，连续 7 年在美国《财富》杂志公布的世界 500 强企业中居首位。沃尔玛的年销售额相当于全美所有百货公司的总和，而且至今仍保持着强劲的发展势头。

谁能想到，一个如此规模的世界级的独角兽公司，竟然是以“帮顾客节省每一分钱”为价值主张的。即使是在中国这样的高需求市场，沃尔玛也始终坚持“天天平价”的经营之道。就是这样的一家以“微利”为经营理念的公司，却在不到半个世纪的风风雨雨中，打遍天下无敌手，真正实现了高附加值、可持续的良性发展。所有这一切都源于沃尔玛所拥有的尊他、爱他、利他之德，以及由此在顾客关系管理上所做出的出色成绩。

在价值打造上，沃尔玛首先提出“天天平价、始终如一”的价值主张，努力实现比其他商号更便宜的价值承诺。为此，沃尔玛首先与供应商建立起互信、互生、共享、共赢的新型合作关系，以最大限度地降低供货成本。沃尔玛与 P & G 的合作堪称零售商与供货商合作的典范。双方通过共同制订长期遵守的合约，让 P & G 更加高效地管理存货，简化生产程序，因而降低商品成本；同时让沃尔玛自行调整各店的商品构成，做到价格低廉，种类丰富。

此外，沃尔玛还通过严谨的采购态度、完善的发货系统、先进的存货管理、仓储式的经营、大包装出售以及大力压缩广告和行政费用来压缩成本。例如，沃尔玛建有仅次于美国军方的先进而庞大的信息管理系统。在进货、补货、送货等环节上做到合理、及时、高效，达到减少存货风险、降低资金积压的额度、加速资金运转速度的目的。同时，店面装修尽量简洁，充分利用所有的货架空间储存、陈设商品，商品多以大包装出售，以降低单独包装的成本。

通过打造“成本低、价格低”的品牌价值，实现“帮顾客节省每一分钱”的利益输送。低价格并不代表低服务，沃尔玛在为顾客输送经济利益的同时，还为顾客输送放心、舒适、便利的服务利益。他们通过不断地了解顾客的需要，设身处地为顾客着想，最大限度地为顾客提供方便。在很多沃尔玛店内都悬挂着这样的标语：“顾客永远是对的。”“顾客如有错误，请参看第一条。”

曾经有一位顾客到沃尔玛店寻找一种特殊的油漆，而店中正好缺货，油漆部门的经理便亲自带这位顾客到对面的油漆店购买。该顾客和油漆行的老板都感激不已。再如，美国很多男士在为孩子买尿布的时候，还要为自己带上几瓶啤酒，而在这个超市的货架上，这两种商品离得很远，沃尔玛超市就重新分布货架，即把啤酒和尿布放得很近，使得购买尿布的男士很容易看到啤酒，最终促使啤酒的销量大增。这就是沃尔玛著名的“啤酒与尿布”——通过对消费数据的挖掘而提升经营成效的经典案例。

沃尔玛创始人山姆·沃尔顿常对员工说：“让我们以友善、热情对待顾客，就像在家里招待客人一样，让他们感觉到我们无时无刻不在关心他们的需要。”沃尔玛就此诞生了类似于“三米微笑”原则（当顾客走到距离你三米范围内时，你要温和地看着顾客的眼睛向他打招呼，并询问是否需要帮助）和“八颗牙齿”标准（对顾客微笑时要露出八颗牙齿）。为此，公司特别留意聘用那些愿意看着顾客眼睛微笑的员工。

沃尔玛除了为顾客提供无条件全款退货的服务外，还为顾客提供更多的免费服务。例如，深圳的山姆店营业面积为1.2万多平方米，有近400个免费停车位；店内聘有专业人士为顾客提供免费咨询服务，以减少顾客盲目购买的风险；有的店还可为顾客提供包括彩色文件制作、复印，工程图纸放大缩小，高速文印在内的多项服务……

我们一直强调，关系的基础是信任，而信任的前提是诚信。沃尔玛在建立与顾客之间的关系过程中，始终强调“诚信是公司的基础”（山姆·沃尔顿语），并要求“从人人做起”。沃尔玛设立道德办公室，向全公司员工弘扬沃尔玛的道德文化，为道德决策提供指导和资源，提供保密的报告系统并且监督调查，持续推动道德沟通和培训项目。每年在员工中进行“沃尔玛诚信实践奖”的评选，获得者可直接到总部参加盛大的年会及颁奖仪式。对于诚信，沃尔玛不仅要求员工要在日常工作中自觉遵守，同时也要求所有合作伙伴都要做到。

以“顾客永远是对的”“顾客至上”这些理念来影响消费者的心智，以价格低廉和服务优质为顾客输送利益，以关爱与诚信构建其长期而稳定的顾客关系，这是沃尔玛成功的源泉。所有这些都源于沃尔玛始终坚持的一个信念：顾客满意是企业重要的战略资源，是保证未来成功与成长的最好投资。

被誉为“销售女神”的董明珠女士，对于消费者关系的构建可谓是领悟至深，她认为：销售就是建立关系，销售就是建立感情，一切成交都是为了爱；情感的关系大于利益关系和合作关系，要与顾客有深层次的情感交流，最终让他们喜欢上你；销售时传递给顾客的第一印象——我就是你的朋友，所有顶尖高手都是会把客户当家人的人。

说到这里，笔者想与大家分享一下《道德经》中对“德”的诠释：“生而不有，为而不恃，长而不宰，是谓玄德。”就是说，生长万物而不据为己有，抚育万物而不自恃有功，导引万物而不主宰，这就是奥妙玄远的德——这不也正是我们应该具备的品牌之德吗？！

最后，我们要说的是“势成之”。笔者为此查阅了相关的词条，将这里的“势”诠释为“万物生长的自然环境”。其中一说，“势者，力也”。另一说，“势者，对立”。其实，包括品牌在内所有的事物都存在于一定的生长环境中，都要一方面依靠自身的力量生存与生长，另一方面应对来自环境的“对立”因素，在对抗中不断强大，在对立中实现统一。

在笔者看来，人类社会的任何事物都有其自身的逻辑与外在的关联，我们将之合称为“系统”。品牌一方面要通过自身价值的打造和消费者利益的输送，以及对消费者心智的占有及与消费者关系的建立形成一定的品牌力；另一方面，则要面对和应对包括竞品、资本、社会等生长环境中的各种关系，这就是品牌自身逻辑与外在关联之系统的构成。

在成长过程中，品牌首先要面对的是竞争关系。这是因为，从市场的角度看竞争是不可避免的。从麦当劳到肯德基，从可口可乐到百事可乐，从三星到苹果，从柯达到富士……市场永远是后浪推前浪，不断迭代进化。在同质化竞争的“红海”时代，为了抢占或保住市场份额，竞争各方更多的是使用价格战的武器以置竞争对手于不利境地。

例如，在2015年，为抢占市场份额，英国四大超市巨头Tesco、Morrisons、Sainsbury与沃尔玛旗下Asda大打价格战。商业杂志*The Grocer*的调研显示，这次价格战导致英国超市里的自产品牌的牛奶甚至比某些品牌的瓶装水还要便宜。Brandview.com网站提供的数据证实，在那段时间里，英国超市中的牛奶价格已跌至43便士/升，而水价为44便士/每升。

再如，在有“小商品之都”之称的义乌，快递价格战由来已久。公开资料显示，2013年百世汇通在义乌开启了“均价销售”的策略，打破了快递价格市场的平衡。这一招非常有效，“四通一达”（圆通快递、中通快递、申通快递、百世汇通和韵达快递）不得不采取跟进策略。于是，义乌成了快递价格的全国洼地，一度出现“每单8毛，快递发全国”的“屠杀价”。在业界看来，这样的价格基本上是做一件亏一件。如果不降价，则意味着自己的市场份额会被其他快递企业占领。

伴随着降价，直接反应就是快递员收入下降，甚至出现快递小哥罢工的极端情况；同时也导致了快递网点的波动，网点波动意味着快递末端不稳定，直接反应就是快递员收入下降，以及服务质量下降。使得许多货物“一直在路上”，有的快递放在网点几天不派送，有的快递直接退回了发货地。对此，快递业界人士十分担忧：服务质量的下降会让已经获得的市场份额最终还回去，获得的客户最终也会丢掉。

价格战曾经被委婉地称为“文明排队，有序跳楼”。这种以牺牲企业正常的利润来促进销售、抢占市场份额的方式，注定是不会持久的，也注定是不会给企业带来可持续的长远发展的。段永平对此有着深刻的认识：“低价是一条最容易的路，也是一条最难的路。不赚钱的生意，多少营业额都是没用的。除非迫不得已，用价格武器总是错的。很少人明白，单纯的低价是不会在真正意义上扩大市场份额的，只是被迫降价有机会保住市场份额而已。”

这是因为对于企业与消费者之间的心智与关系的构建，促销仅仅是满足了消费者在“实惠”方面的最表浅的需求，为消费者所带来的往往是局限在“花费”上的利益。借此与消费者建立起的心智关系是脆弱的、短期的。特别是在历经产品竞争、渠道竞争和信息竞争进入以消费者为王的时代之后，特别是在历经增量市场下的大机会生存进入存量市场下的专业化生存的时代之后，好产品的稀缺性、品牌信息的不对称性都已不复存在。单纯的产品卓越或是单纯的价格低廉都已经无法长时间赢得市场。品牌竞争也已经不是简单地、不惜一切代价地抢占市场空间，最大限度地占有市场份额，更不是“走别人的路，让大家一起无路可走”。

我们必须要懂得，以单纯的价格战永远做不成大品牌。德国人将禁止打价格战写入法律。因此，一个人口仅有8000万人的国家，却造就了2300多个世界名牌，让“德国制造”享誉全球。即使是以价格作为竞争的策略之一，也绝对不能以牺牲产品或服务的品质为代价。正如这一句流行语：“宁可为价格解释一阵子，不要为品质道歉一辈子。”要像沃尔玛那样，在实惠的同时还能满足消费者一系列深层次的需求，如此才能与消费者建立长期而稳定的关系。

在今天和未来的竞争中，竞争的焦点已然是消费者的心智。如何赢得消费者的心智？靠的是卓尔不群的价值呈现和令人心动的利益输送，以及持续向好的品牌形象和不断优化的品牌体验。因此，以消费者为中心，以价值竞争为战略，以构建深层次的消费者心智关系为策略的“绿海”竞争模式必然是实现企业长远发展的不二法则与必经之路。

品牌要想赢得竞争，不是先去分析竞争对手，而是要提前想清楚用户是谁，他们的需求是什么，然后开发产品，设定盈利模式、销售渠道和传播渠道，进而很好地完成与消费者之间在心智上的触达、沟通和互动，这就是品牌构建自身知名度、信任度、美誉度和忠诚度的过程。因此，在笔者看来，未来的竞争不是通过营销手段去战胜对手，而是通过不断的需求洞察与价值创新“避开”与其他企业形成直接的竞争。

说到品牌与环境的关系，有一个关系不得不说，就是品牌与资本的关系。近一段时间，许多“暴雷”的企业，其背后都或多或少，或直接或间接，或主因或次因地有着资本的“坑”的影子。

资本的诱惑是巨大的，特别是对于那些曾经辛辛苦苦、恨不能一分钱掰成八半用的实业家们，能从资本市场轻松地融来大把的资金，或是被“风投”一下子“疯投”那么多的真金白银，实在是犹如干柴遇到烈火，似乎一下子就能迸发出冲天的火焰，将企业家心底那些尚未实现却又雄心勃勃的理想熊熊点燃。

于是，许多企业家将能够“上市”作为企业发展的目标，一切围绕着“上市”，一切为了“上市”。

《商界》杂志所刊发的一篇题为《谭鱼头创始人：我是如何把近百亿资产谭鱼头做垮的！》的文章，开篇是以这样的文字来介绍谭鱼头是如何梦碎“上市”之路的。

8月中旬，谭鱼头关闭了在大本营成都的最后一家店。至此，这家曾经员工上万、资产近百亿、门店遍布大江南北、“当年比海底捞更牛”的连锁火锅——谭鱼头，正式结束了自己的时代。

“都是我当时太想把公司做上市了。”这是谭鱼头创始人谭长安在接受专访时发自内心的表白。2001年，谭长安就赴中国香港成立了香港谭鱼头集团控股有限公司；2003年，香港第一家谭鱼头分店在铜锣湾开业。这一切并不是源于战略的考虑或经营的需要，用谭长安的话说，目的就是上市。

如果一家企业的战略指导方向不是为了提升自身价值，不是为了更好地为消费者输送利益，而仅仅是为了所谓的“上市”，那么这家企业也就注定会偏离正常的发展轨道。为更快地实现“上市”，谭长安放弃了以自身实力为前提的方式，而是选择“借壳”。在两次“借壳”未果后，谭长安不得不开始准备IPO。为此，他与香港的一家风投公司签订了对赌协议：风投出资2000万美元，谭鱼头则需花3年的时间达到盈利目标，将公司做到上市。

随后，谭鱼头按照2000万美元的规模，开始紧锣密鼓地布局，开店、装修以及对其他火锅公司进行股权投资。谁知，资本最终只在前期投了500万美元，而剩下的1500万美元窟窿就成为压倒谭鱼头的最后一根稻草，直接造成了谭鱼头资金链的断裂。

也许，在谭长安看来，只要能“上市”便可万事大吉。其实不然，“上市”之后，资本的面目将变得更加“狰狞”。

开心麻花是我们曾经非常喜欢的一个喜剧IP。他们凭借5000万元成本的小制作电影《夏洛特烦恼》实现了近15亿元的票房收入，也让开心麻花顺势登入新三板，估值从3亿元爆翻17倍至50亿元。令人意外的是，随着资本的注入，开心麻花推出的叫好又叫座的影片却越来越少。

这是因为，随着老演员片酬的大幅提升，资本开始迫使剧组一而再、再而三地起用新演员以压低成本，以致在《西虹市首富》中启用一位来自台湾地区的年轻女演员，替换已经参与多轮宣发的老演员。

正如网络作家万小刀所说的那样：“在资本的力量面前，一切的努力都败给了盈利。”然而，极度逐利的资本一样会败给规律。这是因为，市场的风向标从来都是难以复制的，能决定市场盈利的最终还是要归于创作质量。为了盈利而盈利的《西虹市首富》是开心麻花资本的最后狂欢，收获了25亿元票房，豆瓣评分却跌至6.5。随后，继续沿用性别互换老梗的《李茶的姑妈》豆瓣评分竟然跌至5分，票房更是止步于6亿元。到了2019年，《半个喜剧》票房再创开心麻花新低，票房仅1.8亿元。

至此，开心麻烦难逃被资本抛弃的命运。在万小刀看来，稳定可盈利的商业模式、独有的竞争壁垒、有想象力的市场空间，是资本市场上投资方最看中的三点。对于这三点，开心麻花似乎都已不再具备，也就很难再讲出资本市场需要的故事。只好以二股东低价抛售股权，上市IPO

中止，摘牌新三板退市而告终。

最终被资本嫌弃的还有大娘水饺。这个在 2013 年就在全国开了 400 多家门店、每年营业收入达到 15 亿元的餐饮企业，在引进欧洲私募股权基金公司 CVC 资本后，在第二年营业收入反而下降了 20%。究其原因，还是出于控制成本增加利润的考虑，在价格不变的前提下将水饺重量从每个 20 克降到 17.5 克，而确保成本降低 10%。如此一来，消费者很快就对大娘水饺失去了信任和喜爱。同样的剧情导致同样的结果，CVC 将大娘水饺“煮坏”后，很快就将其出售给了国内的格美集团，套现离场，转身处只剩下一地鸡毛。

在此之前，被 CVC“踢”出局的，还有曾经红遍大江南北的俏江南。作为前车之鉴并没有唤醒后来者，一次又一次地警示着传统企业与资本打交道时对游戏规则认知的不足，对资本风险的片面认识，同时还夹杂着高估值预期下的进退维谷。

上述这几家企业都是资本的“受害者”。其实，还有许多企业在资本的裹挟下，在利益的蛊惑下，已经变得身不由己，与曾经的“罪魁”一样也成为“祸首”。

2020 年 5 月 19 日晚，瑞幸咖啡发布公告，称公司在 5 月 15 日收到纳斯达克交易所的退市通知。这是源于 2020 年 4 月 2 日，瑞幸咖啡自曝承认虚假交易 22 亿元人民币，股价一夜暴跌 76%；5 月 19 日晚，瑞幸咖啡的退市公告发布后，股价暴跌近 36% 收盘。随后，瑞幸咖啡的股价降至不到 3 美元，而在 2020 年年初的时候，股价最高涨破 51 美元。

之后，这个曾经被业界专家认为“对包括供应链、门店设置、组织管理、运营协调在内的零售方方面面都进行了数字逻辑重组，重构咖啡供应链的价值，重构咖啡店的成本价值，重构咖啡连锁产业的价值”的瑞幸咖啡，无论是资本布局、团队架构、赛道选择、单店模型、品牌传播还是用户运营、商业模式，都令行业耳目一新、看上去完美无缺的瑞幸咖啡，这个短短两年就在纳斯达克上市、创造中概股最快IPO速度，可谓是资本天局、豪华团队、千亿赛道、百亿市值、风光无限的瑞幸咖啡，最终还是被资本市场下达了逐客令。

自2018年瑞幸咖啡横空出世之后，业界对“瑞幸模式”便一直在高唱赞歌。人们似乎忽视了一个最基本的商业常识，就是企业最终一定是要实现盈利的，即企业的收入减成本减费用是要大于零的。在瑞幸咖啡的商业模式中，其收入根本无法覆盖高昂的成本与营销费用。店开得越多，亏损越多，资金缺口越大，企业风险就越大，这种违背企业运营的本质与规律的做法，早已注定其不可持续发展的命运。在无法通过经营获得正现金流的情况下，瑞幸咖啡的企业创始人与早期投资人是不可能通过企业盈利、分红来获得财务收益的。唯一的退出方式就是通过做大规模、做高企业估值的逻辑，在资本市场上实现变现。

因此，瑞幸咖啡就只能一直通过融资维持经营，但融资不可能是无止境的，总有一天会中断。一旦融资中断，这种高投入与高估值的模式就不可持续，所以创始人只有一种选择，就是在估值泡沫破灭之前，尽量通过编织一个更大的故事或者通过财务数据维持住这个泡沫，并通过各种手段进行变现，直至财务造假。

这完全是一条不归之路。从“天堂”到“地狱”，不过短短几个月的时间。

笔者在《企业管理》杂志发表过一篇题为《多元化困局的启示》的文章，文中指出，许多从改革开放的大潮中成长起来的民营企业，在历经几十年的高速发展之后，似乎一下子就面临生死存亡的拐点，其中有不少走向了沉沦。探其原因，会发现这些企业中有很多不约而同地深陷“多元化发展”泥潭。在这些企业一步步走进这个“泥潭”的过程中，资本的助推“责不可没”。

中国的民营企业大多是在改革开放的机会大潮下，凭借创业者的胆识和魄力抓住机会，实现了野蛮生长，并迅速达到了相当的规模。随后，企业上市，在增量巨大的市场背景下，“圈”进大量资金。在多少有些“轻而易举”获得的资金面前，人性中好大喜功的劣性迸发出来，在盲目自信的内心驱动和资本逐利的外部推动的双重因素作用下，许多企业开始大肆扩张。无论是“纵向到底，横向到边”的冲动，还是向短期利益领域多元跨界的盲动，一家企业如果没有“多元化战略”都不好意思宣传自己。

理想很丰满，现实很骨感。多元化业态势必对企业的资金能力、资源的整合能力、专业化的支撑能力，以及对市场风险的管控能力有着非常高的要求；而中国第一代企业大多在这些方面有着先天性缺陷。到这时，企业的底蕴和能力越来越无法适应市场竞争要求，直至危机四伏，最终以资金链的断裂而收场。福耀玻璃集团董事长曹德旺在第三届中国企业改革发展论坛上发言：“出问题的民营企业，大多数是贪婪，扩张太快。”

就在许许多多的企业对资本趋之若鹜、奋力追求的同时，华为却显得非常的“另类”。媒体报道，在2019年5月21日早晨，华为创办人任正非在华为深圳总部接受央视等媒体采访。面对美国的封杀，任正非依然坚定地表示：“华为不轻易允许资本进来，因为资本贪婪的本性会破坏我们的理想的实现。”任正非所说的“理想”，就是“聚焦客户关注的挑战和压力，提供有竞争力的通信解决方案和服务，持续为客户创造最大价值”。华为的核心价值观就是为了能够“确保步调一致地为客户提供有效的服务”。

说了这么多，并非是想将资本说得一无是处，任何事物都具有两面性，资本也是一样。我们只是在提醒和警示大家要对资本贪婪的一面有足够的认识和戒备。我们要时刻告诫自己，资本只是手段，而非目的。人类事物的本质与规律不会因为资本的到来而改变。荀子的那句警世之言“天行有常，不为尧存，不为桀亡”，也一样适用于资本。

资本对于品牌，是赋能而不是攫取。资本的增值一定要符合品牌增值的本质与规律，一定是通过资本的助推，让品牌可以更好地进行技术研发或产品研发，进而打造出最先进、最独特的品牌价值，使其能够为消费者提供更为优质、更为便捷、更为实惠、更为美观的产品或服务，最终让消费者获得更高、更好、更长的利益。

借助资本的力量，企业能够吸引更优秀的人才，能够建立起更为科学的管理体系，更好地打造产业链标准及工艺体系，提升生产效率与效果，从而为品牌核心竞争力和持续发展力提供强大的支撑体系。同时，能够利用各种手段更快速、更广泛地传播品牌，更深刻地影响消费者的心智，与消费者建立起亲密且牢固的关系。

总而言之，要让资本在品牌“势成之”的过程中，起到增势、强势的正性作用，而非减势甚至是去势的负面作用。

企业家一定要清醒且充分地认识到资本的两面性，正确处理品牌价值的长期积累性与资本逐利的短期利益性，要在企业治理组织结构和管理体系上，确保能够排除资本可能带来的、对企业符合产业与市场规律的既定战略与经营理念所形成的干扰，甚至是干涉，企业要具备体制与机制层面的防范和遏制能力；同时，面对资本的加持，企业家们对诸如好大喜功、急功近利、盲目自信等这些人性弱点的要始终保持警惕，坚守品牌价值的本质与规律，始终保持专注、聚焦的长期主义精神，有效抵御来自企业内外的诱惑，确保企业沿着正确、正性、正向的道路稳健发展。

最后要说的是，品牌无论是在什么角度上的关系，无论是在哪些维度上的关系，最终都要归结于与社会之间的关系。

从企业的属性来看，它是按照一定的组织规律有机构成的经济实体，一般以盈利为目的，以实现投资人、客户、员工、社会大众的利益最大化为使命。现代经济学理论认为，企业本质上是“一种资源配置的机制”，其能够实现整个社会经济资源的优化配置，降低整个社会的交易成本。从上述这段描述来看，企业具有显著的社会属性与特征，它是社会发展的产物，是利用社会资源、优化社会经济资源配置、降低社会交易成本，最终为包括社会大众在内的相关各方创造利益的社会组织。

其一，企业的发展离不开在特定的时代背景下所形成的社会发展需求的推动，任何企业都不能超脱时代和社会而孤立存在。中国的许多成功企业都是源于改革开放的时代推动，新时代给整个社会带来新问题与新需求，这些新问题与新需求赋予企业新的市场机会。这是企业发展的前提条件。其二，企业的发展离不开对社会资源的利用与消耗，包括生态环境、人口红利、社会资本、国家政策等，这是企业发展的必要条件。因此，企业要摆正与社会的关系，建立产业报国、造福社会的发展理念，义不容辞地履行社会责任，遵守国家法规与社会公德，共同营造和谐、共生的社会环境，为社会文明与进步贡献自己的力量。

在这里，我们只以垄断的角度来以管窥豹，看一看如何认知与对待企业与社会的关系。

2021 年 4 月 10 日，国家市场监督管理总局依法对阿里巴巴集团控股有限公司在中国境内网络零售平台服务市场实施“二选一”垄断行为做出罚款 182.28 亿元的行政处罚。随后是美团、拼多多。2021 年 4 月 30 日，国家市场监督管理总局更是一口气开出 9 张行政处罚决定书，腾讯、滴滴和苏宁等企业赫然在列，分别被处以 50 万元罚款。

这些行业内的头部企业集体被处罚的原因有很多，但其主因就是两个字：垄断。垄断打破了社会各利益方的平衡，以一方的强势来压制甚至是剥夺另一方的正当权利，最终让更多的资源与利益落在了少数企业的手里，使其能够借此最大限度地追求自身的利益最大化，严重损害了公正、正义、平等、和谐等普适价值观。

美国曾经的第一位垄断巨头——石油大王洛克菲勒，他创建的标准石油公司一度垄断了全美 90% 的炼油工业以及 80% 的油管生意。在获得市场的垄断地位后，出于对利润无止境地追求，洛克菲勒将石油的价格提升到一个令市场能够接受的极限。他可以为修一段输油线路果断地关掉大型的炼油厂，完全不顾及成千上万工人的死活。

正因为如此，罗斯福总统上台后高举反垄断的大旗。到了 1890 年，美国通过了《谢尔曼法案》，强制拆分国内的垄断企业。随后，洛克菲勒的标准石油公司就被强行拆分成 34 个地区性的公司。在人类社会发展的进程中，资本驱动下垄断的阴影笼罩在人们身上。以往，包括谷歌、微软、亚马逊、Facebook 等巨头，都不同程度遭到了打压和罚款。如今，中国的个别互联网平台企业，也是一边利用资本的力量，以“烧钱”的极端方式快速占有市场，在打垮所有的竞争对手之后，再以寡头的身份提高价格，或以不正当竞争手段牟取暴利。

我们从企业的社会属性来看，企业一旦在某个行业或领域形成垄断，就会霸占社会优质资源，就会导致社会经济资源配置不合理、不公正，就会使得社会交易成本不降反增，就会侵害消费者的正当权益，破坏市场竞争的正常秩序，让社会大众的利益受到损害，最终激化社会矛盾，甚至造成社会的动荡和混乱。

最后，还是让我们永远牢记马克思曾经的警示：“当利润达到 10% 时，便有人蠢蠢欲动；当利润达到 50% 的时候，有人敢于铤而走险；当利润达到 100% 时，他们敢于践踏人间一切法律；而当利润达到 300% 时，甚至连上绞刑架都毫不畏惧。”因此，我们应时刻保持对企业与社会的关系必要的关注与警戒，一定不能让资本拥有了垄断这把达摩克利斯之剑。企业也要引以为戒，在对自身利益的获取上始终要有“红线”意识，在对社会道义坚守上始终要有底线思维。对此，我们要坚信天道自衡的力量，一切霸凌大多数人利益的事情都注定是不会长久的，一切破坏人类社会公平正义的人或组织都注定是没有好下场的。

笔者受珍宝岛药业之邀，做过题为《时代变革下的战略思考与规划》的讲座。其中以华为为鉴，提出了一个对中国企业未来发展的建议，即“深挖洞，广积粮，高筑墙，缓称王”。

在深挖洞方面，华为在 13 年间，研发投入累计接近 7700 亿元；在高筑墙方面，华为总授权专利数量达到 6393 件，高居全国第一、全球前十，是获得美国专利授权最多的中国企业；在广积粮方面，华为高举全球研发、中国制造、全球销售的大旗，整合全球资源，越来越多地参与全球价值链；在缓称王方面，华为始终保持清醒的头脑——“为什么要去推翻思科和苹果？我们能称霸这个世界吗？成吉思汗和希特勒，他们都死无葬身之地。”时刻以此警示自己。

借此，笔者提炼出以下的观点，与大家共勉。

深挖洞：专注主业，深挖研发之“洞”。

高筑墙：创新发展，高筑技术之“墙”。

广积粮：开放连接，广积资源之“粮”。

缓称王：潜心聚力，缓称产业之“王”。

第六章

善与美，品牌内涵的升华

法国哲学家狄德罗说过："真、美、善是紧密结合在一起的。在真或善之上再加上一种稀有的光辉灿烂的情境，真或善就变成美了。"同理，在人类抵制人性劣根性的利器中，除了真与智，还有善与美。善与美不仅仅表现为外在的赏心悦目，更重要的是拥有内在的力量。善是由内及外的力量，美则是由外而见内的力量。善可以帮助人，温暖人；美可以吸引人，愉悦人。善，可以让品牌由利他而利己；美，可以让品牌由悦他到悦己。最终，让品牌与消费者一起因爱而共创，为美而共享，让人类社会充满希望与向往。

善乃心灵之向往

在一切道德品质之中，善良的本性在世界上是最需要的。

——罗素

如前所述，人性具有两面性。对于人性的两面性——人之初，到底是性本善，还是性本恶，还是善恶兼有，全世界的哲学家们一直各执己见，争论不已。人之初，性本善，我们从小就耳熟能详。它源于儒家的孔孟学说。孟子是"善"一派的代表，关于人性的"善"，他在《孟子·告子章句上》中有这样的描述。

"水信无分于东西，无分于上下乎？人性之善也，犹水之就下也。人无有不善，水无有不下。今夫水，搏而跃之，可使过颡；激而行之，可使在山。是岂水之性哉？其势则然也。人之可使为不善，其性亦犹是也。"

在孟子看来，人的本性没有不善良的，就像水的本性没有不向下流的。如果拍打水让它飞溅起来，可以高过人的额头；堵住水道让它倒流，可以引上高山。这不是水的本性，而是所处形势迫使它这样的。因此，孟子认为，人之所以做坏事，也是由于他的本性受到了“逼迫”。

对此，《孟子·公孙丑章句上》中以人们看到孩子落于井中为例来说明。面对落井的孩子，人们都会有“怵惕恻隐”，即会有惊慌恐惧而又同情之心，就是孟子所认为的“人皆有不忍人之心”。

与孟子同生活于“轴心时代”的苏格拉底也认为，善源于人的本性，即是人的品性的自然趋向，就像万物的本性和目的总是倾向于“好”的方面发展一样。同时他指出，善是人之所以为人的原因，也是人类的最高目的追求。

荀子是“恶”一派的代表。在荀子看来，人性首先是利己的。他在《荀子·荣辱》中言：

“凡人有所一同。饥而欲食，寒而欲暖，劳而欲息，好利而恶害。是人之所生而有也，是无待而然者也，是禹桀之所同也。”

按照荀子的观点，人在饥饿时就会想吃饭，没有饭吃就会“抢食”；人在寒冷时就要取暖，不暖就会“夺衣”；人在劳累时就会想休息，因此，少干而多歇便是人所欲；人们对于利益都喜欢，对于损害自己利益的事情都厌恶，因此才有“趋利避害”之说。

还有善恶兼有的观点。

也许，人们对于“性本善”还有不同的看法，但对于“性向善”应该没有什么异议。因为即使是那些表现为“性恶”之人，他也一样喜欢结交“性善”之人。在笔者看来，人类的“性向善”恰恰是源于自身的“性本恶”。更准确地讲，应该是“性本私”。

人类是造物主的杰作。那么，造物主如何让人类“痛苦”呢？方法只有一个，就是“烦恼”。那么，人类又如何“烦恼”呢？其根源也只有一个，就是“欲望”。那“欲望”又如何令人平添“烦恼”呢？在“欲望”的驱使下，让人总是试图去占有，这就是所谓的“自私”；然后试图去不断地占有，这就是所谓的“贪婪”。

饱腹、取暖、休息、避害其实都是源自本能、基于本能的占有，我们暂且将其划到“自私”的范畴，而基于无休止的欲望的不断占有，是源于本性的贪婪。就像是猛兽与人的区别。狮子、老虎等虽然猎杀弱小，但只是为了生存的需要，只是占有。人类猎杀稀有动物则不是为了生存，而是为了满足欲望，是贪婪。从这个角度讲，人比猛兽更“残暴”。

利己主义的另一面体现为每个人都希望别人能够“利他”，通过别人的利他来实现自己的利己。正是因为利己，才希望别人利他，这就是人心向善的缘由。因此，人类社会最为普适的价值观便是“凡对别人有害的事都是错的”（托尔斯泰，《战争与和平》）。德国哲学家费尔巴哈将“爱”与“理性”“意志力”，视为人类与动物之间本质的区别。

各种主流文化、道德都提倡人要博爱、行善。既是天道自衡的体现，也是人性自纠的表现。这是因为如果每个人都顺应甚至是放纵自私与贪婪的本性而使得无穷的欲望得不到满足时，那么人与人之间就会因占有与被占有、掠夺与被掠夺而出现矛盾、冲突，以至于仇恨。如此一来，世界必然会陷入混乱与纷争乃至战争之中，人与动物之间的伤害、人类的自相残杀便一刻也不会停止。这个世界就无法持续地运转下去了。

由此可见，行善的前提是抑制自身的人性弱点，然后最大限度地满足他人；利用他人的人性优点来最大限度地满足自己的欲望则为恶。简单来说，克己而利他即为善。行善犹如爬山，并且还是负重攀登，所“负”的正是人性弱点这个“重”。“人做一件好事并不难，难的是一辈子做好事，不做坏事。”为什么难？因为我们始终要面对人性这个“敌人”，特别是在面对自身利益的时候。

我们又必须要为善，因为只有人人为我，才能让这个世界变得我为人人。就像那首歌《爱的奉献》："只有人人都献出一点爱，世界将变成美好的人间。"这是我们"心的呼唤"，它可以化成"人间的春风"，让爱没有荒原；它可以化成"生命的源泉"，让心没有荒漠。最终，才会让幸福之花处处开遍。

一则有关希尔顿酒店首任经理的小故事流传了很长时间。在一天的深夜里，一对年老的夫妻走进一家旅馆，他们想要一个房间。前台侍者回答："对不起，我们旅馆已经客满了，一间空房也没有剩下。"看着这对老人疲惫的神情，侍者不忍心深夜让他们出门另找住宿，况且在这样一个小城，恐怕其他的旅店也早已客满打烊了，这对疲惫不堪的老人岂不会在深夜流落街头？

于是好心的侍者将这对老人引领到一个房间，说："也许它不是最好的，但现在我只能做到这样了。"其实这是一间整洁又干净的屋子，老人见此就愉快地住了下来。第二天，当他们来到前台结账时，侍者却对他们说："不用了，因为我只不过是把自己的屋子借给你们住了一晚，祝你们旅途愉快！"原来如此。

侍者却一晚没睡，他就在前台值了一个通宵的夜班。两位老人十分感动。那位老先生说："孩子，你是我见到的最好的旅店经营人。你会得到报答的。"侍者笑了笑，说这算不了什么。他送老人出了门，转身接着忙自己的事，把这件事情忘了个一干二净。

没想到过些日子，侍者接到了一封信，打开看，里面有一张去纽约的单程机票并有简短附言，聘请他去做一份工作。他乘飞机来到纽约，按信中所标明的路线来到一个地方，抬眼一看，一座金碧辉煌的大酒店耸立在他的眼前。

原来，几个月前的那个深夜，他接待的是一个有着亿万资产的富翁和他的妻子。富翁买下了一座大酒店，深信这个侍者会经营好这个酒店。这就是全球赫赫有名的希尔顿饭店首任经理的传奇故事。

也许这个流传甚广的“传奇”仅仅是一个美丽的“传说”，但无论怎样，我们从中都能够感受到“善”的力量。令两位老人感动的是侍者的善意以及折射出的他内心的善良。令两位亿万富翁动心和放心的，也是这份善良与善意。因为他们知道，只有这份善良与善意才是做好生意的根本所在，才是财富的真正源泉。

由此可见，为善是人类世界的生存法则，我们必须要敬畏之、遵循之。在《周易》中，甚至将扬善遏恶视为上天的“命令”而需要人们“顺天休命”。就像“大有卦象”的喻义“火在天上，光明普照”一样，让善良之光普照人间。这与北宋著名理学家和教育家程颐的观点如出一辙：“君子观大有之象，以遏绝众恶，扬明善类，以奉顺天休美之命。”（《伊川易传》卷一）

为善也是我们为人处世的君子之道。《孟子·离娄章句下》中强调：“君子所以异于人者，以其存心也。君子以仁存心，以礼存心。仁者爱人，有礼者敬人。爱人者，人恒爱之；敬人者，人恒敬之……非仁无为也，非礼无行也。如有一朝之患，则君子不患矣。”

这段话的意思是：“君子与一般人不同的地方在于，他内心所怀的念头不同。君子内心所怀的念头是仁，是礼。仁爱的人爱别人，礼让的人尊敬别人。爱别人的人，别人也会爱他；尊敬别人的人，别人也会尊敬他……不是仁爱的事不干，不合于礼的事不做。即使有一朝一夕的祸患来到，那么君子也不会感到忧患了。”

只有善待别人的人才会被别人所爱戴。这样才能让自己安心于世而不会感到忧患。因此，不仅要做到己所不欲勿施于人，做到人之所欲我所不欲，更要做到勿以善小而不为，勿以恶小而为之。正如西汉《淮南子·缪称训》中所言：“君子不谓小善不足为也而舍之，小善积而为大善；不谓小不善为无伤也而为之，小不善积而为大不善。”

杨澜在接受采访时说道：“你要相信善意的力量。在你能力范围内，善意地对别人，善意就像空气一样会流通，到时会有正面的能量还给你。”狄更斯在《我们共同的朋友》一书中说道：“恶往往是昙花一现的，都要和作恶者一同灭亡；而善，则永世长存。”

让我们回到品牌。

凤凰卫视原董事会主席刘长乐曾经问过星云法师一个问题：“佛教反对做生意吗？”星云法师的回答是：“不反对。但要看这个生意是在结善缘，还是在结恶缘。”由此可见，善与恶是好生意与坏生意的分水岭。善与商不是对立的，它们之间恰恰是舍与得的关系。

对此墨子给我们总结出了答案，他在《商之道》中指出：“我有利，客无利，则客不存；我利大，客利小，则客不久；客有利，我无利，皮之不存，毛将安附？客我利相当，则客久存，我则久利！”星巴克CEO霍华德·舒尔茨，对此也深有感悟。

“一路走来，我们所做的许多决定并不完全出于经济利益的考虑。甚至经常反其道而行之，归根结底，还是源于爱与慈悲。但恰恰就是这些决策最后让我们获得了巨大的商业回报。”

对于品牌来讲，善，首先要心存利他之心。

“利他之心是成功的关键。”这是“经营之圣”稻盛和夫先生一生最为重要的感悟之一。在他的“六项精进”中，“积善行，思利他”位列其中。那么，何为“利他之心”？他在《京瓷哲学手册》中是这样定义的：“即便牺牲自己，也要帮助他人。这便是利他之心。”

与稻盛和夫同怀利他之心的还有“经营之神”松下幸之助。后者有一个著名的“自来水哲学”，即企业应当以造福社会为己任，以优良的品质，把消费者需要的商品变得像自来水一样便宜，源源不断地提供出来。

利他，首先是要站在消费者的角度上想问题。在笔者做品牌培训时经常被问到这样的问题：品牌到底能给我们带来什么？品牌对于市场经营的意义何在？我给他们的答案是——

从认识论上看，“品牌”会让我们明白：要站在消费者的立场上想问题！什么才是消费者需要的与消费者满意的；什么才是消费者喜欢的与消费者信任的；什么才是消费者尊敬的与消费者忠诚的；什么才是企业核心的、持久的竞争力？从方法论上看，“品牌”会让我们学会：要以解决消费者问题、满足消费者需求为起点，以创造消费者价值、输送消费者利益为终点，以赢得消费者心智、建立消费者关系为路径，来构建品牌的核心竞争力和持续发展力。

以上所述的核心，就是以利他作为出发点和落脚点。

在火遍世界的“日本寿司之神”小野二郎的店里，几十年如一日只有 10 个座位，因为他的寿司追求最鲜美的味道，需要客人在 20 秒内入口。客流量一旦增加，就照顾不过来了，食客的体验也就无法保证了。从利己的角度看，为了能提升经营收入，别说扩大店面规模，就是多开几家分店，甚至来个全国、全球连锁也是情理之中的事情。但是，在“利己”之前，一定要先考虑一下“利他”，一旦规模的扩大影响到产品或服务品质的话，最终也会落一个“损人不利己”的下场。

笔者曾经在《现代广告》的《品牌关键论》专栏中刊发过一篇题为《底线—边界：来自按摩小哥的启示》的文章。文中提及的按摩小哥是一位年纪轻轻就已经在行业里声名鹊起的按摩店的店主。他的很多熟客都是港台的大明星，预约的时间要至少从两周之前开始。从利己的角度出发，许多人都建议他再多开几家分店。理由是，如果只是店主一个人干，最多一天能服务 10 个客户，一个月满打满算最多也就 300 个客户，经营的天花板触手可及，营业额也再无增长的空间。

这位按摩小哥始终不为所动，依然坚守自营的一家门店。他之所以这样做，是因为他清醒地认识到，按摩更多是一个靠天分和悟性主打的技术活儿，带的徒弟再多，但技术能够与自己比肩的肯定是非常少。即使是师兄弟两个人，客人就算闭上眼睛，也会明显感觉到手法、力道和技巧上的差别。也就是说，按摩这个手艺活儿的特点就已经决定了它的核心竞争力是不可复制的。换言之，如果过度的“利己”，注定就会“损人”，最终也就无法实现对“利己”的预期，甚至还有可能在前面获得的“利己”也会随风而逝。

其实，在世界上的某些城市，我们经常会看到一个个“蜗居”在小小角落里的百年老店。这些店的主人始终保持着最初的经营规模，其目的就是不想因为“利己”而“损他”。这也正是他们能“长命百岁”的“道”之所在。

经济学的主要创立者亚当·斯密在欧洲18世纪启蒙运动的产物《国富论》一书中，举了面包师的例子来说明经济活动“利己”与“利他”之间的关系。他说，面包师只有把面包卖出去了才能获利，但是面包能否卖出从根本上还是取决于能否为消费者接受，能否满足其需求。如果面包是劣质的，甚至是有毒的，那么面包肯定是卖不出去的，面包师也就无从获利，他所追求自身利益的经济行为也就成为无效劳动。

亚当·斯密同时强调：“对于社会存在，美德没有公正重要。”公正就是要肯定个人逐利的合理性，正视和尊重各方的利益诉求与追求，承认“利己”是社会经济活动的原动力。只有如此，才能够激发每个社会成员为追求自己的利益而奋斗、竞争，从而创造一个充满经济活力和市场力量的“社会存在”。

无论是宏观的市场，还是微观的品牌，其建设和运行的过程都是人性与人性之间博弈的过程，都是利益与利益平衡的过程。消费者依据利益最大化的原则做购买决策，企业依据利润最大化的原则做经营决策。这正是亚当·斯密在《国富论》中所提出的那只“看不见的手”。在这只无形的手的推动下，在价格机制、供求机制和竞争机制的相互作用下，不断调整、不断自衡、不断运行、不断发展。

只是在这个过程中，彼此结下的是“善缘”而非“恶缘”，这样才会给对方留下“再续前缘”的机会，最终实现企业高附加值、可持续的长远发展。

企业在面对消费者以利他为善的同时，还要面对社会以道义为善的问题。

在我国宋代之前的儒家思想中，只有“义”没有“利”或是主张“重义轻利”。将“义”与“利”完全对立起来，因此才会有“无商不奸”的偏见。如果脱离“利”抽象谈“义”，就会“正其义不谋其利，明其道不计其功”(《汉书 · 董仲舒传》)，无疑是乌托邦的空想，是脱离人性的空谈。一直到了北宋年间，北宋理学的奠基人程颢和程颐两兄弟才在主张“重义轻利”的同时强调要“义利兼顾”，将二者“合体”，认为“天下之事，惟义利而已”(《二程遗书》卷十一)。

从本质上看，趋利无疑是人之本能。孔子说：“富与贵，是人之所欲也…… 贫与贱，是人之所恶也。”(《论语 · 里仁》) 意思是，富与贵，是人人都想望的；贫与贱，是人人都厌恶的。孔子同时强调：“ 不以其道得之，不处也。不以其道得之，不去也。”意思是，如果不通过正当的途径得来，君子是不能安享的；如果不通过正当的途径摆脱，君子是不会安然的。

从规律上讲，任何事物都是对立统一体。冯仑先生曾经在他的个人电子杂志《风马牛》中指出，依法挣钱，依法纳税，是个取利的过程，但在此基础上能够为股东分好红，给员工付好酬，为政府纳好税，为社会出好力，这本身又是个取义的过程。因此，义与利之间是一个因义而获利、因利而取义的既不可分离又相互促进的过程。其中，关键在于自己的把握和节制。

在墨子看来，义与利是密不可分的：“利，义也。”他甚至强调，要以先义而后利者荣，以先利而后义者辱。

说一个笑话。一名男顾客进了一家浴室，问老板：“您这洗澡多少钱？”老板答：“男浴室 10 元，女浴室 100 元。”顾客：“您这儿也太黑了，价格咋这么高啊？”老板不耐烦地说：“别废话，快交钱！”顾客一边嘟囔着，一边递上了一百元。进去一看，发现全是男客人。

虽然是一则笑话，但说明一个道理：通过迎合人们的欲望来引导消费本无可厚非，但是如果是有意迎合超出常理的欲望，诱导甚至是诱惑顾客形成超出常态的消费，貌似“合理”，也属“合法”，但肯定是与“义”不合了。

再有，美国默克尔牙膏公司的所谓营销“金点子”，就是通过将牙膏口扩大 1 毫米来提升产品的销量。虽然在一段时间内市场业绩增长很快，但这种通过给消费者“挖坑”的方式来“利己”的做法，显然是不仁不义的。最终，遭到美国家庭主妇的唾弃，难逃三年之后宣告倒闭的命运。

在英国电视剧《雀起乡到烛镇》中有这么一段情节：一人抚养好几个孩子的 Arless 太太虽然非常贫穷，并且已经负债累累，但依然抑制不住自己到村子里的啤酒馆赊账酗酒。后来，因无力偿还酒债被啤酒厂告上了烛镇的法庭。在最后宣布审判结果时，主政官向在座的人说了这样的一席话：

“你自认为的道德高尚是站不住脚的，先生。假如说 Arless 太太荒唐不负责的话，我认为啤酒厂则更加粗心大意，实际上更诡计多端。任何有良知的公司都应该谨慎，稍加调查你们就会发现，Arless 太太已经负债累累，但你们毫不在意，依然在别人困难的时候实施利诱，用花言巧语逼迫他们买酒。

我为那些轻易负债的人感到悲哀，但我更鄙视用现代销售术编织谎话引诱穷人购买能力以外的商品。因此，我有义务对啤酒厂教训一番。我决定撤回你将 Arless 太太收监的请求。”

如果将前面三个例子做个对比的话，后两个看不见的“利欲之心”比第一个看得见的“财利之利”则危害更大。前一个是摆在面上让别人选择，后两个则是明修栈道、暗度陈仓，更加阴险毒辣。

对于义与利，《荀子·大略》中说："义与利者，人之所两有也。"既然义与利并存是人之本性所在，那么如何处理义与利的关系呢？荀子提出了"以义制利"的观点："虽尧舜不能去民之欲利，然而能使其欲利不克其好义也。"意思是，虽然尧舜不能消除人民逐利的欲望，但可以让人民在利面前而不忘了义。

程颐强调，在社会人文教化中，首先要净化人的"利欲"之心，才能节制人的"财利"之念。倡导人们要见利思义，要义利相兼，要以义制利。那么，如何教化？他给出的方法是"圣人以义为利，义安处便是利"。按照笔者的理解，就是以义为利使，义安则利来。

说到这里，笔者正好有一个刚刚听到的新鲜"案例"，浅显易懂。一个腿脚不太便利的人，在小区里行走，好几辆汽车都没有避让，只有一辆汽车停了下来。这位行人一边致谢，一边走过这辆车，忽然他看到了车牌，马上回头提醒司机："你这个号是今天限行，赶紧开回去吧。"司机闻后，急忙表示感谢，省下了200元的罚款。

听到这个"好人好事"，笔者不禁想起曾子的一句话，与这件事非常贴切："人而好善，福虽未至，祸其远矣。"

从这件小事我们可以看到，"德不孤，必有邻"（《论语·里仁》），"善人者，人亦善之"（《管子·霸形》）。义安便有利来，义安之处便是利来之源。心地善良的人，福报都在路上，也许是今天，也许是明天，也许是未来的某一天。这是因为，作为天道自衡的一种体现，与天道酬勤一样，天道还会酬善，还会酬义。正所谓"心存善念，天必佑之"，只有这样这个世界才会有希望，才会有未来。

必须要指出的是，义有大义与小义之分。

小义是堂堂正正做品牌。在各种利益面前，能够做到不利欲熏心，节制私欲，克己奉公、多予少取，绝不损人利己、损他肥己。在品牌发展初期做到"贫不丧志"，懂得"无欲速，无见小利"，靠产品卓越、诚信服务来赢得消费者和社会的尊重与接受。

当品牌具有一定的知名度和市场影响力，已经获得可观的经营利润时，要做到富而有礼，布惠济世，而不要总是想着“割”更多的“草”。资深中国事务观察家乔·史塔威尔在他的著作中细说了中国香港和东南亚诸国大亨的发迹史。他认为，那些赌王、糖王、香王们更多的是凭靠着所谓的“特许经营权”进行垄断，而不是通过科技创新和公平竞争来获取财富。其结果是加剧了社会矛盾与贫富分化，对推动人类发展没有任何意义。

在一篇题为《收租人》的文章中，作者卢克文指出，这些大寡头、大财阀、大卡特尔们对人类文明有益的科技领域，或者充分竞争的领域，他们都是尽量不碰。他们极度厌恶风险，只喜欢在衣、食、住、行的民生领域中向民众“收租”。该文介绍，新加坡前总理李光耀这样点评上述群体中的一位：“他的巨大财富源于他垄断了房地产和一系列的民生工程，他对经济的发展实际上并没有起到多大的作用。”

反观今天的我们，为什么近几年时间，中国的一些互联网“大咖”不约而同地都搞起了“互联网金融”？在卢克文看来，其实质就是“放贷”，就是“收租”。现在这些互联网大佬，“收租”靠的是垄断的信息资源。

资本原始的逐利本性对“不义之财”的贪婪与围猎，的确是令人触目惊心啊！

我们再看看“经营之圣”稻盛和夫。京瓷公司积蓄有大额现金存款，因此有人劝稻盛和夫投资房地产，甚至一些银行的人以为稻盛和夫没有理解其中的“赚头”，而诚恳、细致地告诉他具体的方法。对此，稻盛和夫坚定地认为，只是把土地从左手转到右手就能获取巨大的利益，岂会有如此好事！如果有，那也不过是不义之财或浮利。轻而易举获取的钱财将轻而易举地溜掉。稻盛和夫断然拒绝了所有关于投资房地产的建议。稻盛和夫坚持一个信条，就是“只有自己辛苦赚取的钱财才是真正的利益”。他说：“正是‘不可贪得无厌’这一理念在始终支撑着我，从来不曾动摇过。”

说到“小义”，有一个品牌大佬不能不提，就是巨人集团的史玉柱。在巨人大厦轰然倒塌后，巨人公司欠下了巨额债务。按规定，这些债务属于巨人公司，而不是史玉柱个人，按照正常的破产清算程序，他完全可以不管公司的债务；但即使在最困难的时期，史玉柱都坚持巨人公司不申请破产，并承诺所有债务他会全部偿还。

果然，当脑白金“席卷全球”后，在史玉柱的手里又有了 2.5 亿元的现金之后，史玉柱开始还钱了！他把之前买楼花的人一个个找出来，把钱还了回去，把其他的债务也都一一结清。

此举令人对其刮目相看。用《羊城晚报》一位记者的话说：“还债这件事上，史玉柱扮演了一种很仗义的角色，满足了人们对江湖人格的一种期待。”对此，很多人问史玉柱：“为什么你如此坚持要还这个债？”

史玉柱的回答掷地有声：“第一，欠老百姓的钱必须还，这是天经地义，没有什么好说的；第二，虽然从法律上讲，我可以让公司破产，不还钱，但这样我的信誉也会破产，如果未来想要干成别的大事业，就再也没有可能了。”这就是史玉柱对“义”的理解与敬畏。

所谓大义，就是树立义利兼顾、义为利先的品牌观，要有“不义而富且贵，于我如浮云”的操守，合法、合规做好企业经营。对国家、社会和消费者常怀感恩之心，要懂得企业的成长和事业成功更多的是源于国家的推动、社会的支持以及消费者的厚爱，从而更好地履行企业责任、社会责任，更多地去回报国家、社会和消费者。

特别是当国家有难，企业能够挺身而出，共赴国难，方为大义之担当。抗日战争期间，在宜昌大撤退中，当时的“船王”、爱国实业家卢作孚的民生公司厥功至伟，在日军的飞机和炮火轰炸下，有 16 艘船被炸沉炸毁，69 艘船被炸伤，117 名员工牺牲，76 名员工伤残。其公司航业部分的损失高达数百万元，而经其抢运出的兵工厂和民营企业的机器设备，每月仅手榴弹就可以造 30 万枚、迫击炮弹 7 万枚、飞机炸弹 6000 枚，成为“近代史上万万不可忘记的人”。

2021 年 5 月，福耀玻璃的董事长曹德旺宣布捐出 100 亿人民币，在福建建立一所崭新的公立大学——福耀科技大学。公立大学就是不以盈利为目的，建成之后就直接交给国家。据胡润慈善榜统计，从 1983 年第一次捐款开始直到 2020 年，曹德旺累计个人捐款达 110 亿元，是当之无愧的“中国首善”。所有这些都是在践行他曾经的承诺：“我做企业不是为了钱，是为了国家的兴旺发达，我手上赚的钱，我死之前必须还给社会！”

在《华为基本法》中赫然写着：“爱祖国、爱人民、爱事业和爱生活是我们凝聚力的源泉。”以产业报国和科教兴国为己任，以公司的发展为所在社区做出贡献；为伟大祖国的繁荣昌盛、为中华民族的振兴、为自己和家人的幸福而不懈努力——这也正是稻盛和夫所讲的“大义名分”。

荀子强调：“故义胜利者为治世，利克义者为乱世。”因此，品牌在构建的过程中，一定要处理好义与利之间的关系，“义利相兼，以义为先”。最终，为品牌营造“治世”而非“乱世”，这样才能让品牌为企业的发展赋能，与消费者建立起共享共赢的良好关系。

印度诗人泰戈尔说过：“有时候爱情不是因为看到了才相信，而是因为相信才看到。”其实，对于善良也是如此。

就让我们一起坚信善良的力量！

美乃精神之云梯

我深信，真和善只有在美中间才能水乳交融。

——黑格尔

我国著名的管理专家王育琨一次去日本考察，见到一位经营着一家传承了1300年的明火烤年糕的年糕店女老板。王育琨不解地问正在炉前操作的这位老板：“您这么德高望重，有十几位员工，为什么还要在第一线烤年糕？”这位老板一边躲着火苗，一边理了理头发羞怯地说出了6个字：“接近美，接近神。”

王育琨后来在《德鲁克：对美的质感与不懈追求》一文中强调，就是这六个字，深深震撼了他，乃至给了他“无穷的价值”。由此，他想到再加上3个字：“接近美，接近神，接近道。”

那么，美与“神”、与“道”是什么关系呢？

美，对于这个世界来说是与生俱来的。美之中蕴含着万物生长的本质与规律，因此它就是天（神），它就是道。

以花为例。从生物进化的角度看，花的美是在上亿年的竞争中形成的。我们今天看不到的那些花正是被淘汰的，而被淘汰的原因是“还不够美”。因为不够美，就无法吸引更多的蜂蝶，就无法更广、更快地散播花粉，就会面临繁衍的困境。植物学家告诉我们，为什么白色的花（如茉莉）通常香气浓郁，因为它没有色彩去招蜂引蝶，只能靠增强嗅觉的力量。

植物学家还告诉我们，如果两种花的香气一样的话，那么，其中的一种就会被淘汰，因为没有找到自己存在的理由。因此我们说，美的存在源于另一个物种的无法取代，借此才构成美的条件和资格。由此可见，美之中蕴含着物竞天择的自然法则，蕴含着适者生存的竞争之道。因此，我国台湾作家蒋勋才以《美，看不见的竞争力》作为他为台湾的企业家们所做的讲座的主题。

的确，美的力量不仅仅源于外在的美丽，更多的是源于其深刻的内涵。对此，我们的先哲们早已有先见之明。庄子在《庄子 · 知北游》中说：“天地有大美而不言……圣人者，原天地之美而达万物之理。”他在告诉我们，天地原本就具有伟大的美，而作为圣哲，是能够通过探究天地伟大的美而通晓万物生长之道理的。

正所谓，心有大美，道不远人。

首先，美不仅仅是世之天道，也是人之天性。正如那句耳熟能详的话："爱美之心人皆有之。"那么，人为什么需要美？简而言之，人除了物质需求之外，还有精神需求。审美便是精神需求中的至高境界。有的哲学家将人生分为四种境界：欲求境界、求知境界、道德境界、审美境界。欲求境界仅仅是追求身心欲望的满足，求知境界则体现了对探索未知世界的渴望，道德境界是追求人与人之间的和谐共生，但这些都需要通过美的幻化将其转化为心灵的极致感受和至高享受。因此说，没有美，万物皆乏味，只有审美才是世人所追求的最高境界。

这也恰恰是人与低等动物的区别所在。这其中最大的不同，就是人在欲求之上还有求知、道德和审美的境界。也正因为这样，才能将人类从动物的状态中升华出来，让人类从单纯的物质世界升华至丰富的精神世界，为人类塑造出超越物欲与自我的人格。在世界所有的主流文化中都有一个共同且重要的特点，就是重视人自身的精神感化与人格教化。在中国古代思想家看来，哲学和美学存在的意义之一就在于引导与引领人们的精神生活，以高远的精神追求从现实中寻求人生的终极价值与心灵的最佳感受。正如法国著名雨果所言："爱美就是要求光明。"

明朝著名的思想家、创建了"阳明心学"的王阳明曾说："盖天地万物与人原是一体，其发窍之最精微处，是人心的一点灵明。"正是凭借这"一点灵明"才让人与天地万物合成一体，才能让无数的生命找到"最精微处"，最终到达别具一格的美的境界。这也是日本工匠心目中的"接近美，接近神"。

审美不仅仅区隔出人与低等动物的境界，也区隔出人与人之间的境界不同。冯友兰曾说，虽然人类是共有一个世界，但是实际上每个人的世界并不相同，因为世界对每个人的意义并不相同。这种意义的不同更多地取决于对美的认知与追求的境界。这个境界决定了每个人的生命意义和人生价值。

《论语 · 公西华侍坐》中，孔子问四位弟子各自的理想。子路说，治理一个兵衰民饿的弱国，让弱国之民学会勇敢，自然国富民强。冉有说，可治理一个相对安稳的国家，让百姓富足。公西华说，他只愿做个小官，遵守礼仪。孔子听完摇了摇头，问旁边鼓瑟的曾皙。曾皙不慌不忙，娓娓道来："暮春者，春服既成，冠者五六人，童子六七人，浴乎沂，风乎舞雩，咏而归。"他说，自己的理想不过是在初春时节，穿着春天的衣服，与朋友们带着孩子到沂河里洗澡，在舞雩台上吹吹风，唱着歌走回家。孔子听完会心一笑，因为自己和曾皙的理想一样。

笔者在写这篇文字的时候，恰巧看到一部英国的连续剧《雀起乡到烛镇》，当时被主人公的一句话深深地感染："我为我的家乡而自豪，虽然贫穷得难以想象，但他们从不会丢失那些小小的幸福。"这与曾皙的理想一样，不宏大，甚至极小，很朴素，也很平常，但其中有四季、有天地、有人心，纯净而清澈，浑然而天成。恰恰是这份朴素才是美的必要条件（托尔斯泰语），才造就了世间与心中之大美，这便是生命与人生的至高境界。

古希腊哲学家和思想家柏拉图曾经说："美具有引人向上的作用与力量"。德国哲学家黑格尔说："一个人如果没有美感，做什么都是没精打采的，甚至谈论历史也无法谈得有声有色。"高晓松在2013年创作的《生活不止眼前的苟且》，是源于他妈妈说过的一句话："生活不只是眼前的轻易，还有诗和远方的田野。你赤手空拳来到人世间，为找到那片海不顾一切。"每个人的心中有没有最美的"那片海"，就决定了你是否拥有那份"不顾一切"的力量。

让我们回到品牌。

正如王育琨老师的感悟："只要我们创造出了真正的美，就会见到自性神明"。所以，美是品牌价值创造与经营管理的第一原理。

单纯的物质呈现就是产品，物质加精神就是品牌，而精神的最好体现与最有力的驱动就是美。美无处不在，对于品牌也是一样。当然，对于品牌，美不仅仅是外在的美丽，更重要的是美好与美妙的内涵与境界。美丽是品牌的外表，美好是品牌的内在，美妙则是品牌至高的境界。社会与消费者通过品牌的外在美感受到其内在的美好，进而感受到品牌美妙的境界，乃至品牌对美好的祝愿。

我们依旧从人性特征与时代特征两个方面阐述美与品牌的关系。

从人性特征上看，人是感性动物，因此人经常会被感性的因素所影响，所打动。笔者在《品牌系统性建设：沿循消费心理与行为的轨迹》的课件中以相亲为例讲解消费者对品牌的感受。我们在“找对象”时，会先提出很多的“条件”，如受教育程度、收入水平、身高、相貌、社会地位等。如果仅以这些硬件条件来看，很难找到完全符合“条件”的人。那为何我们最终选定了“那一个人”？是因为在这些“满意”条件之外，还有诸如气质谈吐、相谈甚欢、一见如故、相见恨晚等这样的“喜欢”因素。

最终起到“临门一脚”作用的往往是这些感性因素。因此，当人类面临各种选择时，一般都是始于理性，终于感性。换言之，过程也许是理性推动的，但结果往往是感性决定的。正如黑格尔所言：“人性的选择和自决都不是出于意志的理性，而是出于偶然的动机以及这种动机对感性外在世界的依赖。”

这种感性特征对人类消费心理与行为的影响也是一样的。一件商品的造型、颜色、味道、质感、手感等外在特征会给予消费者直接的感受。看着好看，摸着舒服，不仅会给消费者以感官上的愉悦，还会形成心理的共鸣，最终影响到对消费行为的决策。因此，我国著名的营销专家路长全指出：“感性统治理性，无形统治有形，软件统治硬件，这就是品牌背后最伟大的法则之一。”

从时代特征上看，随着人类社会科技的进步与经济的发展，人们对产品的要求已经从简单的功能使用上升到身心体验的高度。笔者的老师、曾任天士力控股集团副总裁的吴丹勇先生说过:“一个好的产品必须是‘科技＋人文＋艺术’的完美结合。”然而，在人类发展历史中，产品经历了很长时间的“傻大笨粗”阶段。那时人们更多地重视产品的功效性，而对其灵巧、便捷、精细和美观等特性往往是忽视的，甚至是无视的。

在1851年英国的“万国工业博览会”上，许多艺术家对工业制品的粗糙丑陋、烦琐庸俗、矫揉造作感到不满，他们决心介入工业生产，这导致了英国的“工艺美术运动”。之后，“包豪斯运动”兴起，人们开始提出完整的设计理论：第一，在设计中美必须和功能相统一；第二，设计的目的是人而不是产品；第三，设计必须是理性的，必须遵循自然和客观的法则。

20世纪初是欧洲爱马仕比较难过的时期。随着铁路的拓展，贵族和上流社会远行依赖马车的机会大大减少，使做马具用品的爱马仕生意惨淡。随后，整个爱马仕家族开始了战略转型——从一个可预见的衰退产业向高附加值的利基行业转型。

爱马仕用高层次的产品迎合人们的审美追求，以艺术审美主义再造上流社会的生活方式。从手工作坊的马具生产向高端皮饰工艺品转型，并且大幅度提升产品价格，实现了面向奢侈品定位的漂亮转身，使得爱马仕品牌溢价率至今都高于路易威登。

从1923年开始，美国通用汽车开始向福特汽车发起全面攻击，其手中的利器便是“美”——通用汽车赶超福特汽车的战略，是反福特之道而行之，用人性的艺术审美品位，对弈福特汽车的物质化的产品主义。结果是，仅用了三年时间，通用汽车就赶超了强大的福特汽车。

时至今日，在更高的科技力量的推动下，产品越来越向着人文关怀和艺术美化方面提升。从科技角度赋予产品更强的功能和更大的价值，从人文角度赋予产品更优的内涵与体验，从艺术角度赋予产品更好的审美与愉悦。德国产品的精致、法国产品的考究、日本产品的舒适，苹果的东方禅意美学、耐克的运动绩效美学、星巴克的环境美学、哈根达斯的情感美学，等等，当品牌能够形成让消费者可以看到、听到、闻到，乃至触摸到的不同的美学体验时，它必定会提升产品的感染力，帮助品牌在更深层次赢得消费者的心智。

以前是产品够用就行，现在是产品一定要够美。因此，来自华为的设计师在广州天河举办的IXDC设计论坛上喊出了“用人文艺术点燃科技”的口号。特别是在当下这个产品极大丰富的时代，要想让你的产品从众多产品中脱颖而出，让消费者喜欢乃至喜爱，美的力量必不可少。独特的主题与风格、极致的工匠美学以及意蕴丰富的美学设计，都会极大地吸引消费者的关注，引发他们的审美共鸣，甚至给其留下不可磨灭的印象。

北京中怡康发布的《2017年第一季度彩电市场白皮书》指出，在消费升级的大背景下，消费者对彩电的核心诉求已有所转移，由单纯追求性价比与耐用性，转变为产品的高品质和高“颜值”。越来越多的消费者希望，电视机除了家电的属性之外，还应该具有家居审美的艺术性。这说明，产品在满足所需功能要求的前提下，外观形态是否符合消费审美成为能否打动消费者的关键。产品的形态美在很大程度上会影响品牌的审美价值。甚至有观点认为，产品的形态美在某种意义上已经成了产品设计中艺术呈现的核心。

品牌与其他事物一样都是具有审美属性的，也是美的一种不可或缺的传递介质与载体。品牌通过自身的功能美与形式美的统一赋予消费者一种审美体验。这种体验首先是源于品牌所主张和彰显的道德审美价值与社会审美意义。其后便是品牌的产品要素和形象要素的审美表达以及带给消费者的审美体验。

我们先来说一说品牌在道德与社会层面上的审美表现。

要想成为伟大的品牌首先要有一个追求美好的初心，担负起为人们创造美好生活的使命。苹果所倡导的正是“发现不完美，然后实现完美”的品牌价值主张；索尼所追求的是让人们即使在最狭小的空间，消耗最少的能源，也能够享受到最美的声音和视觉体验；阿迪达斯则是希望帮助人们通过功能、外表、舒适度和质量等指标找到最好的产品，从而发挥出他们最好的水平，享受到运动给他们带来的美好感受；福特汽车，立志要生产大多数人买得起的汽车，要让每个家庭分享到上帝赐予的快乐时光。

笔者曾接受《现代广告》记者的采访，其主题是“如何看待‘中国人寿游街宣传死亡理赔案例’这一广告营销手法”。对此，我的答复是：不符合公序良俗，不尊重人道伦理。一个人的美，首先体现在要有一颗善良的心，对生命、对人生要有敬畏之心。生命无疑是至上的，是值得尊重的；人生也是美好的，是值得期待的。与此相对应，死亡不是人们所愿意接受的，它不仅代表着人生的终点，更意味着与亲人的生离死别，这些无疑都是令人痛苦的。中国的传统文化与习俗，表达的是对死者的悲悯以及对家属的同情。

由此可见，如果某个品牌以令人伤心和痛苦的事情为载体来进行业务推广和市场营销，无疑是“反人类”的，是不道德的，是让人反感的，那意味着这个品牌是完全没有悲悯心和同情心，也没有敬畏心的。

《孟子·告子上》中有言：“恻隐之心，人皆有之。”恻，即悲伤；隐，即伤痛。就是说当我们见到遭受灾祸或不幸的人会产生同情之心。这就是我们所说的公序良俗和社会公德，它应该成为我们所有人尊重、遵从和敬畏的认识底线与行为红线。

近期，椰树集团受到媒体更多的关注，其焦点在产品广告的“美观度”上。不可否认，在椰树椰汁上市的33年间，收获了大批的消费者的关注，其椰汁的甜美口味与海岛独特的风情，承载了一代人的记忆；但是在这个记忆中始终掺杂着一种不协调的东西，就是椰树椰汁的广告创意。

从 2002 年开始，无论是“白白嫩嫩，丰满动人”的广告口号，还是比基尼模特的“现身说法”，都令消费者产生“不健康”的联想。尽管，对此品牌方将其解释为“仅指用户饮用椰汁的年龄”，但是消费者并不买账。

那些“不美”的广告往往被消费者冠以“恶俗”的标签，而恰恰是这种“恶俗”会让消费者反感，甚至感到被冒犯。由此被消费者举报，广告停播，甚至被处罚也就不足为奇了。

“消费”女性是低俗广告惯用的手法。2021 年 5 月 18 日，长安福特在官方微博中发布视频，视频封面文案为：“高速的奔跑，能不能掀起女生的裙子。”该视频一经发布就被受众定性为“打着汽车营销的旗号，肆意‘消费’女性，大肆贩卖低俗”。随着事件持的续发酵，甚至冲上微博热搜第二，长安福特最终发博道歉，表示立刻删除内容，且下不为例。

正如网友们留言：“营销不是问题，低俗营销就是问题。”另据 2021 年 5 月 8 日长安汽车公布的数据，4 月长安汽车销量中，长安福特是集团跌幅最大的品牌。对此，有网友表示这样的担心：千万不能让“百年福特，毁于长安”啊！

有一个现象值得反思，无论是椰树椰汁，还是曾经的脑白金，还有其他的一些在中国市场打着“低俗”广告的品牌，它们反而在销量上都曾“逆势”增长，创造了一个又一个市场传奇。如前文所述，人性中的确存在两面性，一方面“爱美之心人皆有之”，一方面又有从“低俗”中获得心理刺激与满足的需求。我们是靠迎合人性中“俗”的一面来达到营销的目的，还是靠迎合“美”的一面来打造品牌，这是一个关乎企业世界观和价值观的大问题。每个企业都应该认真、正确地予以对待。

《人民日报》在针对椰树集团广告事件所发布的评论中强调：“低俗广告或可在短时间内带来流量、销量，但以透支企业形象为代价，长远看无疑是难以承受的负担。”真正优质的广告和创意，不是靠低俗来换取“一锤子买卖”，而是通过广告把企业的理念、价值、文化准确地传递出去，换来消费者的长久认同和青睐。

创立小霸王和步步高的段永平有一个“发现”，就是那些“做错的事情”的人和公司，往往在侥幸活过来后还会继续“做错的事情”。对此，他认为：“其实每个人都有一颗投机的心，所以才需要信仰。我对信仰的理解就是‘做对的事情，把事情做对’，或者说知道是‘不对的事情’就别做了。”因此，他特别强调：“在原则性问题上，不能脱离事物的属性，对就是对，错就是错，是非不应该给利益让路。”

除正确的价值观，品牌的美感还体现在一个具有美感的名称和形象。综观中国传统品牌的命名，大多采用“福、庆、德、泰”等代表着中国人对美好生活向往的字词，如全聚德、隆庆祥、瑞蚨祥、盛锡福、谦祥益、老美华等。将自身的产品与美妙的意象联系起来，这样在激发消费者对品牌产生积极的联想的同时，增加审美的认同性。传统品牌也重视语言所代表的意象美的产生。如“张一元”的“一元”取“一元复始，万象更新”之意；“同仁堂”中的“同仁”源于《易经》，意为和同于人，宽广无私；“丰泽园”很容易让人联想到菜品丰富、味道润泽。

西方的品牌非常注重名称的意境之美。例如，油漆匠的儿子、后来的“POLO 品牌之父”拉尔夫 · 劳伦曾经为他的油漆产品取了诸如“绿色烛光”“棕色小溪”“金色城市”“蓝色衬衣”等名字，使这些产品的名字具有美感而与众不同。当前，越来越多的洋品牌在进入中国市场时，放弃了以前直接音译的命名方式，更多地选择利用汉语的文字之美来为自己的品牌命名。如全球著名的民宿网站 Airbnb 将自己的中文名定为“爱彼迎”，是为了传递“用爱彼此相迎”之美意；瑞典享誉全球的家居品牌 IKEA 译名为“宜家”，这一译名取自《诗经》“之子于归，宜其室家”，极具中国传统文化之美，表达了人们对美好生活的向往之情。

俗话说，人配衣服马配鞍。对于品牌来讲，除了产品的科技性、易用性和艺术性之间的和谐共生之外，还注重体现产品的外在美。产品通过具有美感的包装带给消费者良好的视觉体验，通过艺术的渲染引发消费者的审美共鸣，进而形成消费者对产品的最初感受和第一印象，而这恰恰决定了消费者下一步触达产品的兴趣和冲动，最终影响消费者对新产品的购买意愿。

尼尔森《2019中国消费市场十大趋势》调查发现，64%的消费者会根据包装决定是否尝试新品，新包装刺激消费所产生的投资回报率是广告投入的50倍。有观点认为，如果品质是90分，那具有质感、美感和品牌调性的包装，是为产品补齐最后10分的关键。的确，从上海女人面霜包装上手持琵琶的“绝代名伶”，到片仔癀皇后牌珍珠膏净白“小瓷瓶”，再到百雀羚铁盒雪花膏上的灵动雀鸟，等等，这些独具标识性和时代美感的产品包装，为产品的物质美增添了许多视觉的美，而成为一代人的美好记忆。

对于新消费品牌，包装、设计的不同是必需的，也是显著的。“外表决定了我是否要了解内在”，这句话更适合于面对新品牌的新一代消费者。今天，各大商家比以往任何时候都注重并善于通过产品外观设计彰显品牌，来引发消费者的关注和共鸣。花西子最先吸引消费者的就是它精心设计的外包装，无论是眼影盘还是口红或周边，都做得十分精致。各式礼盒国风浓郁，精美又不艳俗，都是经过了透彻的研究和精心的设计。

美是有强大的驱动力的。新消费品牌正是通过产品美、包装美来提升品牌整体的品位，提高社交成图率（即每100个购买产品的用户，有多少会自发地拍照分享），通过KOL和用户的社交分享来提升品牌的知名度。

日本品牌非常注重产品的包装之美。注重自然材料的选用、手工工艺与材料的协调，包装中体现的聪明才智、艺术情感，以及展现的从最简单的自然因素中创造美的能力，构成了日本馈赠礼品的艺术特色。比如，日本人用稻草包裹蛋，干鱼用绳子捆，米饼周围缚以栎树叶子，糖果蜜饯用竹篾或者竹条编的篮子盛放，在豆腐四周饰以木兰叶子，这些包装元素增强了产品的自然美感。传统的日本人还会用一块方巾包一件简单的物品，这也体现出送礼人的美意，并表达了对别人的尊重。

我们再来说说品牌产品本身的审美表现。

先看苹果，苹果当初能够起死回生乃至走向巅峰，乔布斯功不可没。乔布斯受印度佛文化“不立文字，直指人心”的影响，赋予苹果品牌顶级艺术品位及审美。苹果手机一直以来都在追求“科技 + 人文 + 艺术”的完美结合。乔布斯对产品工业设计完美主义的极致追求，帮助苹果公司创造出简约素雅的 iPhone 等系列产品。包装设计则要让消费者在打开的过程中产生愉悦的仪式感。

随着社会的发展人们需要的东西越来越多，进而人们需要应对的东西也越来越多，直至形成很大的负担。那么，如何让人们更好地操控这些看上去繁复的东西呢？乔布斯给出的答案是：将许多功能结合、整合到一起，简化、简化、再简化。这是乔布斯在印度获得的美学启迪。

在产品线管理上，乔布斯也追求极简美学。苹果每年只推出 1 ～ 2 款产品。靠这 1 ～ 2 款产品的极致打造，实现乔布斯“发现不完美，然后创造美”的审美理想。在外观设计上，苹果产品光滑、简洁、流畅、干净，拥有金属陶瓷般的质感与极简的按钮……此外，更是推出了白色的设计、白色的链接线，这都是对“黑色电子产品”认知的颠覆，为电子产品开辟了一条新的审美主线，创造出一种独特而令人着迷的美感风格。

歌德说过：“凡是真的、善的和美的事物，不管它们外表如何，都是简单的，并且还是相似的。”正所谓大道至简，大美也同样是至简的。苹果的这种极简理念正是通过对艺术的深刻理解而呈现的。在苹果大学的培训中，老师就是通过讲解毕加索的公牛系列绘画来诠释这种理念的内涵。

毕加索在 1945 年年底，在一个月内画出了 11 幅公牛图。早画的公牛有口鼻、肩膀和蹄子，但是随着一次次的再创作，这些细节渐渐消失了。最后的画是由寥寥几笔构成的曲线形状，但仍能看出是一头公牛。苹果的“极简设计”理念与此相同，即“直到可以以一种简明扼要的方式传递必要的信息”，在苹果的设计师看来，“这就是苹果品牌的所在，我们为之努力的一切”。

在宜家的价值体系中，产品的美不仅体现在艺术呈现上，还体现在人文关怀上。在宜家提出的“民主设计”五大元素中，除了“美观”，还有使用、优质、可持续性、低价这些充分优化消费者体验的设计要素。这就对设计师提出了很高的要求。因此，宜家卖场的每件产品背后，都有成千上万被淘汰的设计想法。

在世界各地都有宜家的设计师，他们常常会走进当地人的家里，甚至会花几天时间同他们一起生活，观察他们的生活状态与家居空间之间的关系。例如，单身、二人世界、三口之家、家有婴儿和读书的孩子，甚至是空巢家庭，每一种生活形态都有其特别的需求。工作状态也会对家居空间有特殊的需求，例如开夜车的出租车司机需要一个能在白天暗下来的卧室，而在家办公的人会倾向有一个精致的厨房。

对于厨房，不同的城市也有不同的状态。例如，在成都，很多家庭的阳台和厨房面积较大，展间里就做成大阳台和大厨房；而在天津，阳台和厨房常常连在一起。针对这些情况，在宜家的卖场里就会提供相应的解决方案。

为了实现设计“五要素原则”，宜家会先核算成本定价签，然后在用户体验需求的指导下，设计师会走访各地的工厂，寻求能将这些想法付诸实际的供应商。例如，在选择斯格帕椅子生产商时，宜家花几个月时间寻找工厂无果，经过对椅子进行分析之后，找到一家生产塑料碗和塑料桶的厂家来生产这种椅子。结果是，成品比设计的线条还要简洁优美，同时成本和功能都得到了保证。

2005 年，三星在新款电视机上加了最先进的技术，但销量还是越来越差。后来，三星的销售团队通过调研发现，电视已经成为家庭装饰品之一，而女主人越来越多地参与电视机的购买，她们对电视机的外观有许多不满意，她们想要时尚、漂亮的电视机当作时髦摆设。于是，三星聘请了北欧杰出的家居设计大师对产品进行重新设计，将屏幕蓝光改成温暖柔和的间接光源，将电线、按钮这些碍眼的东西隐藏起来，将四四方方的线条改成了动感的曲线。

随后，三星又推出了全新环境屏功能和“息屏美学”模式，即在观看电视时，能够自动识别电视所处墙壁的颜色与图案，并与室内环境进行匹配，呈现优雅而近乎透明的屏幕画面，让电视“隐身”在背景环境中，不存在丝毫突兀感。在不观看电视时，能够显示包括交通、天气和新闻在内的各种信息，让奔波忙碌的都市人士在有限的时间里充分享受产品与环境、时尚与艺术和谐相处的美妙生活。

值得一提的是，近几年火爆的新消费品牌，在它们众多的出位元素中，产品外观形态、包装设计的与众不同功不可没。无论是三顿半的7个小杯子，还是钟薛高的瓦片造型，抑或是花西子的百鸟朝凤，都为社交互动和品牌“种草”立下了汗马功劳。如此一来，对美的极致追求让美感拥有了价值感，让美观成为竞争力，这为品牌发展带来了新的机遇，为品牌营销提供了更多可能，特别是让消费者与品牌在对过眼神儿后能够“一见钟情”。

最新的调查数据显示，在“Z世代”年轻人的驱动下，消费理念的改变具体表现为，消费者对于品质的需求上涨了3倍多，个性需求上涨了近5倍，而在“新的审美需求”这个维度上足足上涨了5倍以上。这进一步说明，品牌美学已经成为品牌制胜的重要支点。

我们还是回到新消费品牌，以“完美日记”为例，看看这些风靡一时的新品牌们是如何演绎品牌的艺术之美和自然之美的。

在完美日记以艺术诠释品牌之美的历程中，我们会发现，那些世界著名的博物馆都成为这段历程中的一个个令人心动与心驰的站点。第一站：大英博物馆。完美日记利用 Majolica 陶器的元素作为图案的灵感推出了一款联名眼影，目的就是通过色彩的碰撞，将艺术代入生活，为消费者带来了全新的美妆体验。

第二站：大都会艺术博物馆。双方联袂推出皇家口红系列，灵感来自大都会艺术博物馆的经典画作——洛可可的《情书》、《格兰特夫人》、《维多利亚女王》和《拿破仑一世肖像》。设计师从名画中提取色彩和时尚元素，并将其融入口红的设计中。

同时，邀请著名时尚摄影师陈漫与品牌唇妆代言人朱正廷为这一站的“小金钻”口红联手打造皇家坎普主义的主题大片，与 *VOGUE* 时装杂志一起引领时尚风潮。

在演绎品牌的艺术风的同时，完美日记在大自然中捕捉美的灵感。与 Discovery 联名，以其镜头下野生动物的眼神为灵感，创作“十二色眼影盘 · 猎我所见”系列；与探索频道合作推出“探险家十二色动物眼影盘”；与《中国国家地理》联名推出“幻想家十六色眼影盘”，灵感源于中国景观地貌配色方案，诠释自然灵动色彩，演绎大地艺术纹理。该系列在全网曝光超过 4 亿。与国际知名导演岩井俊二的合作，共创浮光系列香水“白日梦”。这款以淡雅甜美为基调的淡香水，其灵感来自光的治愈感，主题就是“遇见美丽 · 治愈”。

其实，不只是新消费品牌，传统品牌也在美的方面开始大放异彩。例如，在巴黎时装周上，国牌“李宁”带着体操服和汉字等元素加持的 2019 春夏系列强势袭来，产品不仅受到国内市场追捧，也在海外市场大放光彩。再如，故宫凭借着高“颜值”雪糕，不仅引发人民网、新华网，以及各路大 V 们纷纷转发，而且成为网友们合影打卡的“爆款”。同时，故宫与农夫山泉携手，推出生肖纪念款的“金猪套装”高端水，金猪的瓶身插画精准描摹了中国家猪的形貌特征，同时糅合了家的精气神。一经推出，广受好评，赚足了人气。

目前，品牌美学已经成为一门相对成熟的学科。New-E 卓越智能营销集团创始人、国际 ECI Awards（艾奇奖）执行主席贾丽军博士早在 2006 年便在《创意经济与品牌美学》一文中首次提出“品牌美学”的理念，并认为：“品牌美学是品牌规划、设计和传播领域的具有普遍美学规律的新兴学科，主要包括品牌美的哲学、品牌审美心理学和品牌美学的应用。”

2009 年，贾丽军博士在《“品牌美学”定义演变与研究意义》一文中对“品牌美学”进行重新定义：“品牌美学是品牌与受众通过品牌符号、感性体验的审美互动而实现品牌审美溢价价值的品牌传播理论。”这一定义进一步明确了品牌美学的三大要素，即符号化传播、感知体验和审美互动；同时强调了品牌美学是以实现品牌溢价为目的，是一种为实现品牌审美溢价价值的审美营销。

有的品牌之所以伟大，是因为它所传递的是美感，表达的是美意，抒发的是美好的祝愿。未来的品牌要更好地把握消费者的审美需求，确立符合品牌定位的美学主题与风格，充分利用美学元素营造独特的审美意境和沟通环境，用真与善来彰显品牌传播中的内容美学，来不断地提升消费者的审美体验和品牌价值。要想做到这一点，就要始终有一颗追求美好的初心，肩负起创造美好的使命，这才是一个伟大品牌的基因与血统。

正如一篇题为《改变世界的不是枪炮，而是我们内心的审美品位》的文章所指出的：艺术审美品位潜藏在消费者人性中，人性往往会对原有产品和消费产生厌倦，甚至反应淡漠，这就是“消费滞涨”。消费者又会因新的品位而喜欢新的产品、新的生活方式，进而更换其他产品，甚至导致一个新市场的诞生。因此，艺术审美品位可以成为刺激商业经济的新增长点，可以改变、造就新的生活方式，扩展新消费链条。

古罗马哲学家西塞罗曾说：“我对于事业的抱负和理想，是以‘真’为开始、‘善’为历程、‘美’为最终目标的。”其实，对于企业家，对于品牌的创造者，也一样要有这样的初心、这样的使命。

第七章

价值构建从品牌战略开始

如前文所述，品牌的内在本质是要满足人性需求，而发展规律是价值、利益、心智和关系四大要素的集合。因此，品牌的价值本原与规律就是“一个核心、四个基本点”，即以人性需求为核心，以价值与利益、心智与关系为四个基本点（见图 7-1）。通过打造自身独特的价值来为消费者输送更多的利益，通过品牌形象与传播影响消费者的心智，进而与消费者建立起互相信任和依赖的亲密关系。

图 7-1　品牌“一个核心、四个基本点”模型

品牌价值与消费者利益首先是源于对消费者问题与需求的洞察，源于对自身优势与竞争状态的认识，源于对从价值到利益转化逻辑的研判。这正是品牌系统性建设中规划体系的三大任务：对战略机会的判定、对市场空间的界定和对价值共鸣的确定。

机会与空间——品牌规划的两大坐标

判定战略机会，界定市场空间，前者是反映生存环境的横坐标，后者是体现生存能力的纵坐标，其交汇点就是我们“应该做什么”“可以做什么”的答案所在。

现代营销学之父菲利普·科特勒曾说："品牌营销是一套完整的客户价值创造体系，它的本质是市场驱动型战略。"从《品牌系统性建设：沿循消费心理与行为的轨迹》一书开始，我们就在强调，品牌建设必须要按照系统性的路径来展开。笔者在中国广告协会官方杂志所开设的《品牌关键论》专栏的开篇文章就是以"品牌建设为什么要'系统'"为主题。

毋庸置疑，世上万事都是"不简单"的，因为所有事物都不会是由一个要素构成的；同时，我们对事物的认知也是"不简单"的，因为从点到线、从面及体，所有事物都不会是一个维度的呈现。那么，我们如何理解人类事物的"不简单"呢？

笔者认为，事物的复杂性往往体现在它的系统性上，即所有事物的构成与演变都是基于其内在的逻辑性和外在的关联性。"内在逻辑＋外在关联"——我们称之为系统。

人类对事物的认知就是从一般的经验或知识，到内在逻辑与外在关联，再到固有本质与发展规律，是一个从简单到复杂再到简单的过程，这个过程本身也是一个认知的系统。不只是认识论，方法论也是一个系统。从方向开始，到路径，再到方法，直至工具，这中间会受到内在逻辑与外在关联的要素的影响，如图7–2所示。

图7–2 方法论"四要素"模型

例如，中医学的理论与应用体系概括为"理、法、方、药"四个维度，"理"指引着对某种疾病认知的方向，"法"则是诊治这种疾病的路径，“方”就是与这种疾病所对应的药方，即方法，而“药”就是工具。

万物皆系统，品牌也不例外。人们对品牌的认知也是经历了一个从简单到复杂再到简单的过程。

很久以前说，产品即品牌。后来又说，渠道就是品牌。再后来又说，广告即品牌。

当然还有“4P”理论、USP理论、定位理论、STP理论……从生产导向到产品导向，从产品导向到用户导向，从用户导向到竞争导向，最终又回到用户导向，世界营销的百年历程一直在反复探寻真正能够撬动品牌的那一个个“支点”。

在今天，一些用生产要素去评价可以获得近乎满分的产品，历经10年的苦心经营，却始终没有实现它原来的市场预期；还有狂砸几十个亿、铺满大街小巷的产品，最终依然是铩羽而归，黯然神伤；还有那些以巨额的广告投入以期赢得消费者心智、获得高附加值回报的品牌，一旦其产品力被竞品超越，便被消费者瞬间“抛弃”。

由此可见，无论单点的营销支撑曾经多么强大，似乎都无法为品牌长期赢得消费者的心智。这是因为不管是产品为王，还是渠道为王，乃至信息为王，它们都有一个共同的特征，就是引导消费者去找产品。今天，已经进入消费者为王的时代，它让营销进入一个从来没有过的时代——产品找消费者的时代。

这个时代具有两大特征：一是产品极大丰富，二是消费者有了更多的选择。由此，品牌走过了创造价值，向消费者传递价值、输送利益，进而与消费者构建起互信、互惠的关系，完成产品与消费者之间的从认识到认知、由认可到认定的心智历程，让消费者信任你、选择你、称赞你、忠诚你，最终为企业带来高附加值、可持续的市场转化。

品牌这个与消费者“交心”的过程，已经变得不那么“简单”。因此，品牌的建设也随之进入一个系统性的阶段，即以与品牌能力相关的各大要素为内在逻辑，以消费心理与行为的轨迹为外在关联，对品牌进行系统性的建设，以期为企业带来高附加值、可持续的市场转化，不断提升品牌资产的水平。

我们一旦将这个伟大的“系统”梳理清楚，它必将会引领我们越来越接近品牌的内在本质与发展规律，从而提升我们系统性认识问题的能力与系统性解决问题的能力。

毕竟，方向对了，速度才有意义。

消费者作为人，必然会受心理支配。心不动，风如何动，幡又如何动？从满意到喜欢，从信赖到忠诚，直至信仰，受活动心智的驱动，消费者最终与品牌相随、相伴。然后是知行合一。先了解再取信，而后是尝试购买、重复购买（买了还买）、高价购买（不买不行），乃至推荐购买（一起来买）。其中，品牌必须要做到的，就是持续驱动消费者使其与品牌共赢互利、一路同行。

为了达到这个目的，要从消费者心智的根本出发——人性需求。这是因为所有的交易都源于需求，只是人类的需求有着高低不同的层次，不断地使之得到满足，便是品牌定位的落脚点和品牌价值的出发点，也就是我们要“卖什么”的那个“卖”点。

“卖什么？”“卖给谁？”后面，便是“怎么卖”？其实也很简单，就两条：“卓越的产品品质＋亲密的用户关系”。正如对“品牌”的解析：“品”代表功效与安全，“牌”代表形象与关系。

对以“用户亲密”为导向的“产品卓越”的打造，需要一个从战略到文化、从研发到生产、从管理到营销的全位、全程、全员、全心的内部支撑体系，不然，无论是“品质”还是“关系”，都将是一纸战略和一句口号而已。

有了卓越的产品，我们就要去跟消费者建立“关系”。这种关系的建立一定是要沿循消费心理与轨迹。

首先，要让消费者知道你、了解你。

先得有个自我介绍，或是毛遂自荐，告诉人家：你是谁，你跟别人有什么不同？你能做什么，能给人家带来什么？前者是品牌定位，后者是品牌价值。合二为一，便是品牌的内涵所在，内涵体系所表达的正是品牌的承诺。

围绕品牌内容，我们要先塑造一个至少是“看上去很美”的形象。就像是相亲，先得准备一张靓照；就像是应聘，先得准备一份简历。对此，我们首先要构建品牌的形象体系，然后整装待发。

无论是相亲的见面，还是应聘的面试，其实都是一个形象的传播过程。不然，人家又如何知道你、了解你，如何选择你。于是，我们要打造品牌的知名度和认知度。

那么，了解了、认知了就万事大吉了吗？不一定！因为如果没有信任，又如何“敢”对你委以重任或托付终身。因此，品牌系统性建设的下一步，就是要打造品牌的信任度。

在认识、认知、认可的驱动下，“你”会成为最终的那个“选择”。后面的问题，便是要将品牌价值一天天地延续下去。对于消费者，就是如何才能让他们一买再买，总是会买？那一定是在“选择”后的岁月里，消费者对“你”的表现很满意，甚至很喜欢。

于是，品牌的营销开始“登场”了。它的首要任务就是打造品牌的美誉度，来驱动消费者的重复购买。当产品涨价了，或推出更为高端的产品了，如何让消费者还能买？这就是品牌忠诚度的任务所在。

至此，品牌的溢价开始形成，消费者可以为品牌支付“超常”的费用，为企业做出更为突出的财务贡献。最后，品牌的有形资产与无形资产的水平便可以得到提升。从规划到内涵、从形象到传播、从营销到资产、从管理到支撑的品牌系统性的八大体系，它们的任务就是帮助品牌完成通过广泛而深入的认知转化实现高附加值、可持续的市场转化。这是品牌的自身逻辑。

必须要强调的是，我们对品牌的认识一定不能局限于自身逻辑而忽视了外在关联。企业如果关起门来做事，就叫作企业；只要打开大门做生意，就是品牌。因为打开大门就意味着要与外界产生联系，就要形成关系。品牌所代表的、所体现的就是企业与外部的关系。那么，未来将这种关系处理得是好还是坏，是长还是短，是强还是弱，是亲还是疏？这是关乎企业生死存亡的命题，它决定了企业发展的方向和路径。

因此，品牌对于企业是底层的代码，也是最重要的战略。

品牌是战略，这一点非常重要，也是亟待让大家认识和认同的重要理念。因此，在拟订《品牌关键论》专栏的第二篇文章的标题时，笔者用了一个重复句——“品牌是战略，品牌是战略”，来引发和强化大家的关注和认知。

管理大师德鲁克曾经指出：“企业的经营理论由三个最重要的假设构成，一是对环境的假设——如何判定环境，二是对使命的假设——如何判定自己，三是对能力的假设——要完成使命必须具有的核心能力。”上述观点与品牌系统性建设体系的品牌规划三大任务高度一致：判定战略机会，界定市场空间，确定价值共鸣。

其中，企业制定战略的目的与意义是为企业发展确定方向。在方法论体系中，方向是第一位的，后面是路径、方法和工具。战略确定的方向，规划明确的路径，这就是品牌系统性建设体系中的“品牌规划体系”的要素所在。品牌系统建设就是要以战略为起点，以资产为终点。

然而，在传统的品牌方法论的体系中，我们却总是将品牌放置在“方法”和“工具”的层级，而非“方向”和“路径”上，因此品牌很少能够登上战略的“大雅之堂”。许多企业家对外往往将品牌奉为“厅堂之鼎”，对内则视为“厨房之具”。

毋庸置疑，企业经营的终极目标是要盈利，利润来自市场，而市场是由消费者构成的。利润的多少与高低都取决于消费者的认知与选择。如果从目标导向、结果导向来倒推的话，那么如何影响和改变消费者的认知和选择，进而为企业带来很好、很高的市场转化，最终通过提升市场溢价来提升利润率，为企业带来高附加值、可持续的发展——这便是企业发展战略的起点和终点。

品牌既是那个撬动消费者认知和选择的“支点”，也是那个连接企业战略的始点与终点的“桥点”。因此，如何做好品牌，便是企业最大的战略，以此来指引、指导、指挥企业从研发到生产、从管理到营销，乃至投资的全过程。

特别是在今天，市场的话语权、决定权已悄悄地发生转移，由生产端向消费端转变。以往都是先有工厂（产品与成本），后有市场，由工厂决定市场；现在是要先有市场，工厂才会有价值。“春江水暖鸭先知”，对于中国的市场，这个“鸭”就是互联网企业，就像小米旗帜鲜明、坚定不移地喊出“因为米粉，所以小米”的品牌主张。

当企业的命运更多地掌握在消费者的手中，当消费者的心智资源逐渐成为企业的核心竞争力和持续发展力的时候，企业战略的导向必然要随之而改变，毕竟无论多么完美的产品都需要通过品牌来实现由价值向价格的高级转化，从而为企业带来高附加值、可持续的未来发展。

如此一来，以贴近消费者的问题为导向、以满足消费者需求为支撑、以创造消费者价值为核心、以输送消费者利益为根本的品牌战略将主导企业对未来“做什么，不做什么”的方向性考量。正如天猫总裁靖捷所预示的：未来的商业一定会回归到零售和品牌的本质，品牌跟消费者之间的关系，是所有业务的基础。如何快速地提升转化率、客单价、复购频率？要彻底地解决这三个问题，方法只有一个：系统性构建你的品牌逻辑。

因此，在品牌系统性建设体系中，以市场要素为评价标的的外部战略与以生产要素为评价标的的内部战略，共同构成企业战略。用外部战略来为企业判定战略机会、界定市场空间、确定价值共鸣，最终决定其发展方向；用内部战略来解决实现上述战略方向的路径，构建能够满足这个战略方向的能力。

哲学家韩非子曾说:“世易则事异，事异则备变。”意思是，世道变了，事物就不一样了，后面的事情就是要做好应变的准备。那么，在消费者为王的时代，我们应该朝哪儿变？如何变？怎么变？这是时代赋予我们的命题。

首先，要改变对消费者的角色认知。在以往，传统企业与消费者之间关系的建立是置于产品研发、生产、销售之后，即企业获得利益之后的。消费者仅仅是销售利润的提供者、售后问题的提出者和经营成本的构成者。因此，消费者并不具备企业战略的地位与角色。

今天，企业与消费者之间关系的建立是置于产品研发、生产之前的。消费者的身份已经转变为产品需求的提出者、商业价值的共建者和销售利润的贡献者，他们已经变成平台价值的支撑者。因此，让消费者成为品牌的共同主体，让消费者资源转化成企业资源，便成为企业必须要完成的观念转变。这种转化的效率、效果与效益将直接影响到企业的战略目标的达成，也必将成为企业赢得竞争、保持发展的杀手锏。最为重要的是，要通过对消费者的问题与需求洞察，来为企业的未来发展确定战略坐标。

总之，未来企业的竞争力更多地会表现在与消费者的亲密程度上。这就要求企业要摈弃固有的思维模式，放下身段，愿意并且善于从对消费者的全面而深入的洞察中，让品牌能够从价值中获得价格，从对消费者彻底而真诚的关系构建中，让品牌从尊重中获得尊严。这一切必须是以让品牌成为企业的核心战略为前提，必须让品牌成为企业竞争力构建的最高标准，必须让品牌成为企业经营价值的最终体现。

品牌是战略，让我们一起铭记！

在品牌系统性建设体系中，品牌规划体系的应用模型有三大要素与坐标，也是品牌战略规划要完成的三大任务，即判定战略机会、界定市场空间、确定价值共鸣（见图 7–3）。其中，战略机会与市场空间是两个前提性的要素，也是价值共鸣的坐标。

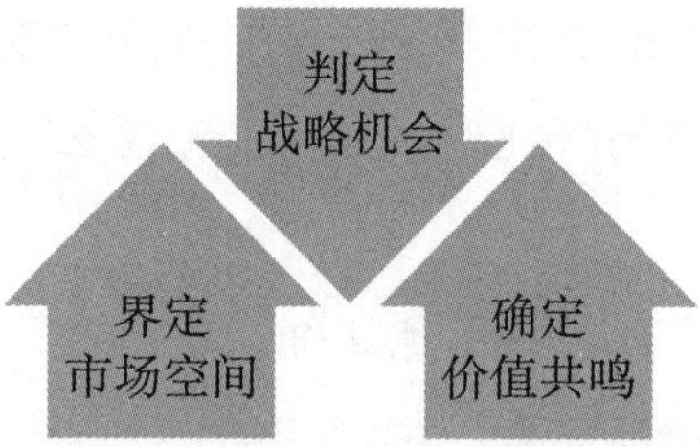

图 7–3　品牌战略规划的三大任务

品牌战略规划体系的第一个要解决的问题就是“判定战略机会”。这种判定是基于两大维度，即围绕人、社会和行业的问题和需求。这是因为所有的机会都源于需求，而所有的需求都源于问题。

首先，对战略机会的判定一定要紧紧抓住“人性”这个“牛鼻子”来展开。这是因为人类社会的发展，归根结底是靠人性的需求来推动的。因此，对战略机会的判定一定要紧紧围绕人们的“痛点”问题与“刚性”需求来展开。借此，才能辨别出机会的真伪。比如，中午饿了，想买包子充饥。排到队后被告知，包子卖完了，有馒头买不买？如果不买，就说明吃包子是你的“刚性”需求；如果买，就说明吃包子并不是你的“刚性”需求，而解饱才是。

在战略机会的判定上，我们还要密切关注社会问题。社会问题具有两大特征：一是覆盖层面广，影响人群多；二是延续时间长，无法快速解决。由此，它所带来的战略机会也就同样具备了两大特征，即在空间上目标人群的规模会很大，在时间上需求的生命周期会很长。这就决定了战略机会的大与小、长与短，因此至关重要。

比如，如果我们准备开发儿童健康食品这个市场，就要先从问题出发。那么，产品研发的方向与儿童健康问题之间的对应性如何来判定呢？答案很简单，在百度上搜索“儿童健康五大问题”，结果马上就呈现出来：龋齿，肥胖，近视，上呼吸道感染，消化不良。通过食品而非药品来防治这五个问题，恰恰会成为家长们的“刚性”需求。

人类在需求层面上，一般有以下几种情况。

(1) 普遍性需求：对应较大规模的人群——大众需求。

(2) 必要性需求：痛点问题，雪中送炭——刚性需求。

(3) 持续性需求：具有长时间需求周期——长期需求。

(4) 特殊性需求：个性定制，锦上添花——高端需求。

这一点，供大家在进行战略机会判定时参鉴。

在当今这个快速变化的时代，市场机会的变化其背后其实就是人们对产品在需求层次上的不断递进。这正是源于对人们需求层次的递进性满足，基于此才会为后来者提供无数的战略机会和市场空间。正所谓打败我们的不是对手，是时代，而时代的背后是价值的创新与创造！

必须要强调的是，人性的需求永无止境，时代的发展永不会停步，战略性的机会永远会存在。2019年年底，在广告人的圈子里有这样一篇文章《2019，广告人太难了》。的确，随着媒介的多元化和信息的碎片化，传统广告的效应“每况愈下”，同时，广告主的预算一再地紧缩，这无疑使得广告人的生存面临了很大的问题。

然而，这并不代表企业在品牌传播和产品推广上没有了需求。只是这种需求已经从简单地通过广告打造品牌的知名度和影响力发展至需要形成一定的行销力。许多的媒体还依然停留在单纯靠卖资源的营销阶段，许多的广告人还停留在只管过程不管结果、将广告投入的风险全部推给广告主的经营模式中。

从企业的属性来看，企业要想从市场中获得利益，就一定要进行产品推广和品牌传播。从品牌的职能来看，品牌价值与意义就在于通过广泛而深入的认知转化，进而实现高附加值、可持续的市场转化。因此，从市场竞争的角度看，企业永远不会没有需求。同时，企业也永远不会拥有所有传播链和营销链上的能力与资源。

只是，人们的需求在随着时代和市场的变化而变化；只是，传统广告人的意识和能力已经无法适应这一系列变化而已。

判定战略机会的意义就是帮助企业能够预见和把握未来。正如被誉为“欧洲最伟大的管理思想大师”的查尔斯·汉迪所强调的那样：“在第一曲线到达巅峰之前，找到带领企业二次腾飞的‘第二曲线’，并且‘第二曲线’必须在‘第一曲线’达到顶点前开始增长，企业永续增长的愿景就能实现。”

不幸的是，许多曾经领跑的企业后来走向衰退乃至死亡，核心原因就是它的增长曲线永远停留在“第一曲线”上，诺基亚如此，柯达如此，索尼也是如此。诺基亚是第一个研发智能手机的，柯达是第一个研发数码相机的，索尼是第一个研发 MP3 的，而恰恰是因为在面对“第二曲线”的机会时，或是不愿意放弃确定性的优势（诺基亚），或是不愿意放弃既得利益（柯达），或是不愿意走出舒适区（索尼），最终与新的战略机会“擦肩而过”，直接导致企业的衰退或崩溃。

总之，判定战略机会就是要沿循时代发展的方向，基于行业发展的趋势，聚焦社会、产业、用户的痛点问题和刚性需求，最终对新的战略机会完成客观的、全面的、动态的判定与判断。

品牌规划体系的第二个任务就是围绕优势与竞争界定市场空间。在判定战略机会之后，千万不要忘了界定市场空间。这是因为如果我们不能界定出真正属于自己的生存空间，即使是判断出战略机会，也与我们无关。

在品牌系统性建设的规划体系应用模型中，问题、需求、优势、竞争、价值和利益是六大核心要素。其中，问题与需求是战略机会判定的出发点，由消费者的痛点需求引导出市场的刚性需求，进而对战略机会进行判定；优势和竞争则是市场空间界定的承启点，以战略机会为坐标，分别以自身的优势与竞争的态势为横坐标与纵坐标，进而对在战略机会下哪些才是你的“菜”做出界定；最后，价值与利益是品牌规划的落脚点，就是在大的战略机会下，在属于你的市场空间中，你用什么样的产品或服务的价值来引发消费者的利益共鸣。品牌战略规划“六要素”模型，如图 7–4 所示。

图 7–4 品牌战略规划“六要素”模型

在界定市场空间时，有几个重要的问题必须得到重视。

第一，市场空间一定要顺应大的战略机会，也就是顺应时代、社会、行业的发展趋势。我们说，人类事物的底层代码只有两条，即人性特征和时代特征。前者是战略机会判定的基点，后者是市场空间界定的原点。

例如，以拍照的形式为自己留下倩影，为人生留下印记——这是人性的需求，不会因为时代的变迁而改变。然而，对拍照画面品质的追求，对拍照便捷性的追求，对拍照技术体验的追求，等等，是不会止步的，一定会随着技术的进步而不断获得满足的。

许多企业，特别是一些大的企业，面对时代的发展，尽管对战略机会做出了相应的判定，但就是因为没有及时地对自身的市场竞争空间进行调整，依然满足于自身的确定性优势，留恋于原有的舒适区，舍不得既得利益，最终走向衰败。

第二，要能够保持和延续自身的优势。2010 年，全球对摄影胶片的需求下降至不到十年前的 1/10。富士果断地放弃胶卷这棵“摇钱树”，然后基于在胶片核心技术方面的传统优势，重新洞察问题与需求，在电视、电脑、智能手机以及美容化妆领域为企业未来发展找到了新的市场空间。值得注意的是，富士放弃了胶卷的业务板块并不是放弃了在胶片核心技术上的优势，而正是保持并延续了自身的传统优势，由此才能够为业务增长迅速地找到并实现第二曲线的市场空间。

2021 年 5 月 24 日，华为发布了《关于华为不造车的声明》。这是因为华为在一段时间内的一系列举措，尤其是 2021 年与长安、北汽和小康汽车的“跨界合作”，让外界感觉华为在做下场造车的准备。其实，在新能源汽车这个非常巨大的战略机会下，华为始终坚守自己的核心优势，坚持在大机会时代不做机会主义。早在 2018 年，华为就明确了“不造车”的战略方向。

这是因为造车并不是华为的专长。汽车产业链远比手机长，汽车设计远比手机复杂；汽车对于安全、品质的要求比手机高，在部分领域，甚至达到航天级。华为能够造手机，并不等于华为能够造汽车。虽然在 5G 技术的加持下，汽车智能化、自动驾驶等技术有质的改变，可以成为华为进入汽车行业的切入点，但这依旧不能作为华为造车的理由。

对此，华为非常清醒且坚定地认为，积累了 30 多年的 ICT（信息与通信）技术能力才是华为强大且持续的优势。因此，为新能源汽车企业提供基于华为 ICT 能力的智能网联汽车部件，来帮助汽车企业造好面向未来的汽车，这才是真正属于华为的价值空间。如果华为始终聚焦在 ICT 技术能力的提升，不断地为中国的新能源汽车企业提供卓越的技术支持，中国的新能源汽车企业在参与国际竞争时就会拥有更大的主动性和持续性。从这个角度来看，华为不造车才是对中国汽车最大的支持与帮助。

第三，对竞争的客观认识和理性对待。在过去的不到一年的时间里，曾被誉为新零售第一股的永辉超市暴跌超 38%，市值蒸发了 386 亿元。其原因是永辉新零售门店的极速扩张，导致新零售业务成了最大的高额费用支出的黑洞板块，严重拖累了净利润的增长。

永辉云创作为永辉超市旗下的新零售业务主体，在过去数年间始终处于屡战屡败、屡败屡战的局面。以其旗下的超级物种为例，自 2017 年问世以来定位于“高端超市 + 生鲜餐饮 +O2O”的混合业态，以此来叫板盒马鲜生，结果却是连年亏损增加。

主要的原因，就是对竞争态势没有形成客观且清醒的正确认识。超级物种的主要竞争对手是盒马鲜生。相比之下，超级物种存在三大竞争弱势：一是缺乏在大数据、物流等方面的技术优势；二是虽然定位于高端市场，但相较于高端超市又难以做出具有自身特色的产品；三是性价比上毫无优势可言。人均六七十元一份的餐食对于绝大多数消费群体而言是不具备竞争优势的，即使是形成购买，也大多是浅尝辄止，不会构成重复消费。反观盒马鲜生，其门店里也不乏像谷田稻香、COCO 奶茶这样低单价、高频次的饮食品牌。

20 世纪五六十年代的美国，摩托车市场的 70% 都被哈雷 · 戴维森这个品牌所占有。日本本田要想进入美国的摩托车市场似乎没有可能。后来，本田避“重”就“轻”，避开被哈雷 · 戴维森强势占据的重型摩托车市场，而是开辟出轻型摩托车的新市场。以前大型、笨重、昂贵的哈雷 · 戴维森牌摩托车使许多人都只能望“摩”兴叹。本田生产的摩托车小型、轻便、便宜，特别是价格仅为当时美国大多数摩托车的 1/5。本田正是通过差异化竞争的方式，迎合了大多数消费者的需求，为他们提供了截然不同的选择。本田又通过一系列有效的营销措施，使其在美国市场的占有率从 0 飙升到 80%，从而成为美国摩托车市场的新王者。

在对自身优势与竞争态势的判断和对待上，还有一点值得注意，就是市场的边界性，这是笔者为什么在市场空间这个问题上用了“界定”这个词语。因为对于任何一家企业或一位企业家，在资源、能力的优势方面都是有边界的。

正如笔者在吉林森工集团的泉阳泉品牌做培训和咨询时所总结出的“三年巨亏 40 亿 ——恒大冰泉带来的八大启示”：战略——多元有风险，跨界须谨慎；目标——常识须尊重，规律不可违；品牌——背书有边界，价值无关联；价格——市场要调研，策略须落地；营销——购买需理由，心智有逻辑；渠道——终端要精耕，慢工出细活；团队——术业有专攻，隔行如隔山；时机——一步赶不上，步步赶不上。

在界定市场空间的核心要素中，资源与能力是决定品牌核心竞争力和持续发展力的两大要素。换言之，它们决定了产品或服务的品质以及市场拓展的规模。因此，品质与规模始终是企业发展的两大战略考量：一个是“体质”，另一个是“体量”。一家成功的企业一定要有底线思维和边界思维，前者代表品质，后者代表能力。如何正确地对待和处理两者的关系？这其中，有一个考量的重要维度，就是在针对产品或服务的“复制”中，品质可控的底线与能力覆盖的边界在哪里。

众所周知，茅台已经供不应求，以它的实力完全可以建造多个酿酒基地以达到市场需求，可是为什么它不这么做呢？最为重要的原因就在于即使你复制出像茅台酒业的产业资源，但绝对复制不出茅台镇得天独厚的自然环境资源，而后者才是正宗酱香酒的品质保障之根本。

说到这里，有一个人必须要提一下，就是前文提到的那位以小见大的“按摩小哥”。这是因为他给了我们一个很好的启示 ——底线思维与边界意识。

这位按摩小哥，即使到了很多熟客都是港台的大明星，预约的时间要至少从两周之前开始的地步，他依然坚守自己的这家门店，坚持不开分店。对自己的资源边界、能力边界、业务边界和市场边界有着清醒的界定认识。他对边界的坚守，其实就是对品质的坚守。

这是因为像按摩这样的“手艺活儿”，是缺乏可复制性的，这就决定了它的核心竞争力也是不可复制的。正如这位按摩小哥所言：“我不能保证这些徒弟能把精华全都学会，并且这些徒弟们去给我的熟客按摩，人家并不会买单，宁愿回头来找我。”这说明有禀赋、有经验的高水平按摩师是稀缺资源，一旦复制必然会影响到产品或服务的品质。难得一个按摩小哥竟然有这样的定力与境界。

面对市场需求的吸引，面对利润增长的诱惑，许多人都没有这份清醒与坚定。这位按摩小哥的师兄在上海开了 10 家分店，走上了扩大规模的发展之路。到头来，也只有他师兄坐镇的那家店能够盈利，他徒弟打理的店都是在亏损。无奈之下，他师兄开始拓展周边产品，如艾灸草、养生酒、通透粉等，统统摆上了门店的柜台。其结果便是，这些产品的品质比他徒弟按摩更是难以把控，这位师兄的 10 家连锁店如今还只有 3 家在苦苦支撑。

由此可见，在市场边界的拓展上，产品或服务的可复制性非常重要。不同的产品或服务其可复制性是不一样的。大生产模式下或互联网平台下对大规模复制的产品或服务相对能保障其品质，而有些资源性产品或服务，因受优质资源数量稀缺性的限制，不适合进行大规模的复制，一旦进行大规模的复制势必会影响到产品或服务的品质。因此，企业在客观地认识自身优势的时候，在理性地界定市场空间的时候，还是要懂得“力出一孔，利出一孔”的道理，尽量沿着自身的优势向纵深延伸，而不要超出自己的优势边界朝着横向跨界延展。

在竞争的应对策略上有一点非常重要，就是沿循自身的优势，然后根据竞争的态势，或在横向或在纵向上划分出新的品类，进而不断拓展市场空间的边界，形成差异化的竞争。只有这样，才能打破原有行业中的竞争态势，绕过原有产业霸主的认知优势，以新品牌“老大”的姿态赢得市场新空间，占据消费者的心智。

对笔者在品类竞争方面具有“启蒙”意义的是曾经的“五谷道场”方便面。当时，“康师傅”在方便面行业的龙头地位无法撼动，于是“五谷道场”就为自己划出了一个新品类——非油炸。将传统的强势品牌统统归纳到了“油炸”的品类阵营中，而自己成为“非油炸”这个新品类的“老大”，借此来获得竞争先机，为消费者留下先入为主的心智印记。

其实，早在1987年，作为营养液行业中的后来者，面对市场上有38种营养液，并没有在成人营养液市场去展开正面竞争，而是另辟蹊径，开发儿童营养液这个新的品类。还有大名鼎鼎的宝洁，它对中国市场的强势占领，用的正是品类竞争的杀手锏。

品类竞争策略永远不会过时。今天的“小仙炖”正是通过深度挖掘新消费人群的痛点，创新推出了鲜炖燕窝品类——鲜炖燕窝，既解决了干燕窝不知如何炖、不懂如何吃的痛点，又解决了即食燕窝不够新鲜的难处，还为自己在燕窝行业发展中开辟出“鲜炖燕窝”的新赛道，实现了品类创新，并成为新品类的代表品牌。

作为曾经的新型业态，互联网经济一直是在横向和纵向上“左右开弓”。一方面，基于传统产业的问题，在沿循人性需求不同层级的满足的基础上，不断向纵深发展。例如，在零售商业这个传统业态上，互联网通过进一步满足人们对便捷、实惠的需求来为消费者提供“电商”这个新业态。另一方面，围绕互联网自身的核心竞争力不断地向传统产业已经布就的“横向市场”进发，逐一在金融、交通、餐饮、娱乐等各个传统消费领域实现互联网覆盖与升级。

2021年3月底，雷军在自己的微博上官宣，小米董事会正式批准智能电动汽车业务立项。这个消息给火爆的新能源汽车市场又添了一把干柴。也许，就连“米粉”们也都要迟疑一下：小米，真的要造车啦？这一次，雷军是不是又在进一步证明他那个著名的“风口”论？

其实不然，小米造车恰恰是小米坚持长期主义的结果，是基于对未来市场的预判，也是在第一曲线增长的基础上为企业预设第二曲线。首先是对中国智能手机市场前景的判断，即市场空间已经触顶，很快就进入存量竞争时代。IDC 数据显示，2020 年全球和中国智能手机出货量分别同比下滑 5.9% 和 11.2%。同时，随着 5G 和物联网行业的飞速发展，继智能手机之后车联网必将成为物联网时代最大的应用场景。

据媒体介绍，早在 2012 年，小米开始在相关领域发力。从发明和申请了一种“控制汽车的方法、设备、移动终端及系统”的专利开始，小米便以车载服务为切入口，持续在车辆安全系统、车载屏幕、导航、无线通信、辅助驾驶、语音交互等领域进行技术布局。

到了 2019 年，小米更是将这种布局延展到了合作和投资的领域。除了与奔驰、蔚来和比亚迪在车载硬件、人机交互、车载服务系统等方面构建技术合作之外，还在电动汽车生产制造、汽车芯片研发、车载硬件、自动驾驶等领域展开了密集的战略性投资，其中包括众多的电动汽车产业链条中的头部企业。

由此可见，小米造车是在对新的战略机会进行判定的基础上，所做出的一个长远性的战略考量与布局，这分明是一个经过长期谋划而出现的结果，只是这种战略性的调整依然是在“安分守己”的范畴内进行的，依然是没有脱离小米一直构建的“手机 + 智能硬件 + 物联网”的智能生态系统。

经过多年的耕耘，小米构建起了从应用系统到智能手机，到延展的移动智能设备，再到智能家居平台的独立生态体系。基于对“小米 = 智能生态”的认知，小米与车联网之间的关联性还是能够被消费者所接受的，而不像恒大，因为无论怎样，房子与车子之间还是缺乏在认知逻辑上的强关联。

同时，小米近千家的线下零售终端早已对全国市场形成了多层级、立体化的网络覆盖。在未来的电动车渠道布局上，这些渠道优势完全可以被充分利用到车产品的销售中。原先销售的“手机 + 智能硬件 + 物联网”的智能生态系统与未来要销售的“汽车 + 智能硬件 + 物联网”的智能生态系统，在本质上并没有多少不同。因此，小米完全可以加速推广和拓展其销售业务。

这就告诉我们，在横向的细分品类上，还有很多的增量市场机会。在存量市场的环境下，横向的机会逐渐匮乏，企业在更多的情况下要由原先的追求宽度转为追求高度和深度，在纵向上形成一个连贯的价值体系，而非仅仅是横向的价值矩阵。在这个大原则下，不断沿着人性需求朝着更优质、更安全、更健康、更便捷、更舒适、更实惠的方向做纵深发展，向纵深处寻求“新”的增量市场。

因此，只要品牌解决了未被解决的痛点，对应了市场上细分的用户，企业就可以通过这个“痛点”挖掘、引导出所对应的新需求，进而打造出某种产品和服务的新模式。正所谓新品类演绎新价值，新价值输送新利益，新利益成就新领袖。

在对市场空间的界定方面，还有一个重要的因素需要重视，就是市场的厚利性。企业的发展一定是基于一定规模的市场占有率和一定程度的经营利润率，否则企业就无法获得可持续的成长与增长。从规模上无法实现满足市场需求的增长及扩大再生产，从竞争上无法长期而深入地投入技术研发或产品研发，最终使企业发展乏力而失去核心竞争力和持续发展力。

一般来说，要获得厚利性市场空间，无外乎两个条件：要么具有独特的价值创新，要么能够在总成本上领先。我们先举一个化妆品行业的反例:化妆品行业定倍率一般为 20 ～ 50 倍，是鞋服行业的 4 ～ 5 倍。那么，如此高的利润空间为何从没有诞生“世界首富”呢？原因在于化妆品在营销上花费巨大，极大地提升了成本占比。

因为成本居高不下影响其发展的还有共享单车。其一，共享单车行业的竞争，核心是市场份额的竞争。这期间要抢占市场份额企业必然要有持续大量的投入，这种状态还会保持一段时间。其二，共享单车存在明显的潮汐效应。比如上班时间段，单车聚集在写字楼、地铁站附近，下班时间段则涌向居民楼小区等地，这就要求企业增加大量的调度员、维修员，投入大量的运维成本。其三，随着规范监管的逐渐加强，共享单车行业的良性发展、精细化运营也需要行业运营商付出更多成本才能实现。因此，从最初的 ofo 和摩拜双寡头鏖战，到如今的哈啰、美团、青桔“三足鼎立”，整个共享单车领域深陷盈利难的旋涡。

价值创新与成本领先两者之间并不一定是对立的关系，也可以成为相互促进的关系，成本的领先不是靠降低产品或服务品质来实现的，而是依靠不断创新，通过新的技术手段和管理模式来降低生产或流通成本，进而实现在市场竞争中的成本领先。成本的领先会为企业带来相对较高的利润率，进而让企业有更多的资金投入价值的创新中。

按照上述路径，成本领先与厚利空间的通达路径是通过科技创新提升产业链精准水平与产品或服务效率、降低总成本，通过不断研发出能够满足更高需求、创造更优价值、赋予更多利益的产品，并持续优化品牌体验、增强美誉度和忠诚度、提升市场溢价能力来实现的。切忌以牺牲产品品质或消费者利益为前提降低成本。

企业无论是扩大规模也好，还是上市募资也罢，都是想获得更大的市场份额，获取更多的经营利润，其实这无可厚非，毕竟获取利润是企业经营的核心目的所在。毋庸置疑，品质是企业获利的基石，是品牌可持续发展的前提，因此也就是企业经营的底线。这是不以企业的意志为转移的，是人类趋利避害之天性所决定的。特别是在产品极大丰富的今天，品牌双方博弈的“天平”已经向消费者这边倾斜，市场经营也已经由“消费者去找产品”向“产品去找消费者”转变。

总之，对市场空间的界定就是将战略机会与自身的资源、技术、人才、管理等状况进行对照，界定出既符合自身优势，又能形成差异化竞争，最终能够给企业带来高利润率的经营空间。然后，在这个真正属于自己的市场空间里，探寻与消费者的利益共鸣，做好自身的价值定位，为与消费者建立良好的心智关系奠定坚实的基础。

大机会时代莫要机会主义

人得坐在物件上，别坐在手电筒的光束上。

——侯宝林

如前文所述，对战略机会的判断对应的就是针对社会及市场需求、行业发展趋势等这些与战略判断与决策相关的外部环境的假设，对市场空间的界定对应的就是针对自身使命、能力和优势等这些与企业经营要素相关的内部环境的认知，最终是企业以什么样的品牌价值与消费者形成共鸣，进而支撑自己入局，从而赢得竞争。

我们就以上述的认知逻辑来对照一下中国的新能源汽车产业，审视一下那些“造车新势力”们。

大机会面前趋利而至，10 年历程成果寥寥。当人类发展进入第二个千禧之年，一个新的产业机会在中国萌芽，接下来以惊人的速度迅猛发展。于是，许多的人和资本蜂拥而至。截至目前，我国新能源汽车相关的企业、存续企业共有 19.2 万家。然而，历经近 10 年的发展，“造车新势力”交出的答卷却难以说是令人满意的。

让我们再看看另外两组数据：中国汽车工业协会的最新数据显示，2020 年前三季度，新能源汽车销量为 73.4 万辆，占整体汽车销量 1711.6

万辆的比例仅为4.3%。在乘用车方面，据环球网报道，2020年前6个月乘用车终端保险数据显示，造车新势力里有“上险”数据的企业只有20家，总计销量为4.4万多辆，累计销量在三位数、两位数，甚至是个位数的也大有人在。

这使笔者想起任正非曾经说的一句话：“在大机会时代，千万不要机会主义。”大机会拥抱大情怀，有初心才能承担使命。“大机会时代”就是在人类发展进程的推动下，所呈现出的大问题、大需求和大趋势以及在这种大背景下所产生的发展大机遇。从品牌系统性建设体系的角度来看，其实就是我们所说的“战略机会”。毋庸置疑，大机会时代一定会催生出许多的机会主义者，并且是层出不穷。

为什么任正非会有这样的告诫？这是因为人们在大的战略机会的诱惑或驱使下，往往不是成为投机的机会主义者，就是成为冲动的盲动主义者。毕竟，时代所赋予的大机会往往会带来大机遇、大回报。

对机会主义者的鉴定首先要看他们的初心和使命，即德鲁克所说的“使命假设”。说到这里，笔者不禁想起那句耳熟能详的口号：“不忘初心，牢记使命。”为什么将初心和使命放在一起？这是因为使命大多源于初心，而初心往往正是你所要承担的使命。

然而，在成千上万的“造车新势力”中，有为数不少的企业原本就没抱有“振兴中国新能源汽车产业”的初心，也根本没有想过要承担起“造车新势力”的使命与责任。正如吉利董事长李书福曾公开表示的：“有些企业拿到了新能源汽车生产资质，却根本没有实力生产汽车，而是借着‘资质’四处去找投资。”

当然，新能源汽车领域的乱局远远不止“以照融资”这么简单。冲着补贴来的，有之；将生产出来的样车当礼物送，当奖品赠的，有之。显然，这其中的很多人和企业并不是想做中国新能源汽车产业的开拓者，而是想趁着大风刮起，去捡拾那些被风吹落的“钞票”，或想趁着风口到来时，让自己能够“飞”起来。

其实，在中国经济发展的每个阶段，在众多的行业中，大机会下的机会主义者层出不穷。让我们将目光回溯到2007年。那一年，分众作为第一家在纳斯达克上市的中国广告公司，成为一个划时代的标记。分众的传奇一下子激发了许多人的财富梦想。于是，很多人用原始资金去购买媒介资源，再通过概念和故事去吸引风险投资，然后开始做规模和业绩，实现上市，圈钱走人——这就是当时新媒体行业风起云涌背后的底层逻辑。

对此，一篇《爱情这东西我明白，但永远是什么》的文章发出了质疑。

“这厢，新媒体靠概念的炒作和覆盖的优势来把自己装扮成倾国倾城的娇娘，去吸引那些腰缠万贯的风投，而“风投”就好比彩礼，上市才是婚姻的主题。那厢，资本大鳄们纷纷一掷千金，在媒体美人面前似乎有用不完的家财。于是，优势覆盖，吸引风投，垄断覆盖，实现上市便成了许多新媒体对‘爱情’的期许和对‘婚姻’的展望。

……这符合媒体的内在本质吗？这遵循媒体的发展规律吗？……这种先圈地再圈钱，只热衷于资本运作，而不能潜心于媒体运营的媒体，它的前景到底在哪里？只偏重传播力，而缺乏影响力和行销力的媒体婆娘到底还能让媒—资联姻进行到多远？由资本催生的新媒体到底是天之骄子还是畸形怪胎？”

从普遍意义上看，“爱情”大多是短暂的，永远的是“婚姻”，是“生活”。“爱情”拼的是十几秒的百米激情，而“婚姻”生活拼的是几十千米的马拉松耐力。耐力源于实力，有实力才能有势力。时至今日，许多的“造车新势力”们才刚刚冷静下来——没想到玩转新能源汽车竟然这么难，没想到“造车”这事竟然这么烧钱，没想到量产竟然总是“难产”，没想到融资竟然也这么难……总之，没想到机会主义者的理想与现实竟然都如此的“骨感”。

再“新”也要拼实力，具备能力方能成势力。

记得，笔者所在企业的一位高管的朋友也是投身“造车新势力”的老板。有一次，这位老板非要送一辆他们生产的新能源汽车给这位高管，结果被婉拒了。当笔者问起其中的缘由，这位高管回答：“他当时为什么要入这行还骗得了我？他造出的车，我敢开吗？”

“不敢开”是源于对这些车企的专业水平极度不信任。至此，我们再看看那些由补贴或资本催生的“造车新势力”们的“能力假设”。这其中有一个决定性要素，就是“出身”。毕竟，术业有专攻，隔行如隔山。

在“造车新势力”中，有一股力量不容忽视，那就是曾经的互联网精英们。尽管脑子里装着五花八门的互联网概念，嘴里含着资本的“金钥匙”，但他们对车的本原价值认识不足，其认识问题的能力和解决问题的能力还是遭到业界的质疑。以法拉第未来 FF91 为例，在成车交付时产品频频出现问题，被消费者评价为华而不实，完全就是各种配置和账面数据的堆积，完全没有考虑到受众的需要。

如果说这些互联网精英们对于新能源汽车的互联化、共享化、智能化还有所交集，那么房地产企业转身“造车新势力”似乎就令人匪夷所思。恒大集团进军新能源汽车来势汹汹，前面还有宝能、万达、碧桂园、万通、华夏幸福等一大拨的开路先锋。除了资金相对丰厚外，似乎看不出这些房企与新能源汽车之间有什么内在的关联，更别提有什么优势了。

无论是互联网还是房地产，各路“神仙”纷纷摇身一变成为“造车新势力”，大都是冲着新能源汽车的战略机会而来。问题是，新能源汽车这个战略机会真的就是他们的“菜”吗？就是他们想割就能割的“草”吗？

同样，一篇题为《现在比较知名的几家“造车新势力”品牌发展得如何？》的文章中表达了业界的担忧。

“由于新势力在造车方面经验严重不足，甚至很多负责人都是来自其他行业，因此也被一些网友称为‘PPT 造车’‘纸上造车’。在数量众多的‘造车新势力’中，能够沉下心来专注于车辆品质的汽车品牌可以说是寥寥无几。”

的确，在“造车新势力”中，至今还停留在“PPT 造车”阶段的，有之；将工厂造成“烂尾”的，有之；将原企业拖垮，也依然未实现量产计划的，有之；甚至是空手套出国有资产几十个亿，却只卖出 9 辆车，最终面临破产的，有之……

显而易见，对于许多冲着短期利益或抱着一堆概念入局的“造车新势力”们，专注于车辆品质也许是他们从来就没有认真“想”过的，甚至是从来就没有想“干”过的。

简言之，这些人都是投机主义者。

投机没有未来，长期主义才是时间的朋友。我们常说，形式主义害死人，其实，投机主义更是如此。投机主义者不仅在害自己，也在害行业、害股东，乃至害消费者。

来看害己。截至目前，“新势力”还没有一个实现盈利的。道理很简单，“量产”变“难产”，半年销量不足一万台甚至仅有几百台的规模，是远远养活不了一家车企的。据汽车行业分析师贾新光介绍：“目前造车新势力融资越来越困难。”

再看害人。如果我们在百度上搜索“新能源汽车质量事故”，仅仅是第一页中的相关报道，从特斯拉到威马，再到捷豹、理想……涉及多家“造车新势力”车企；从自燃到断轴，再到失控……涵盖质量的方方面面。正如在“爱卡汽车”平台上刊发的《昙花一现？造车新势力的现状是什么样子》一文中“编辑点评”所指出的那样。

“目前已经到了‘造车新势力’需要凭借真正实力独自闯荡竞争激烈的新能源汽车市场的时候了。对于中国消费者来说，过硬的技术和质量才是打动他们掏腰包的长久之计。”

虽然时至今日，还远不到给“造车新势力”下定论的时候，他们似乎还有很长的路要走，但回望其经历，也足以给我们深刻的启发与反思，就像中国曾经的每一个新兴行业的发展历程一样。

2020年6月6日晚，小鹏汽车的何小鹏发了一条微博：“三个……在忆苦思变……”配图是他与蔚来汽车CEO李斌、理想汽车CEO李想的合照。合影中，三个人的眼神中充满着对未来的憧憬。

威马汽车的CEO沈晖也对未来充满信心：“20世纪初的福特T型车，让汽车开启美国人的世纪；20世纪60年代末的丰田精益管理，让日本引领世界汽车变革；未来5年，一定会是我们中国的新能源智能汽车领跑全世界。”

也许，那一天正是中国新能源汽车苦尽甘来的日子。

不只是新能源汽车领域，就是已经发展了近20年的大健康产业也依然存在着时代战略机会与自身市场空间之间的关系认知和评介的问题。

随着人类社会的发展以及各种社会问题的出现，使得人们对健康的诉求与需求进入全面式健康、全景式健康、全程式健康和全链式健康的阶段。如此一来，健康的概念已经扩展到广义的“大健康”范畴。在这种诉求与需求的变化，以及概念与边界的拓展推动下，传统的健康产业也从横向和纵向两个维度上得到进一步的拓展和深化。于是，一个范围更广、规模更大的大健康产业应运而生。

现实是，大健康产业并非一马平川。“春江水暖鸭先知”，面对如此规模巨大的大健康产业，以及这块正待开发的市场金矿与发展沃土，原本就身在健康产业之中的制药企业，应该是最先感知到甚至捕捉到这个战略机会的。从2000年开始，国内的多家传统医药企业敏锐地捕捉到“大健康”这个未来发展重大的战略机会。于是，“大健康战略”就不约而同地成为包括天士力、同仁堂、马应龙、哈药、广药、修正、白云山在内的众多医药企业实现战略转移与升级的方向和路径。随后，它们纷纷在大健康的多个领域展开产业布局，可谓是信心满满，可以用“蜂拥而上”来形容。

从2015年6月1日开始，绝大部分药品政府定价正式取消。这直接导致医药企业利润空间被压缩。如此一来，新药研发难度大、投入高，生产成本不断增加，行业监管日趋严格等问题愈加突出，成为传统医药企业发展的瓶颈。与之相比，日化用品、饮料、食品、药妆等属于快消品行业，进入门槛相对较低，企业拥有自主定价权，利润空间较大，因此，“大健康”成为医药企业一个“看上去很美”的战略新选择。

然而，历经20年的布局和入局，真正能够形成规模效益和品牌效应的成功者却屈指可数。除云南白药、广药的大健康板块规模贡献较大之外，其他企业“大健康”还都比较弱，增长态势不尽如人意。即使是这两家领头羊企业也出现了业绩疲软的状况。从2019年的数据来看，云南白药营业收入的主要驱动还是来自其商业板块，而以云南白药气雾剂、云南白药牙膏为代表的药品事业部与健康产品事业部，业绩增速要弱了很多。至于王老吉，也不断有《“王老吉”带来业绩波动，白云山去年增收不增利，净利下滑7.33%》《王老吉卖不动　白云山上半年业绩下降》这样的报道见诸像中国经济网这样的主流媒体。

弹指之间，传统医药企业从布局到投身大健康产业已近20年的时间，这其中既有成功的经验，也有失败的教训。

第一，投身新赛道岂能不聚焦。按照品牌系统性建设的规划体系模型，在判定好战略机会之后，就要界定自身的市场空间，也就是说，在“大健康”战略机会下，要回答好以下三个问题：我们该做什么？我们能做什么？我们怎么去做？

驻足回望我们会发现，传统医药企业在大健康产业中的布局，绝大多数都是一经起步便是多品类并举，一经出手就是全产业出击。云南白药构建起口腔、洗护、美肤三大品类的产业格局；石药集团拥有现代化中成药、个人健康护理和果维康 VC 功能饮料三大产品系列，涉及传统中药、天然植物药、保健、药妆、医疗器械、功能饮料等多个领域；盘龙云海至今已推出 60 多个化妆品，56 个含贵细药材、冻干食品在内的单品；修正更是深耕大健康产业，从线下到线上，从孕婴童到养老，全方位布局完整的产业链。

不聚焦的表现除了产品线拉得太长之外，还表现在同质化严重的问题上。日化领域便是传统医药企业投身大健康产业"扎堆"的地方。以牙膏产品为例，从中国制药工业百强来看，39 家中药企业有 31 家推出自己的中药牙膏产品。除了大家知道的云南白药外，其实市场上还有诸如片仔癀牙膏、广药敬修堂牙膏、哈药集团的三精双黄连牙膏、三金集团的西瓜霜牙膏、华素制药的华素愈创牙膏、江苏济川药业的蒲地蓝可炎宁牙膏、北京同仁堂清火护龈牙膏、九芝堂的裸花紫珠牙膏等。

品类不聚焦，价值同质化，直接影响产品的市场转化。有一组根据上市公司半年报汇总出来的"2018 年上半年典型上市医药企业大健康板块数据同比"的数据，我们可以管中窥豹，在一定程度上能够反映出医药企业在大健康领域的发展态势。在 9 家医药上市企业中，只有云南白药和广州白云山制药的营业收入超过了 10 亿元，分别为 23.5 亿元和 52.75 亿元。其余 3 家企业在 2 亿元以下，其中两家分别为 3.16 亿元和 2.69 亿元。2018 年，我国大健康产业规模已突破了 7 万亿元。

第二，能力与战略岂能不匹配。在那篇《星光不问赶路人》的文章中，任正非还道出了他的担忧，即"现在的形势逼迫华为要从小学生快速跳级再跳级到博士"，对此他认为："这是我们的能力与战略极大的不匹配。"能力与战略之间的不匹配，同样也是那些投身大健康产业的传统医药企业不可回避的重大问题。虽然大健康产业与传统医药企业之间有着天然的联系，但是药品与快消品毕竟是两个完全不同的品类，就好比那句谚语："望山跑死马。"貌似很近，其实很远。

药品与快消品是完全不同的两种商品。药品是通过特殊的渠道，采用专门的方式，针对特定的人群进行销售的。药品在一定程度上是依靠政策的驱动和学术的推动来完成的。从这个角度来讲，药品不能算是真正意义上的商品，其营销也不能算是真正意义上的营销。这种营销相对来讲，其环节简单，目标精准。快消品的营销目标更为宽泛而难以精准聚焦，环节复杂而非简单直接。

从药品到快消品绝非只是将原有的医药配方优势转化成日化产品那么简单，涉及从产品规划到品牌定位，再到品牌整合传播营销等多重因素、多个环节的作用。然而，许多传统医药企业在做大健康产品营销时，还在以医药产品的营销思维和方法解决大健康产品的营销问题。踏不下心来洞察消费者问题，研究消费者需求，感知消费者体验，没有耐心去与消费者建立亲密的心智关系。

于是，以老板的好恶以“拍脑门”的方式来研发产品。有一篇文章的题目是《马应龙不仅仅盯上你的屁股》，说的就是马应龙作为传统痔疮药品的生产企业，竟然生产口红产品，其品牌调性相去甚远，到了匪夷所思的地步。其实，在大健康产业中，只注重生产要素的评价而漠视市场要素的评价，只重视产品的质量而不重视产品的体验，试图还像医药营销那样，通过渠道简单快速地解决消费者的认知转化问题和市场转化问题的现象比比皆是。

意识之下便是能力，医药营销出身的团队一般不具备快消品品牌系统性建设的素养与能力。在品牌规划上，如何对应消费者的痛点问题和刚性需求？在品牌定位上，如何符合自身的传统优势以及形成差异化的竞争态势？在品牌价值上，如何为消费者创造独特的价值与利益？在品牌传播上，如何适应新的媒介环境，如何运用好新的传播方法与工具？在品牌营销上，如何能够不断优化包括产品、消费、服务和文化在内的品牌体验？所有这些，都是传统医药企业到今天还仍在努力解决中的问题。

因此，在传统医药企业的大健康产品矩阵中，也只有云南白药牙膏和王老吉真正成为大众知名品牌（即使是这两个品牌，其市场运作也并非原属医药企业的团队所为）。这是因为品牌定位不清晰、品牌价值不独特，势必会导致消费者无法从众多功效相近的牙膏产品中做出清晰的分辨与选择，也势必会给生产企业造成品牌导入和教育的时间成本、传播与营销成本加大，无法形成差异化的竞争，无法凸显自身品牌的价值独特性，最终的结果便如石药集团大健康事业部副总裁郭玉民在接受对记者采访时所言："由于运作不力，许多健康产品都处于沉睡状态。"

对于广大的传统医药企业，"大健康"绝对是一个配得上"战略"二字的发展机会。除了社会需求和政府推动之外，医药企业自身的发展也需要有像"大健康"这样新的战略机会来帮助企业解决发展中所面临的许多问题。问题在于在这个战略机会下，如何科学与合理地界定属于自己的市场空间，确定好价值的共鸣点。

传统医药企业的优势在于，在药品方面的专业研发能力以及药品级别的高标准和高技术水平。对于中药企业，还有在药材采购方面的资源、渠道和成本方面的优势。因此，医药企业在大健康产业的战略定位首先要紧紧围绕以药品等级的规格、能力以及在药食同源原料方面的成本优势，进行大健康产品的研发和生产，在研发水平和生产能力上抢占大健康产业的制高点。这些恰恰满足了赢得市场竞争的三个基本条件：价值独特、成本领先和持续创新。

从技术转化到产品转化完成后就会面临市场转化和品牌转化，即在通过研发和生产的优势确保"产品卓越"的基础上，实现品牌核心竞争力的另一个维度——"用户亲密"。在这个方面，绝大多数传统医药企业都超出了自身能力的"边界"。对此，传统医药企业要有清醒与理性的认识。因为无论是意识的转变和能力的构建，都不是一朝一夕的事情。许多先天性的基因与属性是无法获得根本性的转变的，就算是引进专业的职业经理人或团队，但一旦到了以传统的医药营销为惯性思维和方式的环境中，也往往很快被改变，甚至被驱除或被淹没。

在笔者看来，目前已经被阶段性证实了的最佳方式便是王老吉与加多宝的合作模式，也就是由传统医药企业负责产品的研发与生产，由快消品专业营销公司负责品牌塑造和市场营销。一句“怕上火就喝王老吉”就将这个凉茶产品的品类边界和市场边界无限地打开了。因为地不分南北，人不分老幼，都会上火。自带需求和应用场景，用不着企业再做全新的教育与引导。我们试想，如果没有加多宝的成功运作，王老吉也许至今还是一个只被岭南消费者认识和接受的小品类产品和小区域品牌。

不同的领域，不同的专业，不同的套路，不同的玩法，彼此都要以开放的理念将不同优势的资源连接起来，各司其职，各显其能。传统医药企业要做好以研发和生产为核心竞争力的品牌方，快消品公司则要做好以市场和品牌为核心竞争力的运营方，然后通过连接形成协同，通过协同引爆价值，最终成为价值共同体、利益共同体，乃至命运共同体。

尽管，医药企业大健康战略落地，路漫漫还需探索兮，但是大健康产业的前景依然是充满无限可能的。官方资料显示，到了 2030 年，我国健康产业规模将显著地扩大，健康服务业总规模预计高达 16 万亿元。在这个无论是在空间维度还是时间维度上都是非常难得的发展机遇面前，传统医药企业一定要摆正自己的位置，找准自己的边界，发挥自身的优势，与相关的行业及其企业一起打造出一个高附加值、可持续的产业生态圈。

至此，我们得出一个结论：无论在眼前呈现出多么诱人的“大机会”，也不要去做“机会主义者”。这是因为，人类社会及万物都有其内在本质和发展规律，有其内在逻辑和外在关联，正如荀子所言：“天行有常，不为尧存，不为桀亡。”面对大机会时代中的战略机会，我们要顺乎天行之道，应之以治而非乱。

天行有常，品牌有道。一家企业要想获得长远发展，造福社会，回报股东，赋能顾客，实现“高附加值和可持续”两大目标，就必须在战略机会面前，能够对自身优势和竞争态势进行客观、理性的识别和判定，进而界定一个真正属于自己、符合经营逻辑的市场空间。最终，通过独特的价值壁垒和可靠的质量保障，与消费者形成价值与利益的共鸣。

这一切都源于企业是一个长期主义者。只有这样，品牌才能够成为时间的朋友。

第八章

利益输送从价值共鸣开始

如前文所述，在品牌系统性建设的品牌规划体系中，判定战略机会是品牌价值的出发点，界定市场空间是品牌价值的承启点，而品牌价值的落脚点一定是要体现在消费者利益的转化上。这种转化首先是基于消费者能够对品牌的价值形成共鸣，对这种价值到利益的转化与获得——认同并愿意，接受并期望。

所有的商业行为其实质就是交易的行为，而交易其实就是从价值到利益、从利益到价格的交换行为。如果在价值上无法与消费者形成共鸣，在利益上无法让消费者认同的话，交易也就无从谈起。对于企业而言，价值共鸣是品牌与消费者之间最初的触达点，也是最终的融汇点。

价值须独特，利益要高远

品牌价值一定要创新而独特，才会有真正的“价值”；消费者利益一定要品高而致远，才算是真正的“利益”。

美国市场营销协会在2004年发布了对市场营销的定义：“市场营销是一项有组织的活动，它包括创造价值，将价值通过沟通输送给顾客，以及维系管理公司与顾客间的关系，从而使公司及其相关者受益的一系列过程。”在这个定义中，明确指出公司与顾客之间的关系是靠价值的创造与价值的输送来维系的。正如陈春花老师所强调的：“没有顾客价值，所有战略都是空的。”

这一切首先取决于能不能对消费者的痛点问题和刚性需求做到精准

识别，而精准识别的前提为，是不是站在消费者的立场来看待问题。只有这样，才能让品牌价值的诉求与消费者心智之间形成最大的呼应，品牌价值创造的出发点才有可能是正确的，才能为完成品牌的认知转化和市场转化奠定坚实的基础。正如陈春花老师所说的：“顾客才是解开战略选择谜题的唯一钥匙！”

在陈春花老师看来，这把钥匙的核心正是品牌的价值：“战略思考的起点都是从顾客的需求出发，战略的落脚点一定是为顾客创造价值。”换言之，品牌价值正是企业层面所要构建的核心竞争力和持续发展力。只是这种力量的形成还要基于对自身优势和竞争态势的客观认识。只有最大限度地符合自身的优势，与竞争对手之间形成差异化，品牌的价值才有可能被创造出来，而这种价值才有可能是独特的。

品牌的价值终究还是企业层面的价值，在消费者的心中，价值背后所带来的利益才是他们看重的。由此可见，品牌的价值绝不能是自娱自乐、自话自说和自卖自夸的价值，一定是能够让消费者从心动到行动、从心跳到尖叫的价值，一定是能够实现从关注到共鸣、从满意到喜欢，再到忠诚，从认识到认知、从认同到认可，再到认定的价值。正如美国黑石集团共同创始人、全球主席兼首席执行官苏世民所强调的：“处于困境当中的人，往往只关心自己的问题，但是解决问题的途径通常在于，你如何解决别人的问题。”

品牌的价值首先是符合人性特征与满足人性需求，不然就是南辕北辙、鸡同鸭讲，无法在消费者的心智中形成共鸣。例如，有观点认为，是互联网毁掉了线下实体。我们不禁要反问，为什么互联网想“毁”你，为什么一“毁”就掉？归根结底，问题还是很多的线下实体，已经不符合人性的特征，不能满足人性的需求。我们不说便宜与便捷，就说退货这件事，曾经的实体商店让消费者饱受折磨。

我们在讨论实体行业“消不消亡”的话题前，要先看一看它到底应该不应该“消亡”。其实，“颠覆式创新之父”、哈佛商学院教授克莱顿·克里斯坦森在《创新者的窘境》一书中早就给出了答案：“用户其实并不是购买产品或服务，而是为了让自己的生活有所进步。如果你能够通过产品让作为价值链传递的最末端的用户感觉自己变得更好了，那么你就成功了，你的产品也就成功了。”

以大型商业超市为例。2021 年一季度，永辉超市的业绩报告显示，其营业收入和扣非净利润出现双降，扣非净利润更是暴跌 86.59%。其实，这种情况并非只是发生在永辉超市一家身上，整个大型超市的业态都面临着前所未有的时代危机。

这种危机从 2016 年就已经开始了。那一年，华润万家的门店数直接减少了 800 多家；2018 年，沃尔玛关闭了 20 多家门店；2019 年，联华超市也关闭了 335 家门店，2020 年仅上半年又关闭了 148 家……一开始，业界还认为这一切仅仅是源于行业竞争加剧、同质化严重所导致的内卷消耗。因此，头部企业开始通过收购的方式来实现市场的扩张，以求在竞争中获胜。

2019 年 9 月，苏宁易购收购了世界第二大零售巨头家乐福，物美收购了麦德龙。随后，TESCO、百安居、家得宝等外资零售企业都被本土企业收购或者退出。实际上，后面的情况并没有得到改善，真正的原因更多的是出现在“业外”。

随着包括粮油米面、快消品、家具家电、日常用品等大量商品开始转移到电商销售，就连大型超市的最后一块阵地——生鲜市场也被盒马鲜生、每日优鲜、美团等电商平台所蚕食。如此一来，大型超市在“图便宜、求便捷”两大人性在消费方面的刚性需求面前，已经无法在与消费者形成共鸣，也无法形成利益共振。

在困境面前，有些大型商超采取了“堤外损失堤内补”的办法，通过上涨合同续签费、返利、进店费、新店开张等方式，不断增加供应端的费用。更有甚者，逼迫经销商签订销售任务和利润任务，没有完成的部分都由经销商自己补齐。如此一来，这些大型商超又逐渐失去了与经销商之间的价值共鸣与利益共振，大型商超最大的护城河——独有的供应链资源与效率优势也开始土崩瓦解。

当你的价值已经无法为消费者输送更好的利益时，被时代淘汰成为必然。对于这种必然，时代也许连个招呼都不打。相反地，便利超市如雨后春笋般地涌现出来，不仅成为一股新崛起的商业势力，而且发展势头非常迅猛，大有替代传统大型商超之势。在许多社区底商都开有便利店或生鲜店，售卖肉类、蔬菜、水果、米面粮油和快消品等。因为具有租金和人员的成本优势，所以价格有竞争力。加之临近社区，所以有便利的优势，受到了附近居民的青睐与光顾。

当我们评价品牌价值的时候，不能仅仅看它们的科技属性或创新属性。因为这些都是手段，而不是目的。只要能够为消费者带来切实利益，哪怕是一个看似很简单的产品，也一样能受到消费者的欢迎。

美国《财富》评选的20世纪最杰出的产品是：曲别针（1900年）、安全剃须刀（1903年）、拉锁（1913年）、胸罩（1914年）、创可贴（1921年）、月经棉条（1931年）、袖珍简装书（1935年）、无带平跟鞋（1936年）、家用胶布（1942年）、拼插玩具（1958年）、滑板（20世纪50年代）、尼龙搭扣（维可牢，1954年）、尿不湿（1961年）、粘贴式便条（1981年）。

不要小看这些不怎么“高大上”、科技含量也不是很高的产品，它们竟然被认为能与苹果麦金托什计算机、国际互联网、英特尔微处理器、施乐复印机和传真机、飞利浦和索尼激光唱盘、波音707飞机这些“大家伙”们并列齐名。更为重要的是，它们还具有顽强的生命力，人们至今都离不开它们。这说明，真正能与消费者形成价值共鸣的产品是那些能够简单而便捷地满足人们需求的产品。

当然，在符合人性特征的前提下，我们一定还要关注时代特征。

例如，“爱美之心，人皆有之”，人们爱美的天性是永远不会泯灭的，因此总想为自己留下倩影的需求也是不会改变的。然而，时代是在变化的。人们随着时代的发展和科技的进步，渴望获得更优质、更便捷、更实惠、更美妙的利益。

于是，相机就从最早的装有 45° 反光镜的暗箱到使用胶片的照相机，从 135 型平视取景照相机到双镜头反光 120 相机，从单镜头反光相机到可以方便地更换镜头、取景器，并备有卷片马达的专业相机，从不用感光胶片的电子“傻瓜”照相机到全画幅数码单反相机，直至今天能够随时随地、老少咸宜的手机相机，时代推动科技的发展，不断地为消费者提供更好、更快，更简捷、更方便的照相“价值”。

人们通信需求的满足也是如此。从壁式到桌式、从固定到移动、从摇柄到按键、从“大哥大”到能够“一手掌握”的智能手机，一代又一代的电话机企业，后浪推前浪，在新老交替中人类通信需求的满足达到了随时随地、人手一机的地步。

在人性特征与时代特征两大底层代码之间，价值共鸣还有其自身的逻辑特征，即普适性、必要性、独特性和持续性，如图 8-1 所示。

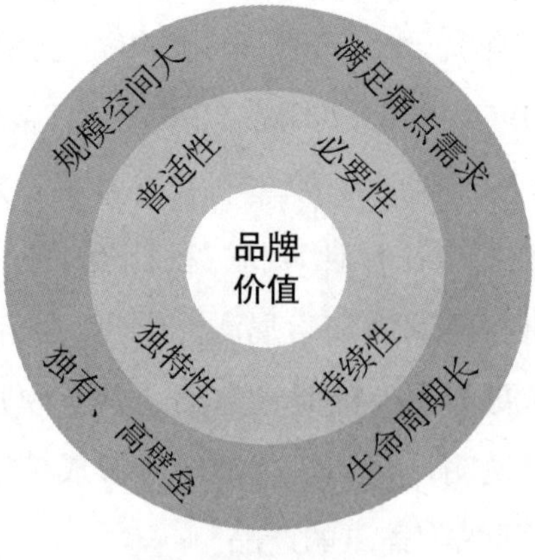

图 8-1　品牌价值“四大属性”模型

第一，普适性。换言之，针对痛点问题的普遍性。价值的普适性为企业预设了市场的基础性规模，这个规模的大小决定了市场空间的大小。例如，王老吉曾经是一个蜗居岭南的，仅仅具有凉茶属性的区域性、小品类的品牌。一个“怕上火就喝王老吉”的定位调整，一下子为产品赋予了极大的普适性。因为人不分老幼，地不分南北，都是会上火的。最终，极大地拓展了产品的市场空间。

让工人都买得起汽车，曾经是美国福特汽车的愿景。后来一个叫威廉 · C 克莱恩的人启动了这一伟大理想的实现。这源于他在参观屠宰场时受到了启发，随后，他将这一革命性的流水线装配引入福特工厂，极大地提高了 T 型车生产效率，降低了生产成本。到了 1914 年，福特已经做到 93 分钟生产一辆汽车。到了 20 世纪 20 年代，T 型车的价格甚至降到 300 美元一辆（问世之初 T 型车的售价仅需 850 美元，而同期的竞争对手通常为 2000 ~ 3000 美元一辆）。

这种从 1908 年 9 月 27 日问世的福特 T 型车，被誉为 20 世纪最有影响力的汽车。它从诞生到 1927 年停产，一共生产了 1500 万辆，这个纪录保持了将近一个世纪。1915 年第 1000 万辆 T 型车问世之际，全世界 90% 在行驶的汽车都是福特生产的。巨大的市场覆盖率与受欢迎度，以至于 1917—1923 年 T 型车居然没有做过任何广告。福特 T 型车不仅因为销量，更是作为先进工业技术与管理的典范，彻底地改变了全球汽车业，为工业和制造业的发展做出了巨大贡献。归根结底，还是源于福特汽车能够为人们带来更为普遍的利益。

还有一家美国企业，就是依靠在特殊时期、特殊条件下的价格优势来为自己带来重大发展转机的，它就是大名鼎鼎的百事可乐。众所周知，百事可乐比可乐产品的鼻祖可口可乐晚出生了 12 年。在这 12 年间，可口可乐凭靠独特的口味和独创的分销制度将许多的后来者打翻在地。

成立于 1898 年的百事可乐与其他模仿者一样难以为继，在成立 20 多年后也宣告破产。到了 1931 年，百事可乐被 Loft 糖果公司的主席查尔斯 · 古斯收购。在深谙经商之道的查尔斯 · 古斯的带领下，百事可乐在 20 世纪 30 年代迎来了发展的转机。

那个时期，美国爆发了经济大萧条。在民不聊生的情况下，可口可乐一瓶销售“5 美分”的定价超出了许多美国人的承受能力。这对于百事可乐可是一个“天赐良机”。于是，1940 年百事可乐打出了后来被誉为“20 世纪初最有效的广告之一”的广告：“同样的价格，百事能提供双倍的可乐，快来购买吧！”借此，百事可乐一跃而起，销量直逼可口可乐。

这就是品牌普适性价值的威力所在。

第二，必要性。必要性源于重要性。正所谓是雪中送炭，还是锦上添花。因为只有那些在呼应痛点问题的基础上，能够很好地满足刚性需求的价值，才能在利益诉求上形成重要性，才能更好地引发人们的关注，才更有可能形成共鸣与交易。

以刮胡子为例，这几乎是男人每天必须要做的事情。因此，能够做到易操作、速度快、花费低就成了剃须刀这类产品的必要性价值。其实，最早的剃须刀只用于欧洲的少数人。因为那时的剃须刀是一体型的，并用很好的钢做成的，不仅价格昂贵，还无法完全由自己来操作，必须由一个人来帮忙。后来，吉列先生通过创新将剃须刀变成美国的主流产品。他将食品行业里的一次性概念引入刮胡刀的设计，把这把刀分离成两部分，一个刀把，一个刀片。通过分离，刀片变成一次性的，进而通过降低所用钢的规格使其制造成本大幅下降。每次只需花几分钱买刀片就可以满足刮脸的需求，这极大地满足了美国新兴工业化诞生的庞大的工薪阶层的需求。通过创新也极大地拓展了剃须刀的应用人群，而刀片又是一次性的，需要经常更换，所以通过细水长流的汇集，吉利公司一样能获得很高的利润。

第三，独特性。独特性对于品牌是基于价值的竞争属性，对于消费者则是利益输送的不可替代属性。只有具备价值的独特性，才能形成竞争的差异性，才能赢得消费者的选择，最终形成发展的可续性。

在滴滴网约车与神州专车第一轮的竞争中，滴滴网约车的品牌价值主张是：如果人生如战场，至少车上躺一躺，全力以赴的你，今天坐好一点。神州专车的品牌价值主张是：在夹缝中求生存，打的也是乘车舒适性的概念。这样一来，彼此就没有了差异性。后来，神州专车做出改变，强调专车的专业性和安全性，如此就形成了自身价值的独特性。

当许多企业都在生产以洁净为主要价值的洗发水时，宝洁就开始研究在对洗发水普遍的需求中还有没有特定的需求，还有没有潜在的需求。于是，沿着洗发这条主线，在柔顺、去屑、营养、造型、黑发、防脱发等方面与消费者形成了独特的价值共鸣，为消费者输送了更为精细的洗发、护发、美发利益。

众所周知，沃尔沃汽车一直以安全作为品牌独特的核心价值。这个价值的呈现以及所获得的消费者的信任正是源于它在安全技术方面的不断创新与独特价值。沃尔沃在汽车安全方面的发明，包括汽车安全车厢、三点式安全带、安全玻璃、三元催化器、安全气囊、ABS、儿童安全座椅、侧撞保护系统以及最新的城市安全系统、全力自动刹车、行人探测的碰撞警示系统、增强型行人安全系统、城市安全系统、盲点信息系统、交通标志信息系统、车道保持辅助系统、自适应巡航控制和汽车距离警示系统等，在世界各地的实际应用中发挥越来越大的作用。

需要指出的是，没有价值的独特性是无效的。因为独特性是形式，而价值性才是本原。归根结底，消费者所忠诚的是价值，而非品牌本身。当逆光也清晰的智能手机、随时在线的微信、随叫随到的外卖小哥出现后，尼康也好，联通也罢，还有康师傅，都会渐渐地被消费者遗忘，甚至是抛弃。

第四，持续性。就是产品或服务生命周期的长期性。首先在产品的规划与设计中，或是要对应好人性需求，因为在万变的时代发展进程中，只有人性的需求是不变的；或是要对应上社会问题，因为凡是社会问题基本上都是难以在短时间内得到彻底解决的。最后，要跟进时代发展的潮流，与时俱进地应用新的技术创新来持续满足人性的需求，不断地解决社会问题。要不断挖掘人性的潜在需求，引领需求的升级。要一如既往地坚持对品质的追求，以利他的态度实现利己。品牌价值的持续性表现在以下几个方面。

首先，品牌价值的持续性表现在对其独特价值的坚守与发展之上。当下，农夫山泉在饮用水行业的地位已经无人可及。我们驻足回望会发现，农夫山泉自创立初期就建立了以水源地为核心资源的天然水品牌价值体系，坚信只有好的天然水源才能生产出优质的瓶装饮用水。此后，便始终专注于这个品牌价值主赛道，坚持不懈，从不动摇。农夫山泉坚决不使用城市自来水，保证每一滴农夫山泉水都有其源头；坚持水源地建厂、水源地灌装的运营模式。

1998 年，农夫山泉在最初上市时就提出了“千岛湖的源头活水”的口号。此后，东起浙江的千岛湖，西至新疆天山的玛纳斯，南至广东的万绿湖，北至黑龙江的大兴安岭和吉林的长白山，农夫山泉已经在全国拥有了十大水源地，始终坚持“不生产水，只做大自然的搬运工”。

与此同时，农夫山泉沿着这条价值主赛道，不断推出新的品类产品。无论是“泡茶山泉水”，还是“长白雪”，都是将产品价值的共鸣聚焦在水源地上。前者是选用电导率在 10 ~ 100μS/cm 的武夷山泉水，后者是主打长白山“森林里的第一场雪”的品牌诉求。

还有一家企业，88 年只研发一种酸奶品牌。从进入中国开始，这个酸奶品牌至今已经畅销了 55 年。一个产品几十年不升级包装，不仅没衰落，还越活越滋润，得到“一个红瓶闯天下”的美称，在风起云涌的商业社会屹立不倒，这就是“今天你养乐多了没？”

养乐多在创建以来的88年中，始终坚持将一个产品做到极致。养乐多于20世纪50年代建立了养乐多京都研究所，开始深入研究适合人类的肠道菌种。经过几十年的努力，养乐多建立了无法被他人撼动的菌种培养体系。这使养乐多拥有了超长的生命周期，并已“蓄积”成为品类的代名词，最终可以享受很高的市场溢价。

其次，品牌价值的持续性表现为对消费者新问题的持续洞察，以及对消费者新需求的不断满足。苹果手机的发展正是基于深深扎根于客户消费潜在需求和心理偏好并对其进行深入挖掘，不断提出价值主张，进而通过不懈的技术创新将其逐个实现。这种价值的创造与传递总是让“果粉”喜出望外且充满期待。这才是苹果提高竞争壁垒、实现高品质发展的根本之道。

九阳之所以能够持续地霸占豆浆机和破壁机赛道的头部位置，就是源于对消费者问题和需求的深入洞察与满足。众所周知，破壁机的噪声和清洗问题是始终困扰消费者的一个痛点问题。为此，九阳推出了国内首款静音破壁机。随后，九阳又推出国内首款非手清洗的产品，解决了消费者“喜欢在家自己做豆浆及其他饮料，但用手清洗过于麻烦”的问题。通过及时完成产品的迭代和创新，极大地优化了消费者的产品体验，满足了消费者对破壁机的最新需求，同时进一步延长了品牌及其产品的生命周期。随后，九阳又推出3分钟就能将和面、擀面和切面流程全部自动完成的面条机，为家庭主妇解决了一个大问题。

最后，品牌价值的连续性表现为不断地迎合、贴近消费者特有的文化与偏好。从外来的快餐品牌来看，其本土化是大势所趋。从奥利奥到乐事薯片、从麦当劳到肯德基，都是这方面典型的代表。

诸如皮蛋瘦肉粥、香菇瘦肉粥、油条、煎饼这样的中国式早餐在麦当劳和肯德基中售卖，这早已经不是什么新鲜事了。2021年1月18日，肯德基武汉热干面在武汉限定发售，碱面搭配芝麻酱和多种拌料，给消费者带来方便美味的武汉城市味道。肯德基推出首款面条——“霸气一面”，宣告肯德基已经从“中国化”向“地方化”进一步落地开花了。

可口可乐在本土化方面一直是滞后的。在 2008 年与雀巢联手打造原叶绿茶系列无果之后，又推出了一款可以热饮的可口可乐——“生姜 +”，这恰恰是未来迎合很多中国人有用可乐煮姜丝来抵御寒冷的习惯。这种“姜丝可乐”倒入茶杯在微波炉里加热 90 秒，即可收获一杯带点生姜的辛辣与香气的可口可乐。特别是对于处在办公场景的消费者，从此就可以随时随地喝到温暖的“姜丝可乐”了。这是可口可乐公司首次推出的可以热着喝的汽水。

日本可口可乐公司也根据日本消费者的喜好，发售了新品水壶大麦茶。这种饮品是用烧水壶对大麦进行高温烹煮后得到的，一方面巩固了麦茶的味道，一方面增加了饮品的健康属性，同时让消费者随时随地都可以喝到正宗的大麦茶。所有这些都是源于这些外来品牌想通过本土化与当地的消费者形成可持续的价值共鸣，延续在当地市场的竞争地位。

应该指出的是，不管是品牌价值的何种特征都要以产品或服务的品质为根本，也只有高品质、优体验的产品或服务才能真正将品牌价值的普适性、必要性、持续性和独特性很好地体现出来。这是因为对产品品质不变的追求恰恰是人性普适的、重要的且长期的需求。

除了产品品质的基础价值，品牌还有附加值，是源于产品又高于产品的价值所在。品牌利用这种附加价值与消费者形成更高层面的共鸣，为消费者输送更具价值的利益。陈春花老师甚至将品牌附加值视为做企业的根本所在，即“利用有限的资源创造一个尽可能大的附加值，以更好地满足人们的需求。优秀的企业和企业家就在于它或他能把尽可能大的附加价值创造出来”。

品牌的价值一般从三个维度来划分：一是基础性价值，即功效性价值；二是附加性价值，是功效之外、之上的价值；三是利益性价值，即通过品牌价值的赋能为消费者带来的切实利益。例如，房子本身解决的是居住问题，即功效属性；学区房是居住之上的附加值，属于价值属性；而你家的孩子上重点学校，或者让房子卖出更好的价钱，获得更好的收益，属于利益属性。

我们再以饮料为例，除了解渴功效与口感体验两个基础性价值，现在人们开始追求健康这个附加的价值。

我们以有着 135 年历史的可口可乐为例。进入 21 世纪，全球每天有 17 亿人次的消费者在畅饮可口可乐公司的产品，大约每秒钟售出 19 400 瓶饮料。然而，在业绩连续下跌多年之后的 2021 年，可口可乐股价创下 10 年来最大跌幅，市值暴跌 1000 亿元（2021 年 2 月 15 日）。还是在美股市连续八周上涨的情况下，两天内市值竟然蒸发了 170 亿美元，累计下跌 9.2%。

为什么会这样呢？有两组数据已经给出了答案。《2016 年饮料行业满意度》报告显示，消费者偏好的饮料为包装水，而碳酸饮料偏好度已经下降至 7%。事实上，碳酸饮料目前只是依靠消费者对于口感的认可和个人习惯而保持一定的用户黏性。2018 年 1 月第一财经商业数据中心发布的大数据统计报告显示：95 后在电商平台对“枸杞”的搜索量占比自 2017 年以来有显著提升；从“枸杞”在各年龄段销售额占比来看，95 后的占比也在逐渐攀升。

这两组数据所揭示的是，在这个人们越来越注重身体健康、越来越讲究健康的生活方式的今天，当碳酸饮料所提供的“价值”与消费者的利益导向开始背道而驰而不再形成共鸣与共振的时候，很多的“可乐粉”都纷纷转向了功能饮料、包装水和蛋白质饮料，市场的萎缩是在所难免的。

创建于 1971 年的云南白药是一个我们身边的好榜样。在美国《制药经理人》公布的“2020 年全球制药公司 50 强”名单中，云南白药名列第 37 位，居 4 家中国上榜公司之首。云南白药之所以能够在创建半个世纪之后，依然伫立在中国乃至世界的潮头，就是因为它始终聚焦在“云南白药”这个核心资源上，并在衍生的快消品上增加“健康”这个附加值，让越来越多的产品品类在更多的生活场景中持续地满足广大消费者越来越多的需求。

从 2001 年开始，云南白药就立足“白药”这个核心资源，开始研发新品类的产品。对于传统的“粉剂”在多种场景下使用不方便的问题，开发了气雾剂和膏贴，受到了人们的欢迎。面对传统的创可贴只是物理止血的状况，与德国拜尔斯多夫公司合作开发出云南白药创可贴，开创了“物理 + 药物止血”的品类先河。产品问世后的第二年，营业收入就接近 1 亿元。

20 世纪 90 年代，中国牙膏行业进入快速发展时期。云南白药经过国民口腔环境调研发现，中国人口刷牙率有 85.65%，但牙周病的患病率达到 99.4%。这说明传统的牙膏并不能满足国人日趋多样和复杂的口腔环境。于是，云南白药牙膏应运而生，在为人们提供防蛀、美白、清洁等价值的基础上，还能提供帮助减轻牙龈问题、修复黏膜损伤、营养牙龈和改善牙周健康的附加值。云南白药牙膏问市以后，仅 3 年时间销售额就攀升至 5 亿元。据 2020 年 10 月 15 日媒体报道，云南白药（000538）在投资者关系互动平台上透露，公司牙膏业务市场份额已跃居中国牙膏品类市场第一。

在价值共鸣方面，我们曾反复强调一个观点，即消费者忠诚的是价值而非品牌本身。我们先看一组慈善捐款的数据。

据豆瓣刊文介绍：“2008 年汶川地震，诺基亚捐款 5000 万元，三星捐款 3400 万元，苹果捐款 50 万元；2010 年玉树地震，诺基亚捐款 250

万元，三星拒绝捐款后捐款100万元，苹果未捐款；2013年雅安地震，诺基亚捐款100万元，三星捐款60万元，苹果捐款50万元……”

从品牌的角度来看，诺基亚不仅曾经是占据移动终端市场35%的份额的行业霸主，更是一个有社会责任担当的好品牌。然而，就是这样的一个曾经被消费者拥趸的大品牌，依然难逃被时代抛弃的命运——微软在美国时间2013年9月2日晚间宣布，将收购诺基亚旗下的大部分手机业务及其专利许可证，交易的总价格大约为54.4亿欧元。就这样，曾经的手机帝国轰然倒塌。在公布微软收购的记者招待会上，诺基亚当时的CEO约玛·奥利拉最后说了这样的一句话，让连同他在内的几十名诺基亚高管不禁潸然泪下：“我们并没有做错什么，但不知为什么，我们输了。”

其实，答案很简单——消费者忠诚的是价值，而不是品牌。

早在2004年，诺基亚就开始研发智能手机。最终，还是被决策层在针对新投资的成本与潜在收益之间进行谨慎的权衡后予以否定。当诺基亚无法给消费者提供“新操作系统的智能手机”这个价值的时候，消费者便会转身而去。在这个发展过程中，被消费者“背叛”的不只是诺基亚，当柯达无法再为消费者提供数码相机的价值时，当索尼无法再提供便携式MP3的价值的时候，也会遭受一样的命运。

因此，我们说价值要创新独特，是说价值一定要有创新性和差异性；我们说利益需高远，是说给消费者带来的利益一定是高品质的，一定是长远可续的，这才是真正决定最终输赢的“胜负手”。

正如网易创始人丁磊所强调的：“是因为我们比别人更聪明、更幸运吗？我想不是，是因为我们更尊重基本的常识——只有为用户和社会真正创造价值，一种商业才可以长久经营。”

应该强调的是，外因一定是通过内因起作用，外在联系的好坏一定是基于自身逻辑的对错。如果品牌无法为消费者提供价值输送利益，就不可能赢得消费者从认识到认知、从认可到认定的心智，也无法与消费者建立起从信任到满意、从喜欢到忠诚的关系。

有了能够满足人性需求，同时也能够满足时代需求的产品或服务这个外因之后，还要有通过与消费者进行沟通，来影响消费者心智这个内因，才能维护与消费者之间从满意到喜欢、从忠诚到信仰的心智关系。所有关系的启动都是从“认识”这个环节开始的。包括品牌定位和品牌价值，乃至品牌主张的品牌内涵体系，主要用来完成与消费者之间的认识与认知。它以最能引发关注和共鸣的沟通为起点，以最能建立信任和亲密的心智关系为终点。

认识的环节又是从“介绍”开始，即我是谁，我与别人有什么不同？我有什么，能做什么，我能给你带来什么？前者我们称为品牌的定位，后者我们称为品牌的价值。对此，笔者在《品牌系统性建设：沿循消费心理与行为的轨迹》的培训课件中，经常会选用两个示例进行说明。

是谁：我们是工农红军；有什么不同：我们是人民子弟兵。

能做什么：打土豪；能带来什么：分田地。

当然，如果我们放眼许多知名品牌的内涵体系，大多符合上述这种诠释模式。

是谁：美团外卖；有什么不同：送啥都快。

是谁：金典有机奶；有什么不同：富含 3.8 克乳蛋白。

阿迪达斯：能做什么——我们希望帮助人们通过功能、外表、舒适度和质量等指标找到最好的产品；能带来什么——从而可以让他们发挥出自己的最高水平。

索尼：能做什么——使人们在狭小的空间，消耗最少的能源；能带来什么——能够同时享受到最好的声音和视觉体验。

福特汽车：能做什么——生产大多数人买得起的汽车；能带来什么——让每个家庭分享上帝赐予我们的快乐时光。

在品牌定位与价值的基础上，可以衍生出品牌的主张和承诺，共同构成品牌内涵传递的四要素。

例如，奔驰轿车的品牌定位是：元首驾座。品牌价值是：高贵、王者、显赫、至尊。品牌主张是：质量先于数量。品牌承诺是：如果发现奔驰车发生故障，中途抛锚，将获赠 1 万美元。

再如，苹果的品牌定位是：与众不同，不同凡响。品牌价值是：发现不完美，然后实现完美。品牌主张是：不完美才能促使进步，去追求完美。品牌承诺是：活着，就是为了改变世界。

这其中，定位就是角色，以识别来驱动品牌认知；价值就是作用，以能力来驱动认可；主张就是立场，以价值观来驱动认同；承诺就是信用，以利益来驱动认定。其实质就是面对消费者，给出一个关注你的理由，形成一个喜欢你的共鸣，构成一个信任你的心理，实现一个选择你的驱动。

在通过品牌内涵的传播来引发消费者共鸣上，有许多风格迥异的形式。例如，价值共鸣——美团外卖送啥都快。利益共鸣——真功夫：营养还是蒸的好。需求共鸣——累了，困了喝红牛。情感共鸣——爱她就带她去哈根达斯。人格共鸣——褚橙：85 年的跌宕人生，75 岁再次创业，结出 2400 亩累累硕果。关系共鸣——小米：因为米粉，所以小米。文化共鸣——苹果：非同凡想……

从给出一个关注你的理由到形成一个喜欢你的共鸣，到给出一个对品牌价值的主张，再到给出一个对消费者利益的承诺，直至构成一个选择你的驱动和忠诚你的依赖。归根结底，品牌逻辑就是人本的逻辑，品牌哲学就是关系的哲学。其核心就是，为什么喜欢你，凭什么选择你！其路径就是，在共鸣达成的过程中，一定要做到“站在消费者的立场，对应消费者的需求，面向消费者的传递，形成消费者的共鸣”。最终，共同达成品牌与消费者之间的心智共鸣。

第一，价值的共鸣源于对消费者需求的正确洞察。例如，消费者购买榔头，而真正的价值共鸣点并不在榔头本身，而是通过这把榔头将画挂在房间墙壁上，使其挂得更牢固、更端正。因此，我们在寻求与消费者之间的价值共鸣点时，一定要判断好，他们需要的到底是直径5毫米的钻头，还是直径5毫米的钻孔？这一点，一定要与消费者的真正需求形成精准的对应。

第二，用来达成共鸣的价值一定是真实的，利益承诺一定是能够实现的。同仁堂的“炮制虽繁必不敢省人工，品味虽贵必不敢减物力”品牌价值承诺历经百年。一百年来，他们是这么说的，也是这样做的。对于药材的加工炮制，同仁堂一直坚持严苛的标准。

黄连必须是一根根地去掉须根；远志必须用人工去除有副作用的芯；为了让药品口感更佳，一直坚持使用80目的箩过筛；为了保证紫雪丹的效力，一直坚持使用金锅银铲……

正是源于这份对“真材实料”知行合一的极致追求，以及那份“修合无人见，存心有天知”的信念，才使同仁堂在长达百年的历史长河中始终能够获得消费者的共鸣和认同，成为历久弥新的百年老字号。

曾经火爆一时、5年间一个大单品的销售额就已高达20亿元的元气森林，它迅速蹿红主要是源于其产品主打“无糖”的诉求。即使在其乳茶产品的外包装上也赫然写着“0蔗糖”。2021年4月10日，元气森林发布声明，对此前的误导宣传进行了道歉，并称从3月20日起生产的乳茶，包装上“0蔗糖、低脂肪”更改为“低糖、低脂肪”。同时宣称：“乳茶有奶，所以是有糖的。”

如此一来，就说明元气森林一直向消费者传递的“0蔗糖”价值是不存在的，这一下子就让刚刚成立4年的元气森林遭遇了很大的诚信危机。在消费者看来，从“0蔗糖”到“低糖”，这个“作业”改得似乎很容易，但事情本身没有这么简单。因为这关乎一个品牌的诚信和良知。

在元气森林的致歉信中所提醒消费者的“乳茶有奶，所以是有糖的”，在笔者看来，应该提醒的不是消费者而是元气森林自己。这似乎又用不着提醒，因为乳茶里有没有奶，元气森林自己应该是最先知道的。那么，为什么还会在包装上依然注明“0 蔗糖”呢？这显然是为了宣传。

2021 年 5 月 10 日，国家市场监管部门宣布对“作业帮”和“猿辅导”分别处以 250 万元的“顶格”罚款。这是因为它们都在对消费者“撒谎”：“作业帮”在其官方网站谎称“与联合国合作”，虚构教师任教经历，引用不真实的用户评价；“猿辅导”则在其网站谎称“班主任 1 对 1 同步辅导”“微信 1 对 1 辅导”“您的 4 名好友已抢购成功……点我抢报”，虚构教师任教经历等不实内容，以一个原本就不存在的产品价值来进行虚假的商业宣传。

第三，用来与消费者达成共鸣的价值一定是清晰可见的。千万不要在品牌价值方面与消费者兜圈子，打马虎眼，树概念，玩情怀。你到底是谁，本事多大，利益是什么，要做到简单明了。

有一篇题为《啥是“等渗”？运动饮料名称你能看懂吗？》的文章非常有意思。该文介绍，一位 90 后消费者像往常一样在运动后买了一瓶非常熟悉的运动饮料，却发现饮料瓶上多了“等渗”二字。这位小哥顿时蒙了圈儿。无独有偶，在另外的功能性饮料的包装上，也有“等渗电解质”“等渗运动”等让消费者不知所云的文字出现。

究其原因，无外乎就是企业想赋予自己的产品一个“高大上”的概念，让消费者以为又是某个全新的科学概念。其实，我们平时喝的水基本上都是等渗的，同时身体也会主动调节体内的渗透压。打上“等渗”二字纯粹是玩弄概念，根本就没有多少实际意义。消费者看到这样的产品推广内容，真的是“想说爱你不容易”啊！

2021 年 1 月 13 日，字节跳动小范围宣布，原锤子科技团队组建的新石实验室，并入 Musical.ly 原创始人阳陆育负责的教育硬件团队。这使锤子手机像一颗弃子被重重地抛下了。

究其原因，还是锤子手机始终没有在产品价值上与消费者形成广泛的共鸣。有媒体以坚果 3 为例，道出了其中的原委。其一，坚果 3 采用了一款已经老旧的骁龙 625 芯片，并没有超越其他国产手机；其二，与小米推出的采用该款芯片的红米 5 Plus 相比，单机售价竟然高出了 350 元，已然没有了价格上的吸引力；其三，在外观设计方面，坚果 3 的正面酷似小米 MIX 2S，但“下巴”（下边框）过大，外观逊色很多，全然没有罗永浩一向坚持的、要有自己的设计特色的主张。难怪业界认为，锤子手机依然在贩卖罗永浩的情怀，可是如今还有多少人仅仅因为罗永浩的情怀而与锤子手机达成价值共鸣的呢？

第四，品牌与消费者在价值上达成共鸣应该是真诚的。这使我们想起了美国汽车大王亨利·福特曾经说过的一句话：“汽车不应该只属于少数富人，而应该让每个人都买得起。”从这一刻起，亨利·福特就将让每个美国人都能开上他的 T 型车当作自己毕生的追求。为此，他不断压低 T 型车的售价，同时提高工人的工资。1914 年 1 月 12 日，福特汽车公司宣布，将工人的最低工资标准提升至每天 5 美元。这就相当于一个工人的年薪最低也有 1825 美元，而 1913 年的一部福特 T 型车的售价也不过 440 美元。

反观曾经的饮料大王可口可乐。早在 2015 年，可口可乐公司就被《纽约时报》等多家媒体质疑以投资科研组织的方法影响“含糖饮料会引发肥胖症及其他疾病”研究的结论。牛津大学教授发表在《公共卫生营养》上的论文详细分析了可口可乐公司与研究人员之间的 1.8 万多页电子邮件信息，并得出结论：可口可乐曾试图掩盖其与研究人员的关系，尽量减少公众对含糖饮料的负面看法，并利用这些研究人员来促进行业友好的信息传递。

德国诗人海涅说过：“生命不可能从谎言中开出灿烂的鲜花。”品牌与消费者之间的共鸣也是一样，品牌不可能从价值的谎言中开出共鸣的鲜花。美国第十六任总统林肯说：“你可以在所有的时间欺骗一部分人，也可以在一段时间欺骗所有的人，但你不可能在所有的时间欺骗所有的人。”这是值得所有的品牌引以为戒的两句警示。

第五，与消费者达成共鸣的价值随着时代的发展，已经越来越显现出个性化和定制化的需求趋势。在数字化时代，品牌与用户之间的价值共鸣已经由“千人一面”的标准化、规模化的群体价值逻辑，转变为产品定制化和体验个性化完美组合的个体价值逻辑。品牌定位与价值的确定也要从原来的大众诉求向个体诉求转变，通过数字化解决了个性化的问题，通过智能化解决了定制化的问题，真正做到知你所想，给你所要。

例如，Nest 智能恒温器最初的品牌价值定位就是记录用户的室内温度。后来，Nest 通过记录用户的室内温度数据，同时连接家庭的空调、洗衣机、冰箱等家用电器，以及电价的动态变化，在充分了解用户的使用习惯后，通过智能算法为每个家庭创建一个定制化、自动调整的能源管理方案，从而保证节能和成本效率。此外，还可对同一区域内上百万个使用 Nest 的家庭，通过云端动态地了解能源使用的数据，从而高效地实现对区域能源的共同管理。这样一来，Nest 的品牌价值定位就转变成了家庭乃至区域能源管理平台。

再如，GE 公司将飞机引擎构建为飞行数据中心，对每天产生的巨量数据进行集中收集和系统分析，精确地检测发动机运行状况并预测故障，提示进行预先维修，等等。收集这些数据可以帮助客户提升飞行安全性，延长发动机的使用寿命；提升燃油效率，改善它们的环保表现。最终使每个航空服务公司和 GE 公司一起实现飞机发动机价值的最大化。GE 公司从以前仅仅是卖设备的价值定位，转变为智能分析与服务的平台，从单纯的设备价值中创造出新的价值。

总之，在未来的数字化生存时代，品牌要通过与消费者之间的每个触点，基于产品应用/有用的场景和体验来获得消费者全方位、多维度的心理与行为信息，将之转化为能够全面、真实体现消费者特征和消费需求的数据，进而实现数据赋能、平台赋能，以指导研发、生产、管理和营销，构建起“品牌数字化生态圈”。

必须要提醒的是，第一次工业革命之后，人类历经几百年的以技术迭代为驱动的高速发展期，引发一次又一次的社会变革。特别是数字化和智能化技术的出现，更是让人类在方法与工具上实现了巨大的飞跃。在这种趋势下，人们越来越多地关注技术、关注手段，总是沉迷于所谓新技术带来的新手段，而忽视了事物正确的方向与路径。更有甚者，将手段当作目的，自得于对新方法和新手段的掌握与应用。

还是那句话，方向对了，速度才有意义。正如孔子所说的：“动静有常。”我们不要沉湎于时代特征，而忽略了甚至忘记了人性特征。身处于观念快速更迭、技术突飞猛进的时代，对我们是一个警示。无论方法和工具如何层出不穷，品牌价值只有更贴近痛点问题、更符合刚性需求，才能有更能吸引关注的品牌定位，才能创造出更能引发共鸣的品牌价值。

综上所述，品牌之所以成为品牌是以价值为始，没有价值便不能称为品牌，也无法成为真正的品牌。品牌的价值取向一定要基于消费者需求的变化。对于这种变化，品牌只有更好地理解之、贴合之、顺应之、融入之，最终满足之，才能与消费者形成强烈的价值共鸣和利益共振，才能与之建立起亲密的心智关系。

《华为基本法》为品牌价值奠基

看似复杂的现象，其实不过是简单事物的投影而已。

——广中平佑

在笔者看来，华为的成功恰恰印证了《华为基本法》的价值所在。《华为基本法》最大的价值在于，它帮助华为人拨开现象看到本质，透过本质看到规律。于纷乱复杂的外部环境和永葆活力的内部环境中，看到了那个大道至简的真谛。

这也是《华为基本法》自1998年诞生至今20多年，却始终没有被各种思想、理念而淹没的原因所在。在它的指引下，华为成功地从大机会时代的机会主义"宿命"中破茧而出，成为参与全球竞争、代表"中国制造"新标杆的国际化品牌。

德国哲学家黑格尔在1821年出版的《法哲学原理》序言中曾经写下了这样一句话："凡是合乎理性的东西都是现实的，凡是现实的东西都是合乎理性的。"对此，我们不妨以《华为基本法》和品牌系统性建设体系为对照，探究一下在华为品牌获得成功的"现实"与品牌的本质和规律之间的"合理性"到底存在怎样的内在关联。

品牌规划体系：战略机会与市场空间

我们始终在强调：品牌是战略！企业的战略判断一定是以市场要素为导向，以生产要素为支撑，构建起"市场要素+生产要素"双要素评价的战略研判体系。

既然是战略，就要做规划。因此，在品牌系统性建设的体系中，规划体系排在首位，以决定品牌发展的战略方向。在这个体系中，判定战略机会、界定市场空间、确定价值共鸣是需要回答的三大核心问题，以明确应该干什么（方向）、能够干什么（空间）和如何去干（共鸣）的战略构想。

在判定战略机会方面，《华为基本法》针对华为“进入新的成长领域”明确了“三个顺应”和“三个有利”的基本原则：在判定战略机会方面，要“顺应技术发展的大趋势，顺应市场变化的大趋势，顺应社会发展的大趋势”；在界定市场空间方面，要“有利于提升公司的核心技术水平，有利于发挥公司资源的综合优势，有利于带动公司的整体扩张”。

在品牌规划体系中，判定战略机会的要素有三个：问题、需求和趋势。社会的不断进步一定会带来或衍生出许多“发展中的问题”，例如，如何进一步提高效能与效率，形成更大的效应与效果，最终获得更大的发展效益；在社会“问题”的驱动下，新的市场需求应运而生，由此变化催生新的市场变化，带来新的战略机会。无论是问题还是需求，所带来的新趋势往往都是以新技术的发展呈现出来的。

大问题带来大需求，大需求引发大市场。华为将自身的战略机会锚定在大市场上。《华为基本法》明确指出：“我们过去的成功说明，只有大市场才能孵化大企业。”同时强调：“战略市场的争夺和具有巨大潜力的市场的开发，是市场营销的重点。”

此外，《华为基本法》一边明确“选择大市场仍然是我们今后产业选择的基本原则”，一边强调“成功并不总是一位引导我们走向未来的可靠的向导，我们要严格控制进入新的领域”。这说明在对战略机会进行判定的基础上，华为也在为自己的市场空间做界定。

在品牌规划体系中，界定市场空间的要素有两个：自身优势与竞争态势。这与《华为基本法》给出的三条标准同出一辙：有利于提升公司的核心技术水平——提高竞争的技术壁垒，有利于发挥公司资源的综合优势——发挥自身在资源与能力上的优势，有利于带动公司的整体扩张——以整体扩张来占据目标市场空间。

在笔者看来，品质与规模始终是企业发展的两大战略考量，一个是“体质”，另一个是“体量”。一家成功的企业，一定要有底线思维和边界思维，前者代表的是品质，后者代表的是能力。能力的边界一定是以品质的底线为前提，在二者之间一定要形成一个动态的平衡。正所谓“平则匡正，衡乃至恒”。这与《华为基本法》中所强调的原则不谋而合：“在只有当我们看准了时机和有了新的构想，确信能够在该领域中对顾客做出与众不同的贡献时，才进入市场广阔的相关新领域。”虽然“要善于利用有节制的混沌状态，寻求对未知领域研究的突破”，但是“要完善竞争性的理性选择程序，确保开发过程的成功”。

在《华为基本法》中，将华为的目标市场划分为两个空间：一个是“要抓住新兴产品市场的快速渗透和扩展”，另一个是“要推进成熟产品在传统市场与新兴市场上的扩张”，但无论哪个市场，都强调要“形成绝对优势的市场地位”。基于此项原则，《华为基本法》划出了一个明确的“界限”：“为了使华为成为世界一流的设备供应商，我们将永不进入信息服务业。”前一句代表品质的底线，后一句代表能力的边界。所有这一切都是来保证华为能够始终坚持《华为基本法》中所强调的基本法则：“我们不单纯追求规模上的扩展，而是要使自己变得更优秀。”

对此，《华为基本法》发出警示：“高层领导必须警惕长期高速增长有可能给公司组织造成的脆弱和隐藏的缺点，必须对成长进行有效的管理，始终保持造势与做实的协调发展。”

在品牌规划体系中，对于界定市场空间的两大要素之一——自身优势的诠释，是围绕两个最基本的要素展开的，即能力和资源。在《华为基本法》中，对于市场边界也是同样围绕能力与资源做了界定。在能力方面，“在中短期将集中在通信产品的技术与质量上，重点突破、系统领先”，并借此让华为在市场空间上“摆脱在低层次市场上角逐的被动局面”。在资源方面，要“优先选择资源共享的项目，产品或事业领域多元化紧紧围绕资源共享展开”，以确保在市场空间的界定上“不进行其他有诱惑力的项目，避免分散有限的力量及资金”。

同时，基于资源与能力《华为基本法》为华为制定了更为具体的市场竞争策略。在资源的分配上，“坚持‘压强原则’，在成功关键因素和选定的战略生长点上，以超过主要竞争对手的强度配置资源，要么不做，要做就极大地集中人力、物力和财力，实现重点突破”。

在能力的构建上，强调“产品开发遵循在自主开发的基础上广泛开放合作的原则，积极探索在互利基础上的多种外部合作形式。在选择研究开发项目时，敢于打破常规，走别人没有走过的路”。

为了确保不出现资源和能力上“入不敷出”的情况，《华为基本法》还特别祭出了一把“保护伞”，即要“按照我们的事业可持续成长的要求，设立每个时期的合理的利润率和利润目标，而不单纯地追求利润的最大化”。

在界定好了市场空间之后，品牌规划体系对如何实现对目标市场的竞争提出了三大要素，即价值独特、成本领先和持续创新。

让我们看看《华为基本法》在这三个方面是如何制定策略的。

在价值独特方面，是以“日本产品的低成本、德国产品的稳定性、美国产品的先进性”作为华为价值独特的基准，构建起在“技术、质量、成本和服务上的优势”，并使其成为“我们竞争力的基础”。

在成本领先方面，要依靠“研究开发的高投入获得产品技术和性能价格比的领先优势，通过不断优化成熟产品，驾驭市场上的价格竞争”。

在持续创新方面，首先对研发方面做了规定，要“保证按销售额的10% 拨付研发经费，有必要且可能时还将加大拨付的比例”，以此来确保创新的持续性和发展的长期性。在生产方面，“要按照规模经济原则、比较成本原则和贴近顾客原则，集中制造关键基础部件，分散组装最终产品，在全国和世界范围内合理规划生产布局，优化供应链”，以确保华为能够在生产即产品上保持长期的优势。

品牌内涵体系：定位与价值、主张与承诺

在判定战略机会和界定市场空间之后，就要在目标领域中，找到能与客户 / 顾客形成价值共鸣的“心智点”——确定价值共鸣。我们认为，品牌的内在逻辑是价值，品牌的外在关联是关系，关系的核心是信任，而信任的达成首先要与消费者形成价值共鸣，进而对利益的获得产生期许。

在品牌系统性建设体系中，从品牌内涵体系开始就进入与客户 / 顾客建立关系的环节。首先是品牌的价值观、愿景、使命、理念与精神。华为的价值观一直很明确，就是一切以客户 / 顾客为中心。《华为基本法》的第一章“公司宗旨”中的第一条便是“核心价值观”。

价值观：“华为的追求是在电子信息领域实现顾客的梦想”。在后面的章节中，再次强调：“顾客价值观的演变趋势引导着我们的产品方向”。

愿景：依靠点点滴滴、锲而不舍的艰苦追求，使我们成为世界级领先企业，用我们卓越的产品自立于世界通信列强之林——目标。

使命：发展拥有自主知识产权的世界领先的电子和信息技术支撑体系——路径。

理念：广泛吸收世界电子信息领域的最新研究成果，虚心向国内外优秀企业学习，在独立自主的基础上，开放合作地发展领先的核心技术体系——方法。

精神：责任意识、创新精神、敬业精神与团结合作精神。

在品牌价值观、愿景、使命和理念的基础上，还要以面向客户 / 顾客的角度，梳理出品牌的定位、价值、主张和承诺。我们从《华为基本法》

中，不难找到从上述四个维度来诠释华为品牌内涵的内容。

品牌定位回答的是：我是谁，我与别人有何不同。品牌价值回答的是：我能做什么，能给别人带来什么。品牌主张回答的是：我最看重什么，我要坚守的是什么。品牌承诺回答的是：我一定会为你怎样，一定会给你什么。

品牌定位

• 我是华为（角色）；

• 是世界一流的设备供应商（识别）。

品牌价值

• 拥有优异的产品、可靠的质量、优越的终生效能费用比和有效的服务（能力）；

• 能为客户／顾客带来利益，不断满足其日益增长的需要（利益）。

品牌主张

• 要建立完善的服务网络，向顾客提供专业化和标准化的服务。顾客的利益所在，就是我们生存与发展最根本的利益所在。

• 要以服务来确定队伍建设的宗旨，以顾客满意度作为衡量一切工作的准绳。

品牌承诺

• 向顾客提供产品的终生服务承诺。

任正非曾经说过这样的一句话："磨好豆腐给最亲的人吃。"他将华为的品牌内涵进行高度的浓缩——做企业就是要安下心来，"磨好豆腐给最亲的人吃"，就是我要为人类创造价值！

我能做什么：能"安下心"来。我能带来什么："磨好豆腐给最亲的人吃"。最后是品牌承诺：我要为人类创造价值！

正如《华为基本法》中所强调的那句话："质量是我们的自尊心。"

《华为基本法》作为企业发展的纲领性文件，针对品牌发展的战略规划和价值内涵做出了明确的全面、详尽的规定，为华为的长远发展勾画出一幅清晰的“路线图”。这也充分表明，品牌是战略，品牌的系统性建设要从品牌的规划和内涵体系着手，明确品牌发展的方向与路径。

同时，我们通过这部《华为基本法》清晰地看到华为基于创造消费者价值的出发点和价值观，这些是决定企业与消费者最终达成价值共鸣与利益共振的前提。正是因为华为能够以“顾客价值观的演变趋势引导我们的产品方向”，以“不断满足客户 / 顾客日益增长的需要”为目标，以“向顾客提供专业化和标准化的服务”为己任，以“顾客满意度作为衡量一切工作的准绳”，以“向顾客提供产品的终生服务”为承诺，才会不断地加大对研发的投入，才会不断地生产出令顾客 / 客户满意的产品，才会坚定不移地走价值创造的发展之路，才会赢得最广泛的品牌共鸣与赞誉。

特别是“实现顾客的梦想”的价值观，就从根本上决定了华为是“为谁而干”的。从这个角度来讲，华为并不像苹果那样是靠挖掘消费者的潜在需求、以颠覆性的创新来改变人们的习惯。从某种意义上来讲，苹果是实现了乔布斯的梦想，而非消费者的梦想。就像有人认为，“采用当今世界上最先进的技术”就能开发出受欢迎的产品。对此，我们要谨防让这个观点成为一个一厢情愿的伪命题。从价值共鸣来看，技术至上与其说是实现了消费者的梦想，不如说是实现了技术的梦想。

因为消费者关注的不是技术，而是功能。例如，我们在前文所提及的 LG 的后置按键的 G3、双屏可折叠的 V50、T 字旋转屏的 Wing，这些产品都不是从用户的使用习惯出发，没有聚焦用户需求，使 LG 的价值创新与消费者的价值共鸣出现了偏离，因此在激烈的市场竞争中也就无法赢得消费者的青睐。

正如星巴克所强调的：“创新是对关系本质的再思考，而不是重新思考产品本身。”

同时，《华为基本法》成为华为与顾客 / 客户形成价值共鸣的媒介和载体，很多业界人士和消费者正是通过《华为基本法》认识了华为、认同了华为，甚至是认定了华为。当然，这不仅是源于华为在《华为基本法》中“说得好”，更是源于在企业发展的历程中那份对价值观的始终坚持，对品牌承诺的始终坚守。

2001 年，《华为人》报刊登了一篇题为《为客户服务是华为存在的理由》的文章，任正非在审稿时，将其改成《为客户服务是华为存在的唯一理由》。十几年来，任正非不厌其烦地反复用“唯一”这样的词来强调华为的价值主张——以客户为中心，价值创造源于客户，并将此价值观深深地植入华为人的心里。

在利比亚战争枪炮正酣时，不管是政府军的网络坏了，还是反政府军的网络坏了，华为人都义无反顾地背上背包，冒着可能被冷弹、炮弹打死的危险去为客户解决问题。利比亚参赞说：“华为人对客户的需求就像吃了鸦片一样。”《华为基本法》第六条规定：“资源是会枯竭的，唯有文化才会生生不息。一切工业产品都是人类智慧创造的……精神是可以转化成物质的……包含了一切促进生产力发展的无形因素。”

在价值观之下，还要真正解决发展中的许多矛盾，不然价值观的落地就会成为一句空话，企业文化就会成为一种装饰，“实现顾客的梦想”就会成为一句口号。华为正是通过《华为基本法》，很好地回答了在企业发展与品牌建设中的“十大矛盾”，即业界专家所总结出的十个问题：①尊重个性与集体奋斗；②开放合作与独立自主；③顾客、员工（含股东）与合作者关系；④精神文明与物质文明；⑤公平与效率；⑥民主与独裁；⑦统一性与多样性；⑧程序化与灵活性；⑨速度与效益；⑩继承与发展。这些问题都关乎品牌的百年大计，代表品牌发展的方向，决定品牌发展的质量乃至存亡。

正是因为能够认清和处理好这些“矛盾”，才使华为人上下一致，沿循同一个价值观，并将这种价值观铭刻在骨头上，融化在血液中。

一个“得到”罗振宇的分享视频引发了一位业界资深人士的关注与感慨。在这份视频中，罗振宇讲一个华为云的销售人员，如何用一封邮件打动他，让他下定决心，要把多年合作的数据服务商阿里云换成华为云，把每年几千万元的订单给了华为。

到底发生了什么？华为云的销售人员在邮件里讲道：“我们为‘得到’的企业知识服务，挑选了一个优质客户，只要‘得到’愿意，500 万元的订单马上就可以签。这个合作，跟‘得到’是否选择华为云做数据服务商没有任何关系，请你们不必有压力。”

让罗振宇感动的正是以下这两句话，因为他从中感受到了华为的价值观：“我们华为云做事情不是要赚客户的钱，而是要帮客户赚钱。”其潜台词是，哪怕你赚的钱我分不走一分一厘，我也要促成你的成功，只因为你是我的客户。

在这位业界资深人士的眼里，这才是华为云最厉害、最让人震撼的地方。正如美国黑石集团共同创始人、全球主席兼首席执行官所说的：“处于困境当中的人，往往只关心自己的问题，但是解决问题的途径通常在于，你如何解决别人的问题。”这正是我们普通人常常忽略的一点。

在这次与“得到”的合作沟通中，华为云销售人员的眼睛没有只盯着自己的问题和需要——如何成为“得到”的数据供应商？他始终在关注如何帮助“得到”解决问题。这是因为“得到”作为知识服务提供商，长期以来在消费者市场做得很成功。如今要进军企业知识服务领域，但是面对自己并不擅长的企业业务，正如罗振宇所说的：“刚开始，实在不会做。”对于 30 年前就从事设备经销的华为，却已经是轻车熟路了。因此，今天“得到”的瓶颈，正是华为的强项。

于是，在“为客户服务是华为存在的唯一理由”和“实现顾客的梦想”理念识别的驱动下，就有了那位华为云的销售人员在邮件中所表达的“哪怕跟我没关系，我也尽力帮助你”“即使我们没有美式装备，但是在您最需要的时候，我们一定是金刚川上的那座‘人桥’”的行为识别。

综上所述，品牌的世界观决定了品牌的自然观、社会观、人生观和价值观；生存法则决定了企业发展的战略、路径和方法，是核心竞争力和持续发展力的基点；经营理念决定了品牌的定位与品牌的价值，是指导和统领经营行为的指导方针；品牌主张决定品牌所倡导的精神、践行的文化和给予的承诺。

我们可以看到，《华为基本法》深刻地印证了品牌及其品牌规划对于企业的长远发展是具有战略性地位的，是企业战略规划中最为重要的，是不可替代的。这说明了以品牌内涵为主要内容的品牌文化对于品牌价值的打造、利益的输送、心智的影响与关系的构建是多么不可或缺。

第九章

心智影响从形象传播开始

在确定了品牌价值共鸣之后，接下来就是要把包括品牌价值和品牌定位在内的品牌内涵转化成品牌形象，建立起品牌形象识别系统，然后通过媒介载体将其传播出去，目的是为消费者解决针对品牌从认识到认知、从认知到认可的心智问题，为品牌带来知名度和信任度。

在品牌的八字真谛的价值、利益、心智、关系中，品牌传播是价值、利益与心智、关系之间的转化枢纽，也是为品牌和消费者搭建起来的沟通桥梁。品牌传播所传播的就是品牌的价值及为消费者带来的利益，而传播的目的是能够影响消费者的心智，通过了解建立信任，凭借信任而产生交互乃至交易的关系。

品牌形象识别的四维度体系

品牌的形象识别系统主要包括视觉、理念、行为和环境四大维度。

品牌传播从品牌形象开始。如前文所述，当确定好品牌自身的定位、价值、主张和承诺之后，就要将其向目标受众传递出去，以期形成共识与共鸣。在内涵与传播之间，还有一个重要的体系，就是品牌形象体系。正如，美国市场营销协会对品牌的定义："品牌是用以识别一个或一群产品或劳务的名称、术语、象征、记号或设计及其组合，以和其他竞争者的产品或劳务相区别。"

在品牌的定义中，名称、术语、象征、记号或设计及其组合就是我们所说的"品牌形象"，而"以和其他竞争者的产品或劳务相区别"，便是我们构建品牌形象体系的目的与意义。

品牌的形象体系是通过品牌形象识别系统（CI）构建的，CI是指企业有意识、有计划地将自己企业或品牌的各种特征向社会公众主动地展示与传播，使公众在市场环境中对某一个特定的企业有一个标准化、差别化的印象和认识，以便更好地识别企业，并对其留下良好的印象，进而构建以信任为核心的亲密关系。

早在1914年，德国AEG电器公司首创了CI。德国AEG电器公司在其系列电器产品上，首次采用彼德·贝伦斯所设计的商标，成为CI中统一的视觉形象的雏形。在20世纪60年代以后，欧美国家的企业导入CI出现了潮流般的趋势。日本企业在20世纪70年代以后、我国企业在20世纪90年代以后也开始创造自己的CI，从而使之发展成为一个世界性的趋势。

CI的系统性体现为它是通过四个维度的内容来体现和展现的，即品牌视觉识别系统（VI）、理念识别系统（MI）、行为识别系统（BI）、环境识别系统（EI），我们将之统称为品牌形象识别系统（CI）。其“四维度”模型，如图9–1所示。

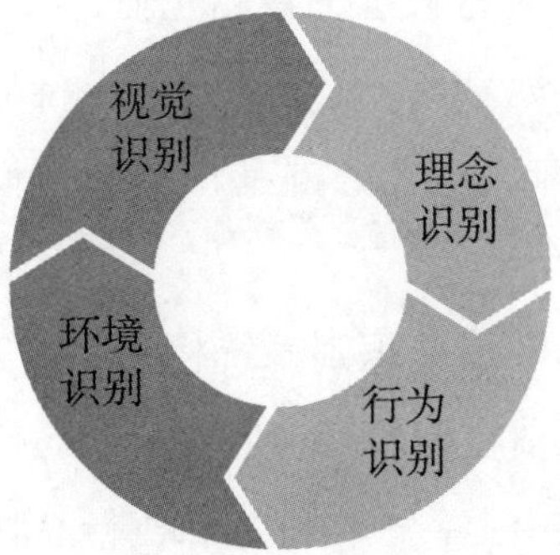

图9–1 品牌形象识别系统“四维度”模型

必须要指出的是，CI 的核心就是我们前面所讲的“品牌内涵”，其任务就是通过清晰的表达与传递，完成消费者对于品牌定位、品牌价值、品牌主张和品牌承诺的获知与认知、共识与共鸣，直至联想与记忆。

应该强调的是，CI 是对以品牌核心价值为主要内容的品牌战略的形象展现与具象传递。因此，CI 的主体内容一定要保持长期性、连续性、一致性、规范性和系统性。品牌建设与成长是一个漫长的过程，消费者对品牌的从认识到认知、从认可到认定也是一个循序渐进、不断关注乃至记忆、不断积累乃至沉淀的过程，因此品牌形象的展现与传递具有长期性的特征。

正是因为消费者与品牌认知的长期性，才要求品牌形象的传递要具有连续性，即品牌的形象传递不能朝令夕改，这样不仅会让消费者之前对品牌内涵认知形成的积累“归零”，还会造成消费者对品牌内涵认知的迷惑、困惑，最终严重阻碍消费者与品牌之间关系的建立与维系。同时，企业内部对品牌的认识要高度统一，才会在品牌建设过程中形成合力。

为了确保消费者对品牌形象认知的高质量，品牌形象的体现和展现一定要保持一致性。特别是大型的集团企业，其品牌形象的塑造与传递往往是多层级、多部门地呈现，因此一定要保持品牌形象对外的一致性，避免给消费者带来品牌认知上的混乱，影响他们对品牌认知的效率与效果。

一致性需要通过品牌形象识别系统构建的规范性来实现。首先要建立包括流程、标准、评估在内的品牌形象构建与管理机制，在品牌形象、信息、内容的塑造与应用上，严格遵循和执行品牌形象管理制度与规定，并将之贯穿于研发、生产、管理、营销、服务全价值链。

社会心理学家 S Asch 在 1946 年通过实验研究提出了“首因效应”，是指在认识人或事物的过程中，“第一印象”会对以后认识这些人或事物产生影响或作用。在品牌形象构建的“四维度”中，视觉识别系统（VI）是最先传递给消费者的。视觉识别系统（VI）是品牌形象具体化、视觉化的表达形式，因此往往会构成消费者对品牌的第一印象、第一认知。

视觉识别系统（VI）最具有传播力和感染力，也最容易被认知、被记忆和被联想，起到品牌形象传递的“先锋队”作用。例如，中国的90后、00后对快餐食品品牌的认知，就是从麦当劳的“M”和肯德基的“老爷爷”的识别中建立起来的。国人对可乐的认识过程也是一直伴随着对可口可乐和百事可乐的认知区隔。

既然视觉识别系统（VI）的任务是引发消费者对品牌最初的关注与记忆、认识与区隔，那就必须要符合、满足人们对视觉形象识别的特征和需求。首先，人的记忆特点是更容易记住简单明了的内容，因此对于视觉识别系统（VI）的设计，简洁是一大原则。例如，耐克的红色对钩，令人过目不忘。其次，人们接受直接的表述效率最高，因此一目了然也是原则之一。例如，雀巢咖啡就直接用“两只雀儿在巢旁”作为品牌的标识主体。当然，也有许多品牌更加“直截了当”，干脆就将品牌的名称文字直接设计为标识，如可口可乐。

此外，超乎常态、出乎意料的内容往往会引发人们的好奇和关注，因此出奇也是原则之一。例如，我们一般看到的苹果形象都是圆圆的、红红的，苹果电脑的logo则是一只被咬了一口的“残缺”的苹果，一下子就吸引住了消费者的目光。

这个“不完美”的“苹果”，与苹果电脑的品牌理念不谋而合。

品牌定位：与众不同，不同凡响。

品牌价值：发现不完美，然后实现完美。

品牌主张：不完美才能促使进步，去追求完美。

一个优秀的品牌视觉形象可以将品牌的内涵，乃至基本特征准确、清晰和艺术地表现出来，进而通过促进消费者的认知转化提升市场转化的效率与效果。

1956 年，美国国际商用计算机公司正是以公司文化为出发点，紧紧围绕“制造尖端科技产品”的企业精神，将公司的全称“International Business Machines”设计为蓝色的富有品质感和时代感的造型“IBM”，以“蓝色巨人”的形象传递其“前卫、科技、智慧”的品牌内涵。

举一个所有中国人都熟悉的形象——戴着棉军帽的雷锋形象。一看到这个形象，我们就会想起“补满补丁的袜子，雨夜送大嫂，甘做革命的螺丝钉，为建筑工地添砖加瓦，做好校外辅导员，为人民公社捐钱……”这些雷锋的光荣形象，联想起“好人，助人为乐，做好事不留名，吃苦在先、享受在后，待同志像春天般的温暖……”这样的优秀品格。这种形象源于长期、不变的传播，早已经在中国人心中深深地扎下了根。

正如叶茂中先生所言：“形象就是表现一种个性，它可以是某种精神、某种情感、某种风格、某种氛围等，但要以维护个性内在的统一为准则。”

因此，品牌视觉设计一定要与品牌自身的调性相吻合。例如，麦当劳与摩托罗拉的品牌 logo 都是以大写的“M”作为主体。前者棱角圆润、色调柔和的“M”，所传递的是美味、干净、舒适；后者棱角分明、双峰突出的“M”，则彰显了品牌的高科技质感。

星巴克是以咖啡制作的四大阶段衍生出以绿色系为主的“栽种”，以深红和暗褐系为主的“烘焙”，以蓝色为水、褐色为咖啡的“滤泡”，以浅黄、白和绿色系诠释咖啡的“香气”，这一系列符合星巴克特征与调性的视觉形象。

无印良品的企业标志和它本身的理念一样简单，没有复杂的 logo 和字体，但是黑白卡其色及透明颜色的组成让人看了非常舒服。这与无印良品在产品上始终贯彻的简单纯色为主、色调统一清新的调性完全相符。

视觉识别系统（VI）除了需要传递品牌的内涵、引发消费者的关注、实现品牌形象的认知与区隔这些功能性，还应具有感染力的功效。对于视觉识别系统（VI）的感染力，美感就显得非常重要，这满足了人们对视觉审美的需求。例如，在百事可乐的标志中，圆球分为上、下两个对称的部分，分别以红色和蓝色予以区隔，中间是一根白色的飘带。这不仅满足了人们普适的审美标准，即对称、平衡，也构成了动静平衡的最佳意境。

星巴克在品牌视觉识别系统（VI）的构建中，就是采取功能性与感染力的双重要素的共同评判体系，借此梳理、定调星巴克的每一次视觉应用。正如星巴克创意总监 Ben Nelson 所言："在这把衡量功能性与感染力的量尺上，每款视觉设计都有属于自己的位置，而这取决于被设计的物件是以怎样的面貌与消费者接触、沟通。"

Ben Nelson 所说的"面貌"，正是那个最容易给消费者留下记忆点的元素——颜色。星巴克的设计团队始终坚持以绿色为锚点，不断地将品牌识别加以视觉强化，树立品牌鲜明的形象，让消费者获得强烈的印象。

绿色是星巴克的主色调，从商标、用具、菜单、制作物、食品包装到 Instagram 上的营销素材，乃至店内服务员的围裙等一系列的应用场景上，星巴克打造了属于自己的绿色世界。

每一季星巴克的设计团队都要依循"Starbucks Green"这个主轴，从重新推出的饮品中提取灵感，挑选出流行色调，进而展开、延伸出一系列的视觉设计，来持续强化视觉诉求，致使品牌的视觉传递与识别能够呈现出高度的一致性，实现了品牌形象的感染力与品牌营销的功能性之间的一体性，达到了完美的统一。

对称与平衡的经典视觉识别理念也体现在星巴克的标识上。这是根据 16 世纪斯堪的纳维亚（Scandinavia）的一幅双尾美人鱼木雕（版画）图案设计出的星巴克标志，通过对称的造型呈现出一个有秩序、有节奏、有规律、有韵律的视觉传达，勾画出一个横跨欧亚、覆盖全球的王者形象，深刻而又含蓄。

最后，再跟大家分享一个通过视觉传递品牌诉求、最终实现了前所未有的市场转化的案例。可口可乐在1931年之前每到冬天都是消费淡季，为了解决这一营销问题，他们利用自身原有的视觉基色，创作出一个至今仍被大家熟悉并喜爱的圣诞老人的形象，并以“口渴没有季节”为主题，在圣诞老人与可口可乐之间构建起一系列的消费场景，从此改变了人们饮用可乐的固有习惯，创造了新的消费需求。

理念识别是整个品牌形象识别系统的灵魂，也是品牌内涵的集中表现，它反映了企业的初心和使命及形成这种初心和使命的世界观、价值观与哲学理念，以及践行这种初心和使命的生存法则、操守准则与社会承诺。理念识别系统（MI）就是将这些品牌内涵准确、简洁、个性独到地传递出去的系统。

例如，麦当劳的理念就简而明之地体现在Q、S、C、V四个字母之中——质量（Qulity）、服务（Service）、清洁（Clean）和价值（Value）。这是在麦当劳创业初期就确定的，富有快餐业的特征反映了麦当劳的核心价值观，同时概括了企业对全社会的承诺，即必须在任何情况下向顾客提供高质量的食物（Q）、自助式的良好服务（S）、洁净整齐的用餐环境（C）和物有所值的消费方式（V）。

这种理念一经确定，麦当劳经营管理的标准与流程、规章与制度等，都必须要为更好地实现这种理念而服务。这种理念也成为企业员工上下一致奉行的信条与坚守的准则。

西贝的价值主张是：①非常非常非常好吃；②非常非常非常干净；③非常非常非常热情。

借此，西贝的广告语就是：“闭着眼睛点，道道都好吃。”西贝正是用如此简明扼要的理念，表达其对餐饮行业的本质与规律、消费者的利益与期望的深刻理解，即口味、卫生和服务永远是与食客疏通心智与亲密关系的一串金钥匙。

我们还要再提星巴克。在笔者研究品牌的过程中，越发感受到星巴克简直就是一个“样板”级的品牌。无论是针对人性的五大层次需求的品牌价值打造与利益输送，还是星巴克所具备的完整、统一的品牌形象识别系统的四大维度，都完全称得上是品牌系统性建设的典范。

在理念识别方面，星巴克的世界观是人本主义，方法论则是关系哲学。这两者互为因果关系。因为强调以人为本，所以要重视品牌与人之间的关系，后者是前者的贯彻与实现，两者共同构建起了星巴克的核心价值观。在星巴克的理念识别体系中，人本主义与关系哲学互为思维因果，是星巴克品牌价值观的两大根基。正如星巴克 CEO 霍华德 · 舒尔茨所言：“我一直相信，正是对于这种关系的深入思考与阐述，催生了星巴克的价值观。”

在人本主义之下，星巴克始终在倡导“将心注入”的品牌理念，并借此而做出品牌的承诺——为客人煮好每一杯咖啡。在这份“初心”中，包含了星巴克对顾客的真心、对产品的精心、对员工的爱心、对事业的恒心。同时，在关系哲学之下，星巴克始终坚持“尊重员工，从顾客出发，与员工和客户多赢”的经营理念，强调“创新是对关系本质的再思考，而不是重新思考产品本身”。

讲完“理念识别”后，我们从“行为识别”的角度看看星巴克到底是怎么做的。

首先，“将心注入”体现在产品上。未来保证产品品质，星巴克在很长一段时间里坚守四大原则：一是拒绝加盟，因为星巴克不相信加盟业主会做好品质管理；二是拒绝贩售人工调味咖啡豆，因为星巴克不屑以化学香精来污染顶级咖啡豆；三是拒绝进军超市，因为星巴克不忍将新鲜咖啡豆倒进超市塑胶容器内任其变质走味；四是选购最高级咖啡豆、做最完美烘焙的目标永远不变。为此，星巴克采用“道德采购”原材料品质保障机制以及“咖啡和种植者公平规范”，确保星巴克咖啡品质的“底层代码”的基因与血统。

其次，“将心注入”体现在对员工的关爱上。星巴克总是将员工放在首位，坚持“员工第一”，无论是“全员医疗健康保险计划”还是“咖啡豆激励计划”，无论是“父母关爱计划”还是“伙伴回家计划”，无论是将薪资锁定在业界前列的薪酬福利制度，还是包括创新激励、报酬激励、鼓励授权在内的员工激励制度，等等，都体现了星巴克对员工的尊重与关心。

最后，“将心注入”体现在对顾客的真心上。无论是为顾客提供各种超值的免费服务，还是不断加强对老客户的优惠力度，无论是让顾客参与到产品设计中，还是对“第三空间”的倾力打造，都体现了星巴克的人本主义理念。

面对顾客，星巴克的小伙伴在不断地实践“one cup at time”（一步一步地、扎扎实实地）的准则，透过每一次和客人在店里相遇的机会与瞬间，实现“用自己的智力、心力和劳力，热情地解决问题，而且绝不争功诿过”的承诺。

为此，星巴克 CEO 霍华德 · 舒尔茨深情地说：“是那些围着绿色围裙的伙伴，他们才是真正的公司形象，他们才真正代表星巴克的品牌。”

与其他企业不同的是，环境识别对于星巴克来说至关重要。按照霍华德 · 舒尔茨的话说，“我们建立公司是要建立一种体验，我们门店的体验，不是通过市场营销，不是通过广告，而是通过客户真正的体验”。这种体验源于星巴克对“第三空间”环境的打造。

星巴克的过人之处在于，在环境的营造中，在统一外观的同时又呈现出变化，即结合不同地点的特征，让每家店都有自己与众不同的特色。让每一位顾客都能体验到丰富多彩的视觉享受、浓郁咖啡香味的嗅觉享受和美妙音乐的听觉享受。

从视觉识别到环境识别，从理念识别到行为识别，星巴克对品牌形象识别系统的打造有力地强化了顾客对品牌形象的感受，优化了顾客对品牌的体验，提升了星巴克从认知转化到市场转化的水平，为企业赢得了更为广泛的美誉度和更为持久的忠诚度。这就是一杯价值 3 美分的咖啡在星巴克能卖到 3 美元的奥妙所在。

值得一提的是，在如今这个信息碎片化的时代，每个人的时间都是宝贵的。在这个产品极大丰富的时代，每一次选择都是困难的。因此，许多消费者的心动往往会从“颜值”初见的那一刻开始。好的产品“颜值”会让消费者的目光多停留一会儿，让消费者的共鸣来得更早一些，让消费者的倾向更明显一些，让消费者的初次购买的意愿更强烈一些。

在个风起云涌的“颜值时代”，面对扑面而来的审美红利，先锋的设计思维、前卫的设计语言和高端的色彩搭配都成为品牌视觉识别的重要元素，并且发挥出巨大的形象美化与营销推动作用。就像喜茶、花西子、茶颜悦色、三顿半咖啡、钟薛高、汉口二厂、完美日记这样的新消费品牌，都是通过提升品牌视觉识别的“颜值”来实现自己的羽化成蝶，让自己成为消费者眼中、心中的一道亮丽的风景线。

以喜茶为例，它在研发“芝芝桃桃”这款产品时，为了确保产品的视觉效果，特地加入了火龙果汁进行调色，以解决桃子氧化变色问题。奈雪的茶特意将产品的杯子设计得修长，就是为了让女性消费者拿着产品拍照时效果能够更好。

戴森原本是一个非常不起眼的小家电的新品牌，但是在高端性能的底色上，戴森通过使简约与时尚的产品外观成为品牌最具辨识性的视觉传达，使自己成为独树一帜的高“颜值”品牌。在成为小家电品牌中“炫酷”代名词的同时，成为中产阶级人群的心头好，不仅大幅提升了品牌的市场溢价，还成就了一个现象级的家电品牌。

需要强调的是，视觉识别一定要与理念识别相承袭、相呼应，才能真正发挥赢得消费者心智的作用。如果为了美而美，就会让消费者感到莫名其妙，不知所云，反而弄巧成拙。除了与品牌调性相呼应，视觉识别还要与消费者的心智相呼应，才能引发共鸣。江小白加入印有 UGC 文案的纸套，既起到了产品视觉识别的作用，又用扎心的句子撩动了许多年轻人的心智，引发彼此的共鸣。

最后指出的是，虽说“颜值就是正义”，但“颜值不会是最终的正义”（著名财经作家吴晓波语）。虽然“颜值”能美化品牌，但不能仅仅是“花瓶”。最终的“正义”还是源于品牌价值的高低与消费者利益的大小。李宁的成功就不仅仅归因于“颜值”，而是在服装的颜色、版型设计、材质、时尚元素等方面，全面地符合年轻一代的审美要求，将中国文化元素推向世界舞台，激起年轻一代的文化认同感和文化自豪感才是最为重要的。

著名主持人杨澜曾说：“做女人你必须精致，形象永远走在能力前面。”对于品牌，杨澜的前半句是对的，因为今天的品牌必须要精致，不然你如何在一大堆同品类产品中“跳”出来；后半句则不尽然，因为品牌毕竟不是花瓶。只有“有颜”“有料”和“有品”的“三有”合体以至于“形神合一”，才能支撑品牌走得更高、更远。

品牌传播的两大任务和五大要素

品牌传播的两大任务是提升品牌知名度和信任度，五大要素是目的、受众、内容、媒介和形式。

记得在十几年前在《广告人》杂志为朵唯手机编撰“月度大案”时，第一次接触到“整合营销传播”这个概念。从那时开始，在很长的一段时间里还没有厘清到底是营销在前，还是传播在前。可以说，当时完全没有明白传播与营销的定位与职责。

如前文所述，品牌的本质与规律就是价值、利益、心智与关系。传播的职责定位在心智这个维度上，品牌心智包括四个维度，即知名度、信任度、美誉度与忠诚度（见图 9–2）。品牌传播是企业与消费者接触的开始，也是与消费者沟通、交流和互动的过程。其目的是通过向消费者介绍企业、传递理念、表明态度、发出承诺，以及向消费者推广产品、介绍功效、分享体验、答疑解惑，实现消费者对品牌从不认识到认识、从不了解到了解、从不信任到信任的心智改变。

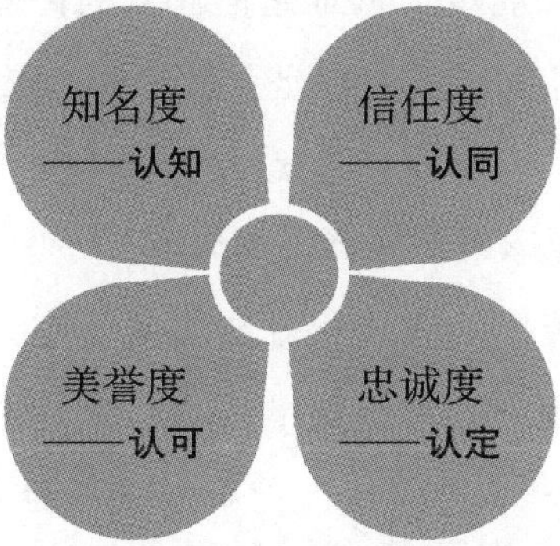

图 9–2 品牌心智“四维度”模型

由此可见，传播是解决消费者的认知问题，也是解决品牌心智的问题，营销则是在其后解决品牌关系的问题。它们之间的关系是由传播为品牌解决知名度与信任度的问题。当消费者的需求与企业的产品或服务形成关联时，消费者就可能在了解与信任的基础上与品牌产生交易关系，形成初次购买。

营销是通过不断地优化品牌体验（产品、消费、服务和文化）来不断促进和完善品牌与消费者之间的商业关系，进而提升品牌的美誉度和忠诚度，最终让品牌与消费者建立起重复购买、长期购买，乃至超常购买的关系。

因此，提升品牌的知名度和信任度是品牌传播的两大核心任务。笔者在《品牌系统性建设：沿循消费心理与行为的轨迹》一书中指出，品牌就是通过广泛而深入的认知转化实现高附加值、可持续的市场转化。“广泛的认知转化”解决的是品牌的知名度问题，而“深入的认知转化”解决的是品牌的信任度问题。

这就是品牌传播的本质与规律！特别是在这个媒介多元化和信息碎片化，传播的方法与工具快速迭代、层出不穷的时代，我们一定要坚信：所有无法为品牌带来知名度，特别是信任度的传播，无论使用的是多么先进的方法和多么炫酷的工具，都是无效传播。正如知名战略营销专家、罗辑思维营销顾问小马宋所言：“塑造品牌的本质一点没有变，变的是符号识别系统、话语内容体系、传播方式渠道。”

的确，无论品牌传播的方式和方法如何变换，品牌传播的内在本质都不会改变。品牌传播要想取得好的效果，依然要遵循“五要素”的传播逻辑链条，即目的——为何传，受众——向谁传，内容——传什么，媒介——在哪传，形式——怎么传（见图 9-3），最终形成以目的为导向、以受众为目标、以内容为引力、以媒介为路径、以形式为驱动的品牌传播法则。

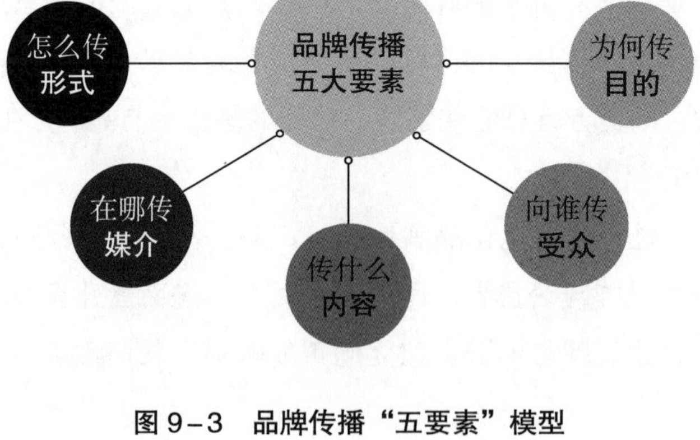

图 9-3　品牌传播“五要素”模型

为何传？其一，品牌传播一定要有目的，要以目的为导向，不能漫无目的，更不能为了传播而传播。品牌传播的目的就是提升品牌的知名度和信任度。在这个“总目的”之下，品牌可以根据不同的发展时期（品牌导入期、成长期、成熟期、衰退期）中不同的传播重点、不同的传播需求来确定每一个阶段、每一次行动的具体的目的。

不管怎样都不要偏离品牌的核心内涵，要将其或隐或现地体现在每一个阶段、每一次的传播中。如此一来，品牌的传播才会形成累积性的效应，才会提升贯通性的效率，才能实现长期性的效果。

例如，茅台酒在传播中始终坚持强化“国酒”的概念，就是要实现“请最好的朋友、最尊贵的客人一定要喝茅台”的传播目的。这种目的一旦实现，就会有越来越多的消费者愿意利用这个品牌共识来塑造个人形象，提升社交品位，从而获得利益。

其二，借助对自身独特的品牌内涵体系的传播，在同质化的竞争中获得差异性的认知，这也是品牌传播重要目的之一。就像苹果传递的是“科技 + 艺术 + 人文”的品牌形象，小米则传递的是“做最好的手机，卖半的价钱”的最佳性价比形象。此外，还有麦当劳和肯德基、百事可乐和可口可乐等。原本这些品牌之间的竞争都属于“同质化”的竞争，而品牌传播就是让消费者在同类产品中获得不一样的认知。只有不同的品牌认知，才会拥有不一样的品牌形象和消费者粉丝。

以两大快餐品牌为例。麦当劳在传播中偏重品牌本身，以凸显作为快餐领导者的身份与地位。例如，麦当劳会与 FIFA、奥运会形成战略合作，成为参与这些世界级赛事的 25 个行业中快餐行业的唯一代表。

相比之下，肯德基在宣传内容上更加“落地”，偏重于食物本身和消费者的体验。因此，在肯德基的广告中，更多地展现新产品的美味可口以及饮食文化和健康理念。特别是肯德基历史悠久而独特的“餐盘文化”是它的一大特色——一直在向顾客宣传健康饮食和适量运动的知识。

我们再次强调，越是在这个传播方法与手段都貌似很先进、很强大的时代，越是要明确传播的目的，所有的手段都要服务于目的，而不要为了尝鲜，为了跟风，为了做而做，将手段当作目的。

对谁传？首先，品牌传播要面对自身的目标消费群体，形成精准的品牌传播靶向。如前文所述，百事可乐为了实现与可口可乐之间的差异化竞争，将年轻人作为自己的目标消费者和主要的传播对象。邀请新生代喜欢的明星作为品牌代言人，将品牌人格化形象，通过新一代年轻人的偶像情结来影响他们对品牌的认知与区隔。

在“对谁传”的问题上，要处理好“传播受众的广泛性与目标消费者的精准性”之间的关系。如前文所述，品牌一定要经过广泛而深入的认知转化。因此，品牌传播首先要完成的是广泛性的任务，即建立起更为广泛的知名度。如果品牌不具备一定数量的获知人群，就无法形成社会性的品牌影响力和行业地位，就使后面的市场转化缺乏具有一定规模的基础性人群。

同时，品牌传播不能陷入“跟谁都有关，跟谁又都没关”的怪圈。与以往的那种先广而告之，再逐步聚焦的传播模式不同，今天的传播也可以先从核心的目标受众开始，然后通过口碑传播不断破圈，形成涟漪式的品牌传播效应。

在今天消费者需求与产品品类细分的情况下，以小众圈层为品牌传播的目标靶向，为自己衬托出一种“弱水三千，只取一瓢”的气概与气质。恰恰是这种气概与气质更能有效地调动情绪、情感、情致与情景，产生更强的代入感与参与感，进而营造出具有高度认同性和区隔性的品味与品位的壁垒，最终形成一圈又一圈的传播涟漪和消费闭环。

对于品牌传播的受众广泛性与精准性的问题，小马宋有一个观点也值得大家参鉴：“对于奢侈品品牌，虽然是少数人拥有，但也一定要多数人认识。如果你背着大牌包包出去，但许多人都不认识，那么奢侈品的社交性价值就大打折扣，炫耀性消费的意义就不复存在了。”的确，“对谁传”这个问题有时还真不像“目标消费者是谁，就对谁传”这么简单。

笔者之前的一个潜在客户是专门为老年人提供回忆录或传记服务的。由于目标客户是老年人，因此一开始的媒介投放选择了老年人喜欢的报纸，但效果一直不佳。后来转投交通台广告，一下子就启动了市场。对于这种服务，老年人不能说不感兴趣，但往往会不舍得，而儿女一旦认为应该为父母实现这个心愿，便“舍得”为之掏腰包。这就说明一个问题，对于某些产品或服务，需求的目标客户不一定是最终的消费决策和支付客户，也就不应该成为品牌传播的目标受众。

在“对谁传”这个问题上，既有大众的广泛性覆盖问题，也有受众的精准性触达的问题；既有消费决策者的问题，也有消费支付者的问题……这需要我们根据不同的情况进行深入细致的分析和研判。

传什么？首先，品牌传播一定要紧紧围绕品牌的市场定位、价值诉求、品牌主张与承诺。这是品牌传播的首要目的和重要任务。要不断地传递并强化：我是谁，我跟别人有什么不同，我能做什么，我们带来什么。

2013 年，当“钱大妈”的老板冯冀将“不卖隔夜肉”的承诺，在深圳福田开出的第一家社区店的门框上亮起来后，一下子就切中了深圳人的消费观。开业伊始，“钱大妈”的第一个社区店每天到店的客流就超过了 500 人，并且在大爷大妈们的“传播”下，很快就取得了不错的口碑效应。在以后的 8 年时间里，“钱大妈”从深圳走向全国，开了 3000 家分店。

围绕品牌的核心内涵来传递品牌的价值主张与承诺，这是品牌内容传播的事物特征。必须要指出的是，这种传播在时代特征的影响下，已经不能再像以往那样以自我为中心，自说自话，自娱自乐，在关注“说什么”的同时，也要重视“说什么”才会有人听。毕竟，无论说什么，也只有受众爱听，才会形成共鸣。正如负责宝马中国品牌管理的一位副总裁在接受采访时所表述的："宝马需要的，是能引发车主和粉丝受众互动与讨论的内容，而不是单纯为某款车型做的促销广告。"

要想实现上述的想法，最好的内容就是消费者自己的内容。新消费品牌钟薛高运作几个月就在小红书平台收获4000篇体验笔记，分享评论过千条，"攻略""推荐""国货之光"等标签，也吸引着更多素人参与到互动分享中；三顿半也被很多KOL和素人拍视频，主动分享到小红书平台；名创优品公开招募1000名"对产品有要求、对体验有感知、愿意表达自己"的用户，使其成为"名创优品产品体验官"。经消费者传播的产品体验信息，按照传播学理论，将会获得6倍之多的分享效果。

调查数据显示，79.3%的"Z世代"更愿意相信真实用户的使用体验，他们经常活跃在自己感兴趣的社群中，通过熟人社交的"种草"内容来完成对品牌的认知，最终形成购买行为。这就表明在社区平台上品牌有机会生产更真实、更可信的原生的内容，从而与用户建立基于内容的深度对话和朋友般的互信关系，让消费者从品牌的拥趸者转变成品牌的代言人，让更多的粉丝为品牌"粉墨登场"，让年轻一代用户群体成为主品牌的内容创造者和传播者。

这个调查告诉我们一个现象和趋势，品牌通过自身的内容传播引领舆论导向的势能正在减弱，品牌内容传播的信任链条正在从"品牌—媒体—用户"转向"品牌—用户（KOL/KOC）—用户"转变。在以往媒体不发达的时候，人们购买产品主要是为了享用。到了社交媒体时代，这一逻辑彻底改变，产品在满足享用之外，甚至是之前，还要用于"传播"。

对于品牌商家而言，微博、微信朋友圈、短视频等社交平台已经成为新品推广的重要阵地。一款产品适不适合排成美图而分享到社交网络，已然成为新品研发的重要考量因素。星巴克推出的"独角兽星冰乐"，少女系配色，季节限定款，就在消费者的疯狂"传播"下成为风靡一时的"网红"产品。

这样的情况每时每刻都在发生。在快手平台上，每天有1500万条真实记录的视频被上传。那些受更多的人欢迎的广告几乎都是原创的、原生的，而不是品牌推销自己的内容。基于内容的真实性，快手商户与用户之间很快就形成了价值的共鸣和情感的信任。

“传什么”之后，便是“在哪传”。如今，品牌传播已经进入一个更加细分垂直和多元组合的媒介时代。广告传播要在消费者的需求领域、兴趣领域、社交领域和生活领域中布上传播的触点。

有一个九阳面条机的案例很能说明问题。在这款只需要3分钟就能帮主妇制作出健康、安全的面条的家用全自动面条机首发前的一周，其产品信息就已经在微博上吸引了上万名妈妈级粉丝的关注。

九阳为了能够更高效地利用微博这个媒介平台，向正在为宝宝辅食发愁的妈妈粉丝进行品牌传播，特意找到了50位80后的新生妈妈，并给她们送面条机。这些KOL（关键意见领袖）专注于母婴领域，粉丝都在30万左右，属于“草根”群体的意见领袖。她们不仅更易于亲近，还有很大的号召力，对网友来说更具实际操作和模仿意义。最终让九阳在投入不到10万元费用的前提下，实现了300多万元的销售额。

Sprout Social（新创公司萌芽社交）发布了最新的“社交媒体报告”。有94%的企业高管认为，目前的社交媒体策略在加强品牌形象方面非常有效果。同时，有93%和91%的企业高管认为，在与客户接触和增加销售额方面，社交媒体也发挥了很好的作用。因此，有89%的企业高管对当前的社交媒体策略与互动体验充满信心。在美国，有72%的高管表示，他们目前正在利用社交媒体来吸引客户参与；有一半以上的企业高管在利用社交媒体进行销售、提高品牌意识以及获得市场洞察力（分别为68%、67%和65%）。

从消费者的角度来看，有74%的消费者会在社交媒体上追随品牌。Z世代（58%）和千禧一代（60%）比X世代（37%）和婴儿潮一代（21%）

更可能通过社交媒体寻求客户服务。综上所述，社交媒体不仅成为品牌传播的重要媒介之一，也成为吸引客户、促进销售的品牌营销的重要阵地。一个个社群构成了连接用户的分布式网络，通过这个网络，品牌获得了可以深入了解中国消费者的最短路径。

不同的社交媒体平台，对于品牌传播的作用是不同的。以视频平台为例，长视频主要是以内容场景和品牌宣传为主，是以吸引受众的关注与记忆为目的的；短视频则被看作是带货的主要路径，是通过KOL这个介质，来传播有品质、有创意的内容，最终实现对品牌调性的渲染与对产品销售的转化。

值得一提的是，在人工智能、云计算、物联网三大技术的推动下，媒介呈现出场景化的发展趋势，这意味着媒介不再局限于信息生产和发布的平台。在5G时代，手机终端下的个人场景、OTT业务模式下的家庭场景、物联网整合下的生活场景都可以成为具有接收、处理和输出能力的，被赋予媒介属性和功效的，既独立存在又彼此互联的信息载体与终端。

“万物皆媒”给人们带来最大的变化是，传播不只是存在于人与人之间，人与物之间的信息传递与分享也成为可能。特别是数字化和智能化技术的发展，前者让媒介的个性化成为可能，后者让媒介的定制化成为可能。例如，百度“小度音响”等智能家居，不仅可以向人们提供信息服务，还具备定制化的信息交换与输出能力。再如，快递公司的App能够向用户提供货物运输的即时状态信息，餐厅的App可以向顾客提供实时排队情况和预订服务信息，同时都可以向用户传递各自的产品和服务信息。以一种更为便捷的形态和形式与消费者建立一种全方位的信息连接与交互。

这极大地增加了可供品牌使用的媒介资源，极大地拓展了品牌对媒介的选择空间，也极大地丰富了品牌信息传递的路径与方法。这无疑为品牌传播提供了更为广阔的空间和更为丰富的选择。

最后是“怎么传”的问题。在这个方面，笔者要跟读者分享的是传播跟着销售“一起传”的新形式。

传播与营销的媒介一体化也是今天和未来的一个重要的发展趋势与特征。正如国家广告研究院与中国传媒大学广告学院联合发布的《2018新营销白皮书——营销一体化变革与趋势探索》报告中指出的，传播和销售越来越同步进行，相互促进，呈现出“传播销售化、销售传播化”的特征。

在以前的传播与营销体系里，消费者接触传播与销售的场景和场所是被分隔的，传播与销售之间存在较长的转化路径，无论是在物理距离上还是心理距离上，都会造成对品牌在认知转化和市场转化之间的延迟、散落，甚至是阻断和流失。这样，大大降低了品牌传播向品牌营销转化的效率、效应与效果。

在今天的社区平台，往往是将品牌内容、产品信息、口碑推荐与销售渠道入口巧妙、无缝连接在同一个场景中，设计与设置具有多入口、短路径、零障碍、场景化特征的销售闭环，通过“种草”、测评、跨界联名等这些满足年轻人消费动机的“新玩法”，积极有效地推动消费者的购买行为，避免消费者在转念之间将消费欲望化于无形。

例如，小红书在内容社区打造“用户分享/阅读体验——发现商品——直接购买”的传播——销售的闭环。内容平台微博与电商平台阿里联合推出“橱窗推荐+淘宝外链”的模式，让微博实现了“种草”与“割草”一体化。抖音和快手也添加了商品橱窗、购物车、链接等直接购买的入口，极大地缩短了营销转化路径。

Keep自2015年上线以来，已拥有3亿的用户，每天有600万人在Keep上挥汗如雨，让Keep成为“运动”的代名词。Keep的制胜法宝便是“内容+产品”和“传播+销售”。2020年5月，Keep与国际健身内容品牌Zumba合作，推出80多套运动课程。官方数据显示，Keep自研课程已经超 1200 套，属于自研内容库最大的平台。同时，Keep 一直在打造吃、穿、用、练的多维度运动品商城。

所有这一切都是为了让消费者可以在传播与销售的汇合点上完成从心动到行动、从决策到购买的一贯性全流程，实现从认知到销售的顺势性、即时性的转化。正如贝恩资本执行总监 Scott Friend 所倡导的："为消费者提供零阻力（frictionless）的购物体验。"这"已经成为优秀品牌的标志之一"（引自《Interbrand 2018 全球最佳品牌报告》）。

总之，在未来，我们要充分利用表现形式的多样性，要更加注意媒介环境的协调性，要把握好品牌传播的时机性，要更加注重传播内容与形式的创意性，要更好地利用传播与销售之间的交融性，同时，处理好品牌传播的自身逻辑与外在关联之间的一致性和协同性。

对于品牌传播的自身逻辑，我们要从"五大要素"来提升品牌的效应与效果。

传播目的要精益，追求在目的指引下的导向性；

目标受众要精确，追求目的与受众间的对应性；

传播内容要精良，追求受众与内容间的共鸣性；

媒介选择要精准，追求受众与媒介间的偏好性；

传播形式要精心，追求形式与各要素间的联动性。

从品牌传播的外在关联上，我们要从以下五个方面来判断对传播效果是能够起到正面的加持作用，还是负面的消减作用。

传播环境：是嘈杂的，还是安静的？

接收状态：是动态的，还是静止的？

受众情绪：是焦躁的，还是愉悦的？

效果呈现：是有缺陷的，还是完美的？

场景交互：是能够交流的，还是可以互动的？

下面，我们以百事可乐的体育传播和电影《你好，李焕英》的整合传播两个“经典+时鲜”的案例，帮助大家进一步理解和把握品牌传播“五大要素”模型。

我们首先来看看百事可乐是如何玩转“五大要素”的。

（1）为何传。在百事可乐的发展中，始终是与可口可乐相伴而行的。可口可乐作为碳酸饮料的鼻祖，无论是在产品的正宗性上，还是在品牌的心智度上，与百事可乐相比都拥有一定的先机优势。百事可乐配方、色泽、味道都与可口可乐相似，绝大多数消费者根本喝不出二者的区别，所以百事可乐在产品层面上根本无法胜出。因此，如何在可口可乐的“阴影”下分得一定的市场空间，逐渐赢得一部分消费者的心智，最终能够换来生存乃至发展的机会，是百事可乐一直以来所追求的目标，也是一切品牌行为的目的所在。

作为挑战者，百事可乐一直等待或是寻找大的战略机会。这个机会出现在第二次世界大战结束后大规模“婴儿潮”出现的时期。百事可乐对这个战略机会的判定是准确而及时的。它迅速摒弃了不分男女老少“全面覆盖”的策略，将消费目标人群定位于年轻人，打出“酷青年喝百事可乐，古板过时的父辈才喝可口可乐”的广告语。20世纪60年代的美国年轻人，大多受到披头士的影响，追求叛逆与自由。因此，百事可乐成为这些年轻人与父辈划清界限的重要标志。在消费者定位上实施差异化，使百事可乐的市场占有率节节攀升。

如此一来，通过品牌传播让百事可乐树立起“年轻、活泼、时代”的形象，在品牌主张、品牌调性上与可口可乐“老迈、落伍、过时”的形象形成鲜明的差异化，让消费者形成清晰和深刻的认知和区隔，进而在与可口可乐的市场竞争中划归出自己的品牌领地，这也是百事可乐品牌传播的核心目的。

（2）对谁传。将目标受众定位于年轻人。针对可口可乐所传递的“真正的可乐”，主打经典、正宗的形象，百事可乐“反其道而行之”，传递的是“年轻人的可乐”，让百事可乐成为“新一代的选择”，将年轻人作为自己的目标消费群体和主要传播对象，与可口可乐形成“老”和“新”之间的认知区隔。

这是因为老品牌对年轻人影响的时间较短，心智印记较浅，影响力较轻，所以导致年轻人对老品牌的依赖度和忠诚度较低。同时，年轻人喜欢尝试新的事物，喜欢特立独行和与众不同，对那种具有挑战、创新、活力和动感调性的品牌具有天然的亲近感和接受度。如此一来，就给予了百事可乐赢得市场竞争的机会，为品牌传播“预留”了受众空白与心智空间，使得百事可乐不用与可口可乐进行面对面、硬碰硬的“火拼”，而是避实就虚、另辟蹊径，就可以打出属于自己的一片天地。

1983 年，百事公司总裁罗杰 · 恩里克首次定义了百事可乐为新生代而生的品牌形象。自此，百事可乐始终保持年轻活力、大胆突破的姿态，并成为每代年轻人的选择。全球第三大调查公司 —— AC 尼尔逊公司在亚洲地区的最新调查结果显示，百事可乐已成为中国年轻人最喜爱的软饮料，百事公司的广告也最受青少年的欢迎。对此，有关专家分析认为，青少年喜爱百事可乐的重要原因就是它迎合了青年的时尚文化取向。

（3）传什么。如前文所述，根据年轻人这一群体定位，特别是针对第二次世界大战后高峰期出生的美国青年，百事可乐不断传递出“年轻人的可乐”和“百事可乐，新一代的选择”的品牌诉求，倡导“新鲜刺激，独树一帜”，提出“新一代”的消费品位和生活方式。同时，在产品包装、广告推广、产品宣传等方面偏向“活泼、激情”，其口号、风格无一不是合乎青少年的口味，并且沿着这一路线不断深化。

在与年轻人的心智连接中，“打破常规，迎接挑战”成为百事可乐最为重要的传播内容之一。“百事大挑战”是百事可乐诞生 46 年的品牌活动。百事公司全球饮料品牌高级副总裁兼首席营销官 Kristin Patrick 说：“通过这样的活动，就是要建立和传递‘Can–Do’（敢做）的态度和精神，旨在激发人们挑战现状的思维模式。”2015 年，百事可乐又推出以“Live for Now”（渴望，就现在）为主题的活动，再次掀起全球大挑战的热潮，鼓励消费者接受不同挑战，由此获得令人惊叹的生活体验与奖励。

正如美国著名歌手亚瑟小子所言：“很高兴与百事合作，我们通过 Pepsi Challenge（百事挑战）鼓励世界各地的人尽情享受生活，尝试一些他们以前从未有过的体验。”

在音乐营销中，百事可乐始终向年轻人传递相同的理念。百事可乐的电视广告音乐从 2005 年至今，始终保持一致化的主题与调性，严格遵循品牌传播中的主旨一致性原则。

- 1998 年，将“渴望无限”确立为百事可乐的全新口号，成为新一代人生理想与态度的共同写照，是全球新一代共同追求的目标。
- 2005— 2009 年，主题是“突破渴望”，广告歌曲《蓝色风暴》、“We will rock you”都属于摇滚劲爆风。
- 2012 年的主题是“Live For Now”，中文译为“渴望，就现在”。
- 2013—2016 年，主题为“渴望，就现在”，广告歌曲《就现在》将摇滚劲爆的音乐特色演绎得淋漓尽致。
- 2014 年的“Shake your hody”，整体音乐风格活力四射，动感十足。
- 2015 年的“Lifein color”和 2016 的“Perfect day”不仅充满动感，还带有魔幻色彩。
- 2017 年“活在当下”的广告主题更是将年轻消费者的心声直接宣泄出来，广告歌曲“Live for now”，整体音乐风格嘻哈且动感。
- 2019 年，在全球范围内发布全新的品牌宣言“热爱全开”，提出“每一种热爱都值得全力以赴”的品牌主张，并邀请两位年轻实力派偶像演绎全新的品牌广告曲。

如前文所述，百事可乐在形象识别系统上，将听觉识别与视觉识别予以完美结合，同时与理念识别形成了三位一体的整体性识别。

（4）在哪传。如前文所述，百事可乐始终将深受年轻人喜爱并广泛参与的音乐与体育作为品牌传播的介质，以组织、赞助各种各样的与音乐、体育有关的节庆活动、比赛等为品牌传播的媒介，影响年轻人的心智。

在音乐方面，作为潮流文化的引领者，百事可乐始终是热爱音乐的年轻人唯一认可的品牌和最佳选择。百事可乐代表年轻人坚定的立场以及追求潮流、热爱音乐的态度，始终选取最受年轻人喜爱的明星代言。

在中国，百事可乐以活动为媒介，连续多年面向大学校园举办不设门槛的“百事校园最强音”和“炫音飞车”等活动。“百事校园最强音”活动每年进入1000多所院校，触达几百万名大学生，让业余的大学生歌手能拥有更大的舞台展现才华，鼓励无数年轻人勇敢追逐音乐梦想。

在体育方面，各种赛事和活动是百事可乐品牌传播的重要媒介。早在1980年第22届奥运会，百事可乐在奥运会开幕前两个月便在各比赛场地竖起大面积广告宣传牌，并在多处地方设点推销。在运动会期间向各国运动员和大会工作人员散发赠饮券，给获奖运动员赠送纪念品，又多次举行酒会招待各国运动员和名流贵宾，结果名声大振。在那次广告竞争中，百事可乐的盈利超过可口可乐约1/3。

特别值得一提的是，2015年4月，百事可乐从曾为NBA提供长达30年之久的官方赞助的可口可乐手中，拿到了NBA的独家赞助权，并签署了长期合作协议。对此，百事可乐的首席执行官卢英德（Indra Nooyi）曾激动万分地表示：“NBA已将自身建设成为全球范围内最令人激动和最具创新能力的体育联盟之一。我们盼望着能与其展开合作，对体育营销做出新的定义。”

其实，百事可乐已经在美国赞助了一个相当庞大的体育帝国。2011年，百事可乐与美国国家橄榄球联盟（NFL）签订了一份10年期协议；百事可乐还赞助了美国国家冰上曲棍球联盟（NHL）和美国职棒大联盟（MLB）。这样一来，百事可乐与全美四大体育联赛均建立了官方合作关系。

此外，音乐和体育明星也是百事可乐品牌传播的重要媒介之一。早在 1983 年，百事可乐决意打响“挑战者”形象，以巨款签约迈克尔 · 杰克逊。此后，推出“百事可乐，新生代的选择”的宣传计划，连续制作了以迈克尔 · 杰克逊的流行歌曲为配曲的广告片，此举为百事可乐赢得了年轻一代狂热的心。在广告播出的一年中，大约 97% 的美国人收看过，获得了巨大的成功。此后，麦当娜、辛迪 · 克劳馥等明星也与百事可乐签约，为品牌代言。

在中国，百事可乐也启用了大批本土明星作为品牌代言人，以不断释放品牌音乐基因来打入本土年轻文化生态，让年轻消费者尽情释放对潮流和音乐的热爱。

百事可乐的音乐明星代言策略带来了丰硕的成果。在上海电台的一次 6000 人调查中，年轻人说出了自己认为最酷的东西。他们认为，最酷的男歌手是 ×××，最酷的女歌手是 ××，而最酷的饮料是百事可乐，最酷的广告是百事可乐 ××× 超长版。现在年轻人最酷的行为就是喝百事可乐了。

在体育明星方面，贝克汉姆、劳尔、卡洛斯、罗纳尔迪尼奥、兰帕德、托雷斯等明星都曾为百事可乐做过广告代言。阿根廷与巴萨的当家球星梅西也是百事可乐的现任宣传大使。2014 年的世界杯期间，百事可乐发布了其年度全球超级巨星足球队名单，来自世界五大洲、近 20 个国家的 19 名顶级球星现身其中。他们出现在百事公司全球电视广告中，而且部分球星还出现在限量版的产品包装上以及全球各地的销售点上。

通过音乐与体育两大传播媒介，百事可乐很好地传播了其更为推崇活力、激情与动感的品牌主张与品牌调性，与可口可乐更为强调生活、传递生活美好、创造精彩瞬间与回忆的传播诉求形成了鲜明的对比。最终使得百事可乐在与可口可乐的市场竞争中始终与其并肩而立，相偕而行。

（5）怎么传。在音乐方面，主要是通过广告歌曲的创造与传播，实现与年轻消费者的沟通。多年来，百事可乐为大众贡献了诸多耳熟能详的广告歌曲，如“Billie Jean”、《蓝色风暴》、“We Will Rock You”、《蓝色飞扬 Dare For More》《渴望无限》等。相比可口可乐的电视广告，百事可乐更推崇激情旋律，表现得更加活泼，充满激情。无论从画面、动作、着装等要素，还是从音乐本身特色，都传达出一种酷炫的感觉。这样，利用音乐的感染力来强化年轻消费者对品牌特色的记忆关联，拉近与年轻消费者的心智连接。

百事可乐的广告音乐以快节奏、多和声为特点，带有变化性的旋律，使这些歌曲能在第一时间就吸引到年轻受众的注意。同时，将歌曲中的广告口号进行反复重唱，并以此作为歌曲的高潮部分。久而久之，音乐作品的某个片段的旋律便不由自主地重复出现在大脑中，萦绕在心里。最终，旋律连同口号一起在消费者心智中形成难以磨灭的印记。

百事可乐的网络广告也非常有特色。无论是画面构图，还是动画运用，都传达出一种“酷”的感觉。在 2000 年这一年间，有拉丁王子瑞奇 · 马丁、“小甜甜”布莱妮和乐队 Weezer 先后出现在百事可乐的广告中。从 NBA 到棒球，从奥斯卡到古墓丽影游戏和电影，百事可乐的网络广告总能捕捉到青少年的兴趣点和关注点。

此外，围绕年轻人，百事可乐还创作了许多极富想象力的广告作品，如“鲨鱼”“太空船”等，这些广告深受年轻人的喜爱。同时，百事可乐鼓励消费者自己创作百事可乐的广告，并与之体育赛事相互动。百事可乐曾经在印度举办名为“Crash the Pepsi IPL”的广告征集活动，要求印度消费者创造和提交他们自己的百事广告，有机会在 2015 年“百事杯”印度板球超级联赛期间播放。

1998 年 9 月，百事可乐在全球范围推出其最新的蓝色包装。为了配合新包装的亮相，拍摄了广告片《一变倾城》。蓝色“新酷装”的百事可乐以“渴望无限”为主题，随着珍妮 · 杰克逊、瑞奇 · 马丁等明星联袂出击，掀起了一股蓝色风暴。

在体育赛事方面，众所周知，可口可乐往往会将全球性的重要赛事赞助揽入怀中，这就倒逼百事可乐要用更为精妙的创意、更为新颖独特的方式来赢得赛事传播的对决战。

2001 年中国申奥成功，百事可乐推出气势非凡、匠心独运的网络广告。广告文案中“渴望无限”和“终于解渴了”的双关语，将中国人对奥运的企盼巧妙地与百事可乐产品联系在一起，传递出了百事可乐品牌的充沛活力以及对北京申奥的支持。

与音乐传播一样，百事可乐一样是沿袭“赛事 + 明星”的品牌传播形式。在 2010 年世界杯期间，卡卡、梅西、亨利、托雷斯、德罗巴、兰帕德等球星出现在非官方赞助商的百事可乐的一则名为“Refresh Your World”的广告中。在广告中，在非洲大草原上为了一罐百事可乐球员与孩子们踢了一场足球比赛。由当地民众组成的会移动的球门则带着球员们在草原中穿梭，卡卡绊倒、梅西迷路、德罗巴的乌龙球等元素令观众会心一笑，这也展现了百事可乐的激情、创意和活力，演绎了一次精彩的借势传播。

在 2014 年世界杯期间，百事可乐推出了“Unbelievable”（难以置信）系列活动，在活动中，英国地区的百事可乐邀请了 6 名自由足球球员和 6 名跑酷运动员，在一个场地内上演了酷炫的足球比赛，路人都看得目瞪口呆，影片被传到 Youtube 后，点击量迅速突破了 200 万。

同时，将音乐与体育“混搭”，将明星与传播“嫁接”，形成 1+1 ＞ 2 的效果，也是百事可乐的拿手好戏。在 2014 年世界杯期间，百事可乐将旗下的签约球星与音乐界代言人 Stony、Janelle Monae、Beyonce、Alicia Keys 相结合，上演了一场里约之旅：随着梅西、范佩西、阿奎罗、大卫·路易斯、威尔希尔、拉莫斯悉数亮相，大家在“We can be heros”（我们会是英雄）的歌声中欢聚街头，百事可乐再次完成了世界杯的借势传播。2014 年世界杯期间这首“Shake your body”（舞动你的身体）的广告歌曲，搭配激情澎湃的创新足球舞曲，让消费者在感受世界杯的热浪的同时，也感受到了百事可乐的激情。

百事可乐作为挑战者，没有模仿可口可乐的品牌传播策略，而是勇于创新，通过一个个个性鲜明的广告，为品牌树立了一个“活力四射”的形象，并将品牌蕴含的积极向上、与时俱进、轻松活泼以及不懈追求美好生活的新一代精神发扬到百事可乐所在的每一个角落。

至此，著名经济学家、万博新经济研究院院长滕泰的一个观点恰好能够帮助我们更深地理解百事可乐的竞争之道所带来的启迪。

“茅台价格的上涨其实不是它口味或配方的变化，而是茅台酒公司追随并赢到了社会潮流、社会文化的变化，提升了它的体验价值。”

我们可以将上述这段内容稍做调整，其论点也依然会成立。

“百事可乐与可口可乐的竞争之道，其实不是基于它口味或配方的变化，而是百事可乐追随并赢到了社会潮流、社会文化的变化，提升了它的体验价值。”

下面，我们再看看取得 54 亿元票房（截至 2021 年 4 月 10 日）的电影《你好，李焕英》是如何演绎“五大要素”的。

作为“为何传”则很简单，每一部电影在正式放映前的宣传都是为了吸引关注，引发兴趣，为映后的收视规模和票房业绩奠定良好的基础。作为目标受众，这部电影传递的是“子欲养而亲不在”的诉求，因此它基数最大的受众群体就是每一个做子女的人。

首先从内容共鸣上，《你好，李焕英》抢占了关于妈妈的国产题材电影的空白，成为国产第一部以妈妈为题材而拍的电影，进而获得了观众广泛的共鸣。传播内容则与电影的题材相吻合，紧扣家庭、团圆、孝顺这样的主题。恰逢春节来临之际，最先与观众见面的海报，其内容就是大年初一，阖家团圆；大年初一，“笑”顺爸妈；大年初一，欢迎光临。

将每逢佳节倍思亲的情怀与电影的主题嫁接在一起，既应情也应景，并且通俗易懂，吸引了不少观众的关注。

此后，为了获取那些既为儿女又为父母的60后和70后，乃至80后的关注与共鸣，2020年年底，几位主演又一起拍摄了《你好，李焕英》的发布推广曲《路灯下的小姑娘》MV。其背景是上述那些观众群体生活的20世纪80年代，里面的“他们”穿着喇叭裤、跳着迪斯科，很好地展现了那个年代令人留恋和难忘的潮流与场景。

在内容上，还有一种“特殊”的内容为传播起到了推波助澜的作用，就是许多观众乃至名人的那些饱含真情实感，同时引发对亲情、家庭、教育思考的观后感。

后面是“在哪传”和“怎么传”，对媒介的选择和对形式的利用。首先是在线上和线下以海报的形式来打头阵，完成电影预告和观众预热的任务。随后，在线上以影片推广曲的形式展开音乐传播。后来，就连两位主演一起代言的美团App广告也没放过，在里面播放了影片中的一个背景音乐片段。依靠音乐的传播效应有效地拓展电影的潜在观众群体，提升了将要上映的电影的市场热度，给上映后形成较为持久的人气奠定了基础。

云路演是一种全新的电影宣传方式，把现场体验与远程互动结合起来，将线上线下两种场景的优势同时发挥到极致。比起线上直播，云路演更偏重与观众的互动交流和现场活动的仪式感。电影《你好，李焕英》正是利用这种媒介与形式，开展了主题为“我能让你更高兴”的云路演活动。

云路演当晚，主办方邀请了北京、广州、成都等11个城市的观众走进电影院，通过银幕观看云路演现场情况。云路演活动的80分钟里，《你好，李焕英》官方抖音号涨粉10多万人，共计150多万人次观看了云路演，累计收获3.7万条评论，125.3万点赞，“猫眼想看”数据暴增

12432，“猫眼当日想看”数据达到32734，吸引了一大批想看的观众。

还有就是通过综艺节目这种媒介，以主持人推荐的形式进行传播。在《奇葩说》的一期节目里，主持人向观众推荐大年初一上映的《你好，李焕英》，并向观众透露，说他看过之后“哭得跟鬼一样”，不仅为电影做了很好的名人背书，也勾起了观众的好奇心。

除了《奇葩说》，还有《王牌对王牌》。某主演作为常驻嘉宾，在2021年2月5日的那期节目里，专门以穿越回20世纪80年代为主题，用一期节目为《你好，李焕英》做软性宣传。随后便是《快乐大本营》，几位主演也是通过节目来构建电影宣传专场，对电影起到了烘托的作用。

特别是在2021年央视春晚，两位主演带来了一部“母女关系”的小品《一波三折》，小品里两位演员一位扮演母亲，一位扮演女儿。充分利用这个承载全球炎黄子孙求团圆、诉乡愁的诉求，拥有超大收视规模的电视节目，为影片做了一次很好的铺垫和预热。随后，微博上关于两位演员及影片的话题就达到了2.3万的讨论度。

传播媒介的重头戏是主流权威媒体。电影上映以后，获得了众多主流媒体的好评与鼓励。就连《人民日报》也以《妈妈曾经也是个花季少女》来对《你好，李焕英》进行宣传，引发了又一轮媒体报道的高潮。在好评如潮的口碑基础上，宣传方乘胜追击，联合抖音达人“疯产姐妹”，制作了观影后反映的短视频内容，助推电影口碑的持续传播。

话题传播自从《超级女声》开始就一直被娱乐界所推崇。这次《你好，李焕英》就在传播中不断地制造一些话题或者传播一些有利于宣传的话题。比如，与剧情相关的话题“妈妈原来什么都知道”“李焕英结尾给妈妈买了敞篷车”等延伸出一系列社会性、情感性话题，也带动了观众看电影和聊电影的兴趣。由“灯塔”数据可见，话题发酵的同时，《你好，李焕英》初四排片也从前一天的26.6%涨至35.0%，增长近10%。

最终，整合传播所积累的良好效应与效果促进了票房的增长，让《你好，李焕英》成为中国影史第三部破 50 亿元的影片，并正式跻身全球单片票房排行榜的前 100 名。成为一个由品牌认知转化效应很好地提升了品牌市场转化效果的成功案例。

在这个篇章即将收尾的时候，笔者看到了丁俊杰老师在 2021 年中国广告论坛上所做的《新元素、新连接、新思维 ——广告价值与未来格局》的演讲内容。丁俊杰老师所提出的“四大反思”，让笔者颇受启发和教益，有一些粗浅的理解愿意跟大家分享并共勉。

其一，广告活动的本质在于构建面向各元素的有效连接。的确，在未来内容的输出与传递已经不是品牌传播的全部职能，单纯是内容的广而告之已经无法实现从认知转化向市场转化的演变，内容应该成为整个营销活动中的始点和枢纽，然后由认知出发向心智的影响、需求的洞察、欲望的撩拨、消费的决策辐射，最终形成全营销链的有效连接。

其二，广泛连接的触发机制发生变化。在以往，广泛连接的触发机制是由企业发动和推进的，消费者只是被动地接受和响应。今天和未来，触发的扳机是由消费者自己来扣动，发射的子弹由消费者自己来上膛。无论是意见领袖还是体验达人，他们已经成为一粒粒投向水中央的石子，瞬间可以形成一波又一波的传播涟漪。

其三，广告连接有效性的判断标准发生变化，从“延迟有效”到“即时有效”。当传播与销售实现一体化之后，从品牌到营销之间的衔接距离被无限地缩短，传播的价值已经从蓄积效应向即时效应转变。新的技术、新的手段让这种转变成为可能。品牌效应的长期性也不容忽视，毕竟品牌的成长和价值的彰显还是一个长期而渐进的过程。

其四，在与广告主、传播渠道、用户进行“连接”的问题上，出现了三者逐渐融合的态势。原来三者之间泾渭分明，企业、媒体和消费者，各就各位，各司其职。在人人都是媒体和万物皆媒的时代，这三者之间的边界变得越发模糊，甚至贯通了起来。你中有我，我中有你，这就为品牌传播的媒介利用提出了新的课题，同时赋予了新的可能。

必须要强调的是，无论时代特征如何变化，人性特征是不会改变的。面对多变的时代，我们依然要以对事物的本质与规律的坚守来应对方法与工具的变化。不然，我们就很容易犯“以手段当目的”的错误!

第十章

关系构建从营销体验开始

在疏通和赢得了消费者的心智之后，在需求和信任的驱动下，消费者开始形成首次购买，并与品牌建立起直接的交易关系。在这个过程中，消费者会面对面，甚至是零距离地使用产品，完成消费流程，接触到售前与售后的服务，感受到品牌的言行与信用。包括产品、消费、服务和文化在内的品牌体验，成为决定消费者对品牌是肯定还是否定，是忠诚还是离弃的关键所在。

营销就是通过不断地优化品牌体验来为品牌带来美誉度和忠诚度，将消费者的初次购买转变为重复购买，将重复购买转变为长期购买，乃至愿意为品牌提供溢价的超常购买，最终与品牌建立起价值共同体、利益共同体，乃至文化共同体的亲密而长久的关系。心智与关系逻辑对应模型，如图 10-1 所示。

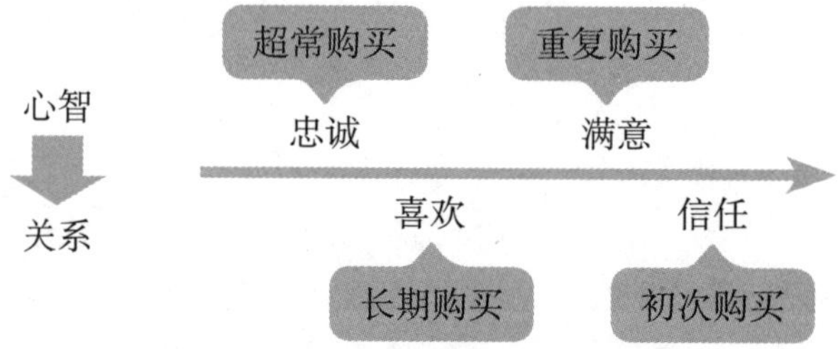

图 10-1　心智与关系逻辑对应模型

消费主权重构营销关系

品牌营销的两大任务是提升品牌美誉度和忠诚度，其目的是将消费者的初次购买转变为重复购买、长期购买和超常购买，提升品牌的溢价水平。

中国的市场经济在历经产品为王、渠道为王和信息为王的时代之后，已经进入以消费者为王的时代，即消费主权时代。正如笔者在《品牌系统性建设：沿循消费心理与行为的轨迹》一书中指出的："商品的多样化，让消费者拥有了更多的选择权；信息的互联化，让消费者拥有了更多的知情权；平台的多元化，让消费者拥有了更多的评判权；媒介的社交化，让用户拥有了更多的话语权。这种新的消费环境让消费者成为核心和主导。"如何更好地应对这个消费主权的时代，已经成为企业未来发展存亡的命题。

对此，品牌只有下沉、下沉、再下沉，靠近、靠近、再靠近，除此之外，别无选择。

其一，观念要下沉，下沉到市场的最基本要素——人，向消费者无限靠近。

在产品为王的时代，企业是市场营销的主体；在渠道为王的时代，商业是市场营销的主体；在信息为王的时代，媒体是市场营销的主体；而在消费者为王的时代，消费者就成为当仁不让、当之无愧的主体。由此可见，企业对消费者的争取必将成为市场竞争的主旋律，消费者资源必将成为企业经营的核心资源，消费者心智必将成为市场营销的不二靶向，品牌也必将会具有消费者与企业的双重基因。

因此，企业要义无反顾、时不我待地从唯"物"（产品）主义向唯"人"（用户）主义转变。在顶层设计上，以向消费者输送利益为终极目的，构建起以解决消费者问题、满足消费者需求为导向的价值体系，建立起以互信、互敬、互爱、互惠为根基的心智体系，打造以价值的共建者与利益的共享者为核心的关系体系，为企业带来高附加值、可持续的长远发展。

其二，发展战略要下沉，下沉到品牌的最基本的价值——消费者利益。

未来，企业的战略一定是以品牌为基准而确立的战略，一定是以品牌为核心竞争力和持续发展力的战略，一定是站在消费者立场上制定的战略，一定是体现价值的长期性和利益的共享性的战略，一定是将市场要素前置于生产要素的战略。

因此，在消费主权时代，企业的发展方向是以消费者痛点问题为圆心，以市场刚性需求为半径，以战略性机会为落点，以自身优势为支点，以差异化竞争为触点，构建起具有普适性、必要性、独特性和持续性的价值体系，满足消费者品质更优、体验更佳、性价更惠、服务更诚的利益诉求。

必须要指出的是，今天我们所谈论的“价值”已经不是以企业为中心的价值，不是企业单方面向消费者提供的价值。它必须是消费者的价值，是基于消费者需求、消费者利益的价值。其价值的商业逻辑已经变为，企业先通过为消费者创造价值，然后才能为自己赢得价值。

正如中国第一家在美国上市的中国广告公司创始人江南春先生，在历经 15 年的沉浮之后所发出的感悟。

“你要看清商业的本质，任何企业的发展都是以利益客户为基本中心的。说到底，利他才是真正的利己。”（摘于《江南春：我用 80 亿美金，换了一个教训》）

其三，资源的利用要下沉，下沉到品牌与消费者成为资源共同体。

以往企业对营销资源的利用，都是从自身出发，到社会上要资源，到行业中要资源，到渠道中要资源，到媒体中要资源；而今天，消费者本身也已经成为资源。在消费主权时代，这种来自消费者的营销资源，已经成为具有战略意义的核心资源，具有核心竞争力和持续发展力意义的资源。

对此，企业要摈弃以往将消费者完全视为企业外部资源的观念，更好地将其转化为推动企业能力构建和企业营销动能的内部资源。因此，企业一定要亲力亲为，将消费者资源牢牢地掌握在自己的手中。

要建立全流程的用户资源内源性转化机制，对用户关系进行统一、规范、及时、有效的管理、维护和提升，对用户资源进行统一的采集、转化、管理、整合、利用，以完成用户资源的内源性转化，最终实现对用户资源的及时获取和高效利用。

地球日这天，消费者可以自带杯子到星巴克免费喝咖啡。这让万千的粉丝带着自家的锅碗瓢盆蜂拥而至，在星巴克店前排起了长队，这无疑是“共同团建”的一天，消费者用自家的家什喝了一次免费的星巴克，既有意义，也有意思。星巴克更是开心，用一天的免费咖啡换来了消费者对星巴克宣传一整天的流量加持。

其四，文化体验要下沉，下沉到人格品牌。

在消费主权的时代，消费者喜欢的不是以往的“神格”品牌，品牌人格化已经成为品牌形象的最佳体现。因此，企业一定要塑造出“有态度、有温度”的、充满人性光辉与人文关怀的品牌形象。特别是面向年轻人，要塑造有种、有料、有趣、有型的品牌形象。就像《罗辑思维》的口号：有种（有态度）、有料（有故事）、有趣（有趣味）。

形象的传递要讲好品牌故事。在以人为主体的营销时代，品牌传播不能仅仅止于场面，而要抵达心灵。人们往往记不住理念，却能记住故事。因此，品牌故事的传递成为必不可少的传播介质。只是这种品牌故事要贴近消费者的偏好，亲近消费者的情感，趋近消费者的语境，这样才会被消费者接受和喜爱，才能最终形成品牌共鸣。

天使投资人、产品运营专家梁宁女士强调：“我们在运营一个品牌的时候，其实是在讲一个故事，故事里有丰富的信息，它会留在人内心的一个情感角落里。”贴近、亲近和趋近消费者，甚至近到面对面，最终实现与消费者零距离，就是让品牌成为他们自己。因此，品牌形象的传播最好是以消费者的评价与口碑、传播与推荐、协同与连接来完成。

其五，产品体验上要下沉，下沉到既有意义，也有意思。

今天的营销绝对不是一份“产品说明书”就能解决问题的。品牌要为消费者勾画出与产品或服务相对应的场景，要为其营造出与品牌调性相呼应的氛围，要为其设计好有品有趣的“玩法”，还要为其准备好分享、炫耀的渠道。

我们看看在2020年“双十一”期间交易额破1亿元，成为天猫冲调类目第一和咖啡类目第一（品牌官方数据显示）的三顿半是如何做的。首先，让迷你乐高式咖啡杯赋予产品“酷”与“靓”的“颜值”和高级感，以极强的新颖性和极高的辨识度触发消费者的兴趣与欲望。同时推出“领航员”计划，提出各种创意喝法，用颜色、形态各异的液体来冲泡冻干咖啡粉，比如冰水、牛奶、果汁，轻轻摇一摇，冷萃、拿铁等由此诞生，冲泡过程的趣味性和美感使得消费者“欲罢不能”。

其六，营销方式要下沉，下沉到个性化和定制化。

在消费主权时代，以往的营销模式已经无法形成竞争区隔，企业应该将营销的重点向消费者个性化和定制化的需求与体验靠拢。将营销的标准化和规模化的群体价值逻辑转变为产品标准化和体验个性化之间完美组合的个体价值逻辑。为此，品牌的营销方式要从面向所有的人下沉到一群人，乃至每一个人。

数字化技术恰恰能够帮助企业解决个性化体验的问题，而智能化技术也正好能够帮助企业解决定制化体验的问题。这样就能够迎合和满足在中产阶级崛起的大背景下，所激发出的人性中渴望与众不同的深层次需求。

一汽·大众汽车有限公司推出了个性化订单产销模式，让消费者成为整个生产和销售过程中的起点和终点，在这个过程中，消费者可以直接参与、决定自己爱车的设计、生产，自主选择自己喜爱车型的配置。奥迪A6L为消费者提供了可选择的7个不同配置的技术包、20个单选装备和8种颜色，按照排列组合原理，理论上可搭配出7840款新车型。

其七，数据要下沉，下沉到随时随地，一人一面。

营销模式及其产品体验的下沉与靠近势必会要求数据的下沉与靠近。如果没有下沉到消费者的购物车、购物筐的精确数据，就无法获得消费者在产品、消费、服务，乃是文化体验上的偏好与感受。因此，企业通过数字赋能，对消费者的动态数据实现即时性、随时性的积累和计算，以便更加精准地洞察和了解消费者的问题与需求。

对此，企业要在与消费者连接中的每个触点实施数据采集和管理，进而将之转化为能够全面、真实体现用户特征和消费特征的数据，并借此来指导研发、生产、管理和营销，构建起“用户数字化生态圈”。最终让营销更贴近本质、贴近顾客，进而创造出新的商业价值，营造出新的价值共鸣。

例如，沃尔玛用带有生物识别反馈手柄的“联网购物车”收集消费者的心率、温度，施加在握柄上的力度、氧饱和度以及上一次抓住握柄的时间，购物车的推行速度等数据。借此来了解购物者对特定商店条件的反应，以帮助员工及时发现需要帮助的顾客或老年购物人群。

其八，服务体验要下沉，下沉到无边界的服务。

在消费主权时代，产品价值最终都要归结为服务的价值。这是因为在很多的情况下，产品的价值是需要通过服务的价值转化成消费者的利益。例如，一台好的空调只是具有产品的价值，只有通过为消费者提供完美的制冷服务，最终才能满足消费者对清凉舒适的利益诉求。因此，未来的空调企业给消费者提供好的空调只是完成了营销的第一步，后面还需要为消费者制定更加合理和高效的制冷解决方案，让消费者拥有既舒适又省电、既方便又健康的清凉一夏。

因此，企业应从售后服务向全程式服务转变，从被动服务向主动关怀转变，从产品服务向利益服务转变，从单客服务向社群服务转变，从呼叫服务向平台服务转变，从岗位服务向全员服务转变，从有边界服务向无边界服务转变。正如美国杨百翰大学万豪管理学院教授保罗 · R 蒂姆在《客服圣经：如何成功打造顾客忠诚度》一书中所强调的：“企业只有持续超越顾客期望，才能将自己与其他企业区别开来。”

这一点，在消费主权的时代，更为重要和必要！

必须要指出的是，新时代下，虽然营销的关系被重构了，但营销的逻辑并没有改变，人们依然会基于对产品体验、消费体验、服务体验和文化体验的感受和评价，来决定是否需要与品牌建立起从初次购买到重复购买、从长期购买到超常购买的关系。只是企业在不断优化这四大体验的方式和方法。手段与工具发生了改变，让企业对品牌体验的持续优化变得更具有效率、效应、效力和效果。

也就是说，越是在剧烈变革的时代，我们越是要立于人性的需求特征以及事物的本质与规律的不变来应对万变。

人类社会之所以称为社会，就是因为它是由各种关系构成的，不仅包括家族关系、朋友关系、劳资关系、民政关系，也包括商业关系。品牌就是基于人性需求而形成的供需与消费的关系。这种关系与人类社会其他关系一样，其核心是信任。

纵观往今，市场演变的重要表现其实就是信任的演变。从相信政府，省优、部优和国优，到相信企业，第一品牌、领军品牌、国际品牌；从相信渠道，买家电到国美、上天猫就够了，到相信媒体、央视上榜品牌、各类 TOP10，再到今天相信 KOL（关键意见领袖）、明星、大 V、“网红”、头部主播等，营销的心智驱动，信任的力量无疑是比重最大的。

如果说品牌的本质是心智和关系，那么营销的本质就是帮助品牌建立和维系，并且不断深化和提升这种关系。基于此，企业可以换来高附加值、可持续的市场转化。亲密消费者关系与为企业赚取利润是营销的两大职责所在，所有不以此为目的的营销都是伪营销，甚至是反营销。

信任首先要源于尊重。尊重对方在不妨碍和伤害别人前提下的人格与权利，以及他们各自选择的生活态度与方式。特斯拉 CEO 埃隆 · 马斯克认为，品牌只是一种感知，随着时间的推移，感知将与现实相结合。如果想让这种感知与现实在相遇的那一刻，碰撞出的是信任和拥抱，那么品牌就一定要坚守对人性的尊重和对人格的尊重这条底线。这是营销的底线，更是一切行为的红线。

我们面临的实际状况则是：在改革开放下的大机会时代，似乎产品就是品牌；后来，渠道就是品牌；再后来，广告就是品牌。到了如今这个突飞猛进的时代，快速迭代的新技术和层出不穷的新手段似乎又成为撬动品牌的关键。因此，在许多人的眼里，品牌就是营销，营销就是品牌。营销成为品牌的本质。这在业界形成了“唯营销论”的思潮与风潮。

在过度依赖手段、过分倚重营销的潮流裹挟下，许多企业不太重视甚至是漠视消费者及其根本需求，将营销凌驾于消费者关系之上，将方法凌驾于方向之上，将手段凌驾于目的之上，将利益凌驾于本质之上。

前文我们提及的那个曾经令人赞叹不已、通过将“牙膏口扩大1毫米”迅速获得市场业绩大幅提升的案例。然而，正是这家名为“美国默克尔牙膏公司”的公司，在“突飞猛进”的一年之后，销量就开始大幅下降，三年之后便宣告倒闭了。原来，是因为家庭主妇们渐渐地感受到牙膏支出的增加，当“恍然大悟”明白了自己被企业“算计”了之后，便彻底抛弃了这家企业。

这是典型的一起以“营销”的名义而背离了品牌的本质，以“业绩”的名义而损害消费者关系的案例。正如《中国妇女报》针对全棉时代事件所评论的那样：“被冒犯的广大女性消费者会用脚投票，不会为侮辱性‘创意’买单。”

是的，美国默克尔牙膏公司冒犯的是消费者的利益，侮辱的是消费者的智商。

当人们将营销本身视为营销的关键时，便会过度地依赖营销的技术和方法，而忽略了品牌的价值本原，便会过分地追求营销的表象而非顾客本体。为了追求创意的关注度，搏眼球，吸流量，总是在尺度上做文章，在离奇上找灵感，甚至不惜在法律与道德的边缘上找缝隙，打擦边球。

殊不知，创意是为传播服务的，传播是为营销服务的，营销则是为价值的输送和体现而服务的。搏眼球也好，吸流量也罢，是无法在未来引来更多人的关注、提升品牌的知名度的。更何况知名度只是品牌与消费者建立关系初级的体现，仅有知名度是无法为品牌形成真正的消费者卷入的。只有在知名度的基础上建立并提升品牌的信任度、美誉度和忠诚度，才能为品牌带来购买、重复购买、长期购买，乃至超常购买。换言之，通过广泛而深入的认知转化实现高附加值、可持续的市场转化。

我们常说，创意飙升价值。我们需要创意飙升的不仅是关注的价值，更是建立在对品牌形象“关注”基础上的对品牌主张形成“共鸣”的价值，是在“共鸣”基础上的对品牌承诺形成“信任”的价值。最终，推进消费者对品牌从认识到认知、从认可到认定的交易关系的构建，这才是营销的本质与规律。

面对这个万变的时代，我们不能沉迷于新技术带来的新方法和新工具；面对这个碎片化的时代，我们不能仅靠创意的出位来赢得共鸣。我们要立于人性特征的不变来应对时代特征的万变，要以大智慧取胜，而不是以小聪明取巧。

前一段时间，直播带货着实火了一把。一班“网红”大 V 指点江山、挥斥方遒；一群明星蜂拥入局，所向披靡。5000 万元、1 亿元、5 亿元、10 亿元，直播间销售额屡破新高，就像前淘宝直播运营负责人赵圆圆所形容的那样：“现在一场直播没有几个亿都不好意思发战报写新闻稿了。”无论是商家还是主播，无论是媒体还是网民，好像都很“嗨”，“嗨”得不亦乐乎。

时至今日，越来越多的主播越发感觉到，货越来越不好“带”了。据媒体报道，一位曾经首场直播带货销售额就超过 8000 万元的男明星，到了 2020 年 7 月，销售额竟然下滑了 90%，即使是 8 月回升，单场销售额也不还到 4000 万元。

随之而来的是对于直播带货的讨论和关注度也大幅下滑。百度指数显示，其媒体指数和资讯指数都明显下降。不仅如此，吹出来的业绩、注了水的数据开始泛滥成灾，有关刷单、退单和假单的报道甚嚣尘上，主播之间“互黑”的事件也时有发生。

对此，我们不禁要问：直播带货，怎么了？曾经“火”了的直播带货，它的“纸”里包着的到底是一团怎样的“火”？会不会真的又是一阵“风吹过”呢？

直播带货，是老瓶新酒还是营销升级

归根结底，直播带货就是通过直播的形式卖货，直播是方法，是工具，卖货才是目的所在。对于卖货，笔者曾经提出过这样一个问题：企业中的销售部、市场部和品牌部三者到底有什么本质的不同？笔者认为，销售部是以业绩为导向，市场部是以竞争为导向，品牌部是以价值为导向。其实，这代表了“卖货”这件事的三个层级。销售的导向往往都是以价格为杠杆，单纯地满足人们“图便宜”的心理需求；市场的导向是与竞品形成差异化的竞争；品牌的导向则是满足消费者需求，创造消费者价值。

对于企业来讲，这三种营销层级代表三种市场经营模式或策略。单纯的销售导向就是所谓的“红海”模式，其特征为同质化，以促销展开价格战，其结果就是不断地挤压企业的利润空间，被戏称为“文明排队，有序跳楼”；市场竞争导向就是所谓“蓝海”模式，其特征为差异化，以竞争优势抢占市场份额，其结果是为企业带来创新性的、突破性的业绩增长；品牌竞争导向则是所谓的“绿海”模式，其本质是价值化，以解决消费者的痛点问题、满足消费者的刚性需求、为消费者创造核心价值为竞争策略，其结果是为企业带来具有高附加值的长远可持续的发展。

那么，我们看看直播带货是属于上述的哪种经营模式呢？直播带货到底是一种销售游戏，还是一场营销升级呢？

第一，以业绩为导向。

据报道，在 2020 年 8 月 21 日的一场直播中，某位女明星在被主持人不断的“卖货、卖货、卖货……”的催促声中，中途出现情绪崩溃，不断拆台，再次上演了“明星直播翻车”的“闹戏”。

当时的现场 DJ 在微博中为我们局部重现了当时的情景。

“×× 其实就是嫌弃总是卖货、卖货、卖货、卖货、卖货。这本来就是一场商业直播。30 多种产品，如果没有按时、准确地说完促销点，客户会怎么想？都是收了费的……”

第二，以低价为前提。

最早在直播带货领域“一带而红”的是一位女演员，非常地能砍价。如今，“全网最低价”已经成为主播们选择带货产品的必要前提和拉动业绩的必备武器。例如，罗永浩就曾在微博上公开表示：“我这里绝大多数都是厂商给我们承诺的 6 · 18 前全网最低价。”他在抖音宣传视频中也提到“为直播间粉丝争取全网最低价”。

无限拉低价格的结果就是无限降低企业的利润空间。据“每日经济新闻”报道，截至 2021 年 5 月的三次合作中，梦洁股份为某头部主播支付了 213.24 万元，佣金比例为 22%；而 2019 年梦洁套件、被芯、枕芯等产品毛利率水平均在 40% 左右，除去成本，商品利润大打折扣。以牺牲应有的利润率而换取所谓的经营业绩，对于企业无异于“饮鸩止渴”。

这种“简单粗暴”的经营方式，不仅让企业陷入了以牺牲长远利益而换取眼前业绩的陷阱中，也让整个行业的营销水准一下子又回到了“刀耕火种”的时代。

直播带货，要短期业绩还是要长期价值

第一，让企业的营销模式从价值营销又回到了价格营销，这无疑是一种历史的倒退。

价值营销的意义在于，通过不断洞察消费者的痛点问题，通过持续的科技创新，在产品或服务方面创造出更多、更好的品牌附加值，进而

不断满足消费者的刚性需求，优化消费者的应用体验，最终为企业带来高利润率、可持续的长远发展。

以价格战为核心策略的“销售”模式，无论是从消费者的核心利益，还是从企业的发展利益来看，都是相对低级的一种市场经营模式。它为消费者所带来的往往是局限在“花费”上的利益，对于企业则仅仅是带来短期业绩的增长。很显然，不断被压低的利润率是非常不利于企业的长远发展的。道理很简单，正如任正非所警示的：“低价格、低质量、低成本会摧毁我们未来的战略竞争力。企业必须有合理的盈利，才会去持续投资研发。没有适当的利润积累，实际上是在战略上破坏这个产品。”

第二，不利于以未来品牌经济为核心的品质发展。

众所周知，中国的产品尽管“畅销”全球，中国的生产制造水平尽管位居世界前列，但是中国的国际性品牌则是凤毛麟角，即使是那些进入世界 500 强的企业，也大多属于资源型或资产型。然而，未来的国际竞争是一场不折不扣的以核心技术创新为根本的品牌竞争。

直播带货这种模式的火爆，会让许多企业将注意力放在市场短期利益上，急功近利使得企业没有兴趣去挖掘消费者的潜在需求，提升消费者的价值体验；而利润率的下降使得企业没有更多的力量持续性地投入新的技术研发和产品研发，也就无法让企业在核心竞争力和持续发展力方面不断地获得提升。

同时，直播带货的“全网最低价”会打乱企业原有的市场价格体系，扰乱既有的经销渠道体系。在貌似为企业带来可观的销售业绩的同时，极大地损害了原有经销商的利益，破坏了企业与经销商之间的合作机制与合作信用，最终让企业落下一个“捡了芝麻，丢了西瓜”的结局。

第三，对现有品牌的形象造成不同程度的伤害。

以业绩为驱动、以价格为杠杠的主播们对于企业实质上是一种特殊渠道和特殊形式的经销商。从广义上讲，经销商与企业之间是纯粹的商业关系，对品牌没有产权的责任和义务。他们不会去花费人力、物力、财力，重要的是没有能力去替企业维护品牌、优化消费者关系。对于那些带货的主播们，也是如此。

在利益的驱动下，甚至出现了主播与品牌之间博弈的现象，进而在消费者之间形成针对不同品牌的关系撕裂，扭曲了消费者对品牌本身价值的认知，影响了品牌与消费者之间的关系构建。

例如，有的主播在强制性地要求企业进一步降低价格而遭到拒绝时，竟然鼓动消费者退货；有的主播为了达到目的甚至警告粉丝，如果不退货，就得不到原有的补贴。

再如，在两个主播因同款产品在两人的直播间出现不同价格时，其中没有拿到“最低价”的一方，竟然联合粉丝要“永远封掉 ××× 品牌”，甚至让企业陷入消费者只认主播不认品牌的窘境。

那些定位于中高端的品牌，因受直播带货热潮的裹挟也以低价的姿态参与其中。如此一来，就直接打乱了原有的品牌定位，干扰了消费者对品牌既定形象的认知，对未来市场定位的提升与拓展形成了难以走出的困境。

对此，企业在核心竞争力和持续发展力方面，如何能够建立起专业性的、系统性的认知定力，如何不被“时兴”所驱，不为“风潮”而动，其解决之道就是要对那些“一时兴起”的东西，进行理性、客观的研判——这件事符合其内在的本质吗？遵循其发展的规律吗？

直播带货，关乎本质与规律的警示

如果我们对这场前所未有的直播带货热潮进行理性的审视，对这种转瞬间的“潮起潮落”、始“乱”终弃的状况进行深入的反思，至少有两个警示值得我们深思。

第一，不符合本质的东西，都不会长久。

当人类社会突然间进入一个快速更迭的时代，面对科技的迅猛发展，我们往往会将对世界的注意力聚焦在“变化”上，反复地强调“变才是不变的主题”。其实，无论世界是如何“万变”，也终归会有“不变”的内核。就像笔者一直阐述的观点：人类社会及各种事物都会基于两大特征，一个是人性特征，一个是时代特征。前者是万变中的不变，后者是不变中的万变。因此，我们只有坚持“立于人性特征的不变来应对时代特征的万变”的生存法则，才能永立潮头，屹立不倒。

营销也是如此。营销的本质是交易，交易的本质是价值与利益之间的交换。价格只是价值与利益之间的一种比对形式。因此，营销的本质是价值驱动而非价格驱动。“买有用的东西，买更好的东西”才是消费者以价格交换价值根本的，也是永恒的心智驱动。

因此，所有的营销都要回归价值驱动的本质。为什么传销会遭到法律的禁止？一是因为这种以投资回报为驱动的方式已经脱离了以价值为驱动的营销本质，导致传销不是以消费者对产品的最终使用与消耗为目的；二是因为让产品成为一个噱头和一种道具，通过扩大功效和虚假宣传，获得超出合理范围的投资回报。如此一来，就注定了这种伪营销方式是不会长久的。

那些曾经的“网红”餐厅也是如此。无论是曾经的黄太极，还是曾经的雕爷牛腩，都不以产品或服务的品质为核心竞争力，而是侧重于营销方式的新鲜和好玩。以雕爷牛腩为例，菜品仅仅局限于四道主菜，可供消费者选择的空间有限。同时，虽然属于中档餐饮的价位，但口味对比同类竞品并没有鲜明的特色。以上两点导致了消费者吃过之后便很难有再去吃的动力。毕竟，食客到餐厅是去吃的，而不是去玩的。因此说，产品或服务是商业的本质所在。

第二，不遵循规律的东西，都会乱象丛生。

世间万物的发展都有其客观的规律，顺之则昌，逆之则亡。如前文所述，所有最终不能提升产品品质、优化体验的营销都是不符合营销的本质与规律的伪营销；靠促销催生出来的市场业绩，也注定是一片浮云，也终究会随风而逝的。

特别是在成长周期上，催熟的东西永远修不成正果。众所周知，东北的大米一般都会比南方的大米好吃，为什么？前者是一年生长一季，而后者是一年生长两季。为什么只有在自然土地里生长 15 年才能被称作野山参？因为所有农作物的品质都与其成熟的时间成正比。通过非自然的手段“拔苗助长”的作物，不是已经失去了原本的味道，就是在品质上大打折扣。

营销也是如此。一家企业的市场占有与经营业绩一定要基于产品力这个“土壤”的滋养，要符合价值驱动的“生长规律”，而不能把被所谓的业绩而“助长”，被所谓的营销所“催熟”。这是放之四海而皆准的规律。即使是像苹果这样的世界级公司也不例外。

当年，曾经率领百事可乐靠非凡的营销攻势实现对可口可乐的逆袭，后来，被乔布斯以“你是想卖一辈子糖水，还是跟我一起改变世界？”而“忽悠”来的斯卡利，在担任苹果 CEO 不久，便“甩掉”了乔布斯，开始独自掌舵。然而没过多久，便乱象丛生。首先是产品之“杂乱”，各种产品管线繁多且杂乱，就是鲜见精品；其次是营销之“纷乱”，方式是花样不断翻新，就是难寻规律。

所有这些都无法“改变世界”，就连苹果自己也已经乱了方寸，没了章法。20 世纪 90 年代，苹果始终都在吃老本，直至难以为继。好在乔布斯及时回归，靠从以前的“死对手”微软那里讨来的 1.5 亿美元投资，才得以让苹果续命至今。

直播带货在很大程度上就像是一枚催熟的果子，表面红润，而内中青涩。有人这样形容直播：“疫情催熟了直播，让本来小学都念得磕磕巴巴的孩子去念初中，他跟不上啊。”多年电商从业者、百联咨询创始人庄帅将这种“催熟”理解为“进化中的盲目和冲动”。知名的财经作家吴晓波更是直言不讳：“直播带货处于野蛮生长期，600%的复合增长，乱象丛生。”

对于数字化时代的未来与趋势，对于交互式营销的时兴与风潮，我们要具备前置性的认知与预判。从政府的治理到平台的管控，从从业者的自律到法律的前置预防，其实，我们可以做得更多一些，做得更好一些。毕竟，我们经历了40多年市场经济的锤炼，无论是对依靠提前消费导致的负债式增长，还是对依靠金融创新实现的泡沫式增长；无论对是曾被奉为神话的信息技术革命，还是对曾被我们无限景仰的纳斯达克。在真理与谬误之间，在客观与虚妄之间，毕竟我们也经历了许多次的实践轮回。

需要铭记的是，只有肋生双翅，方能鹏程万里。憨态可掬“猪宝宝”也许能够借“风口”之力飞上天空，但它永远不会像雄鹰一样鹏程万里，展翅翱翔。

从新消费品牌解析营销创新

品牌营销的核心是从产品、消费、服务和文化四个维度不断优化品牌的体验，与消费者建立起亲密且长期的关系。这就是品牌营销的“四点论”。

相关统计显示，目前主流电商的获客成本较两年前增长近10倍，平均获客成本高于300元/人。正如VIPKID在线少儿英语的创始人米雯娟所介绍的：“VIPKID的平均获客成本已经高达4000元/人。”

如此一来，如何与消费者建立起从初次购买到重复购买，从重复购买到长期购买，再到超常购买的关系，就显得尤为重要，这正是品牌营销的重任所在。因此，企业要更加重视针对品牌体验的持续优化，以此与消费者建立起长期且稳定的交易关系。

在2020年的品牌热潮中，最大的一轮非新消费品牌莫属。这些品牌之所以受到业界的强烈关注，是因为它们有一个共同的特征，就是快速地完成从产品转化到市场转化直至品牌转化的过程。无论是花西子、元气森林还是完美日记，它们甚至只用了2～3年的时间，就狂奔进入十亿乃至二十亿的俱乐部。

2021年，这种热潮还在持续，一些新的品牌“黑马”依然奔跑在路上。虽然是刚刚上线，但是其增量就已经非常可观。例如，新的美瞳品牌MOODY、男士护肤理然等。新消费品牌为什么可以在如此短的时间内就迅速崛起，并迅猛发展呢？我们还是要借用黑格尔的那句名言：“存在即合理。”与前些年零零散散曾经火爆一时的“网红”品牌相比，它们呈现出一个群体的效应和现象，这背后一定是蕴含着一些共性的、值得我们思考和参鉴的东西。

世间万物都离不开事物的本质与规律，而作为品牌营销的本质，还是要不断优化品牌体验，才能与消费者建立起亲密且长期的关系。一项调查结果表明，79.3%的Z世代更愿意相信真实用户的使用体验。品牌正是通过不断地优化体验，赋予消费者更为新颖和独特的价值，输送更令人心动和行动的利益。下面我们就从产品体验、消费体验、服务体验和文化体验四个维度（见图10–2），解析一下新消费品牌现象背后的营销之道。

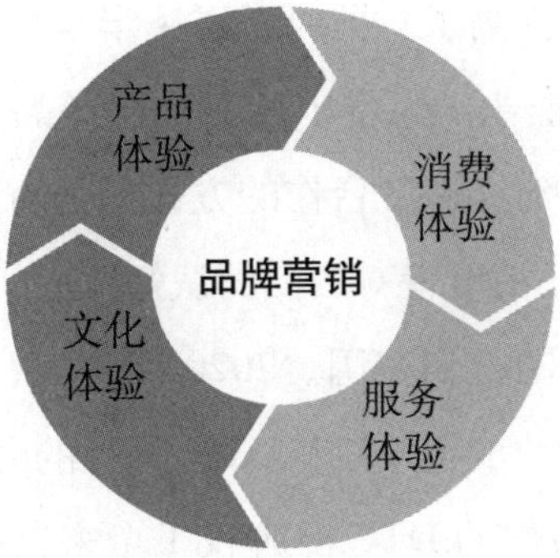

图 10-2 品牌营销“四体验”模型

第一，产品体验。

可以说，在新消费品牌的时代，市场营销才真正进入品牌体验的时代。这个时代首先是从注重产品体验开始的。在业界对新消费品牌的营销模式的总结中，产品的差异化与种草思维、新零售思维一起成为三大核心。产品差异化的核心是能够聚焦消费者的痛点。在一篇题为《新消费品牌崛起的时代，品牌如何成为Z世代的独角兽？》的文章中，作者指出：“在新消费品牌完成了对互联网思维的祛魅后，品牌的建构路径回归常识，其中产品力成为第一防线。”

与以往的产品力不同，产品在体验方面的表现成为新消费品牌产品力的重中之重，其最大的变化就是从单纯的产品供给提升为体验认同。如前文所述，“新”的背后是死磕产品体验，就是用“有颜、有料、有感”的超级产品带来超越预期的惊喜。这种惊喜不是一劳永逸的，不是即爆即逝的，而是一个持续且加强的过程。

以喜茶为例，它每年在多达100多种的研发产品中，遴选20个以上的优秀单品上市。这种通过持续进行灰度测试并基于反馈、反复、迭代而不断诞生“新物种”的模式，既简化了从需求洞察到决策的链条，也使打造“爆款”的效率大幅提高了。同时，喜茶牢牢抓住产品体验这个“牛鼻子”，首先打造用户型企业，为用户反向定制产品的目标。为此，喜茶通过收购茶园以及与茶商建立深度合作的方式加强对上游供应链的控制，用“好产品 + 好场景”强化消费者对产品的认知体验。

让我们把目光从中国拉到美国。2020 年年底，Similar Web 给出在这一年内网站流量增速最快的前 15 个 DTC 品牌的名单。在 36 氪上刊发的一篇题为《2020 增长最快的 DTC 品牌仅 1 个来自中国，从中我们能学到什么？》的文章中，作者通过对榜单中的 15 个品牌进行分析后发现，在产品和品牌设计层面，这些品牌主要做正确了两件事情，其中首要的便是产品直击消费者痛点。

首先，这 15 个品牌在品牌定位和品牌价值方面都具有明确的目标群体和清晰的产品卖点。其问题在于，这些并不是在产品推出以后，通过投放广告来“盲选”目标消费者，也不是与消费者的偏好“对缝儿”，而是在产品规划之前就已经做了充分的品牌规划。这也从另一个层面印证了在品牌系统性建设中，为什么要把品牌规划体系放在首位，为什么我们一直在强调品牌是战略。

这种情况在中国的新消费品牌中也呈现了同样的状态，特别是中国所拥有的全球规模最大、门类最全、配套最完备的制造业体系和成熟稳定的供应链，为中国的新消费品牌的产品力提供了强大的支持，使许多技术可以在多领域中被再组织和再利用，因此而催生出不少的“创意产品”和新品类产品，就像是宇航冻干技术催生出拉面说的速食拉面产品和三顿半的即溶咖啡产品，自有专利技术结合成熟冷链技术催生出钟薛高在家里躺着吃的雪糕产品。

新的消费需求驱动消费品牌走向更细分的领域，这也就给新品牌提供了土壤。联创资本 CEO、管理合伙人高洪庆说：“当年轻一代走到消费舞台的中央时，99% 的产品可以重新做一遍。”问题是，重新做成什么样的？这需要大数据站出来指引方向。其实，这些新消费品牌的背后都有一整套的大数据系统，来指导产品研发的方向，驱动产品研发的进程，最终实现对人、货、场的数字化重构。

以Z世代为例，他们的兴趣是多元化的，因此新消费品牌通过大数据来洞察、寻找、聚焦到他们的兴趣痛点，然后将其与产品进行创意结合，多样化地展示自己的魅力，进而快速实现Z世代对产品的认可和接受。在这个过程中，有越来越细致的消费需求被挖掘出来，有越来越细分的产品品类被创造出来。

即使在飞机上都能喝到自己冲的咖啡（三顿半），既美味又健康的即食麦片（王饱饱），躺在家里就能吃的健康雪糕（钟薛高），出门在外也能随时满足补妆需求的手持化妆镜（Amiro），既好喝又不会变胖的“0糖、0脂、0卡”饮料（元气森林），“可以自己洗拖布”的机器人（云鲸小白鲸），等等。

值得一提的是，这些企业从一开始就已经具备了强烈的品牌意识和正确的品牌战略思维。以Nonda为例，这个以车载设备和车载服务为自身价值的品牌，恰恰是将人们生活中经常会遇到的但又往往被其他企业忽视的“小麻烦”记在了心上，并为之付诸行动。人们经常到了一个陌生的停车场，不知道手机或车钥匙落在哪里，甚至忘记了车停在了哪里。

于是，Nonda利用GPS定位原理，开发出功能和技术都貌似平淡无奇的Car Key Finder（车钥匙寻找者）系统，为消费者解决了因“小麻烦”所带来的“大问题”。凭此，Nonda早在2015年就实现了600万美元的销售额，在美国站稳了脚跟。这与Anker单凭一个“充电宝与伸缩插头一体化”的小创新，就解决了用充电宝充电时找不到插头的“小尴尬”而一步一步走向成功是一样的。

俗话说，鞋合适不合适只有脚知道。可问题是，脚“知道”又能怎么样呢？人们买鞋的时候，往往是习惯性地伸出同样的一只脚来试穿新鞋。事实上，另一只脚或大或小，并不十分适合那款选定的鞋。对此，Atoms 将一般非运动类鞋子只有整码，即使是 NIKE 这样大牌的运动鞋也仅有半码的行规打破，将鞋码精准到 1/4 码。总是让人们不舒服的还有女性内衣。因为在很长的时间里，女性内衣所追求的是塑形和性感，所以传统女性内衣都会内置聚拢型的钢圈。新消费品牌的 Ubras 和蕉内均是以女性舒适为出发点，在市场上大受欢迎。

由此可见，这些新消费品牌的成功并不只是源于表面文章，它们的品牌力首先源于与众不同的产品力，而不是仅仅凭靠所谓的“营销力”。具有竞争意义的产品一定是基于对消费者的问题与需求有着深入和细致的洞察，以及提供实实在在的解决方案。特别是在产品极大丰富、产品同质化严重的今天，品牌要想赢得消费者的心智，输送出令消费者心动的利益，就一定要在细节上深挖消费者的潜在问题，满足一直被忽视的需求，才有可能脱颖而出，成为市场上的一匹“黑马”和“快马”。

第二，消费体验。

新消费品牌同时还被冠以 DTC 的“别名”。DTC 营销是包括任何以终端消费者为目标而进行的传播与营销活动，它与传统媒体如电视广告等的传播与营销方式相比，优势主要体现在更接近消费者，更关注消费行为的研究，更重视消费者生活形态的把握。总而言之，DTC 营销的核心就是直接面对消费者。

消费体验的第一个要素是消费渠道。与消费者最“直接”的便是那些社交媒体。这是因为社交媒体与其他媒体形式最大的不同，是消费者往往会反客为主，成为真正的主人。他们自主选择喜欢的内容，自主选择信任的主播，选择自己需要或喜爱的产品，甚至为它们去点赞、去分享、去推荐。

在 2018 年、2019 年这两年中，随着抖音、快手、小红书等平台的兴起，一批新消费品牌借势而起。根据克劳锐的调研，67.8% 的用户认为

“种草”内容对选择商品并最终产生购买行为有很大的影响，74% 的用户购买过被“种草”的商品，80.7% 的用户被“种草”后会在一周内完成购买，这就是渠道的红利。

那些能够出位的新消费品牌恰恰是充分地利用了这些特征，很好地演绎了这些价值。峰瑞资本的创始人李丰说过这样的一句话：“本质上中国是全球最大的供应链和需求方，当供应链和需求方同时出现在一个国家的时候，会产生无限大的力量。”这个力量足以让高瓴资本创始人张磊用来鼓励逸仙电商创始人黄锦峰的那句话变成现实：“中国一定有机会诞生新的欧莱雅。”

这个有机会成为中国的欧莱雅的便是逸仙电子商务的子品牌——完美日记。为实现完美日记这个伟大梦想贡献最大的是社交平台。众所周知，完美日记兴于线上平台。从 2017 年上线之后，小红书、抖音、B 站、贴吧、知乎和 QQ 群等平台，都成为完美日记的营销渠道。然后，通过 KOL 带货、明星代言、社区投放等一系列营销操作，成为位居全网销量第一的单品。

正如逸仙电商所认为的那样，完美日记的成功归结于数字化的 DTC 模式，即直接触达消费者个体，收集其行为与偏好，以及通过大量 KOL 进行病毒式在线社交营销，等等。在 2019 年的天猫“双十一”全球狂欢节上，完美日记一举创下了五项“第一”：11 年以来，登上彩妆榜首的第一个国货品牌，眼影品类销售额的第一，唇釉品类销售额的第一，睫毛膏品类销售额的第一，眼线品类销售额的第一。

据完美日记介绍，2020 年 3 月底，它在各种社交平台上拥有了 4800 多万粉丝，不仅比雅诗兰黛淘宝旗舰店粉丝多出了一倍还多，更是比欧莱雅的 1627 万和卡姿兰的 592 万多出了数倍之上。

这种成功的轨迹不只体现在完美日记这一个新消费品牌，花西子也是其中的高手。它们借助社交媒体平台的流量影响力，以制造话题、专业评测、美妆教程等方式“种草”用户。中金公司研究所的数据显示，2020 年资生堂、欧莱雅、雅诗兰黛等海外护肤品牌同样尝试了小红书、抖音等新消费端，各自销量增幅均超过了 60%。

此外，私域流量也是新消费品牌赢得市场的手中利器，因为来自淘系、头条系的公域流量的竞争已经呈现同质化和白热化的状态。如此一来，对于公域流量与私域流量之间的转化效率，以及对私域流量的精细化运营就变成了制胜的重要因素。以喜茶为例，它依托喜茶 GO 小程序，仅在 2019 年其会员系统内就已拥有了 2199 万会员沉淀。这些私域流量在此后的时间里，总会以更低成本反复被唤起，不断地为营销贡献力量。

这些新消费品牌之所以都享受到了渠道的红利，根本的原因是通过它们的推动，原本属于线下店内的体验、销售顾问的服务以及很多人性化的沟通环节都被移植到了线上。这样一来，电商平台不再只是一个买卖商品的货架，而是一个真实的购物体验场景。这种推动还在向私域和直播的领域快速延伸。

消费体验的第二个要素是消费决策。消费决策问题是消费者极其重视的问题，而这个问题恰恰可以被那些活跃在各种社交平台上的 KOL 们解决。这些被称为“关键意见领袖”的人，他们凭借拥有更多、更准确的产品信息，更高的追捧度和信任度，对其粉丝的消费决策和购买行为形成较大的影响。

他们正是这些新消费品牌最欢迎和最有力的合作者。花西子以头部 KOL 中佼佼者李佳琦为首席推荐官，同时以腰尾部 KOL 作用承接李佳琦的热度，形成持续放大品牌声量的长尾效应。最终，实现了产品销量爆发式增长，使花西子的散粉和雕花口红成为爆款。逸仙电商不仅将当时的人气偶像揽入怀中，还与多达 1.5 万名的 KOL 形成了合作。

值得注意的是，KOL 与品牌之间的关系需要时刻调整和纠正，品牌不能从原先的替电视台打工变成今天的替 KOL 打工。否则，营销费用占比居高不下永远是品牌的一个营销黑洞及其发展之痛。

消费体验的第三个要素是价格。“求实惠”永远是消费者最普遍、最基本的需求之一。完美日记作为一个国货品牌，从一开始就以低价来打响市场。完美日记很多款产品定价都不到 100 元，再加上经常推出买一送一、第二件 9.9 元的营销策略，不断地刺激消费者的需求。对此，完美日记的创始人认识得非常深刻：“国产美妆品牌如果定价太高，就可能等不到提高客单价的那一天。”

只是，这位创始人的认识并不能代表其他的新消费品牌。对性价比的追求往往有两种表现，即在低价中选优质（低价→优质），在优质中选低价（优质→低价）。这两种表现分别代表了两种不同的消费需求，甚至是两类不同的消费群体。对此，许多的新消费品牌开始尝试跳出这个“二选一”的魔咒，在价格策略上，更多的是从一个同品类产品的价格空白区间找到自己的生存空间。

例如，三顿半平均定价 7 ～ 10 元，是在 5 元以下的速溶咖啡和 10 ～ 15 元的便利店咖啡之间找到了空白；钟薛高普通款雪糕均价在 13 ～ 20 元，找到了 8 元的梦龙和 30 多元的哈根达斯之间的空白；小仙炖则选择主打 100 多元的 70 克产品，因为 100 元左右的客单价在电商环境下是最容易被接受的。

为什么这些新消费品牌可以做到不以高性价比来赢得消费者心智？因为这一波新消费浪潮是基于消费升级而起，基于人群的细分圈层化而兴。消费的分层和精准的触达，让新消费品牌有了更强的定价能力。精准满足，不走低价，被业界认为是这一波新消费浪潮的核心特征。这其中的佼佼者是泡泡玛特。这个品牌通过独门的 IP 与强有力的供应链和渠道，推出了盲盒潮流玩具。这样的产品即使没有极致的性价比，也有很大的机会赢得消费者的欢迎。

纵观过往，真正的性价比在很多情况下更多的只是“无奈”之举。这是因为无法造出同一品类中的、远超出同行的极致产品，只能依靠性价比来与竞争对手形成区隔，最终以快速出货或规模发展来谋求赢得竞争。一直都以“价格优势”著称的沃尔玛，也是因为大型商超从经营业态上无法与竞争对手形成有效的差异化，最后只能以价格和服务来赢得心智，构建长期的顾客关系。在中国本土，以服务著称的海底捞也是如此。

第三，服务体验。

新消费品牌的成功不仅是依靠流量和“颜值”，在服务方面，它们当中的很多品牌也一样颠覆了传统服务的理念和边界。特别是数字化工具提升了行业标准化服务的程度，让服务在品牌营销中的作用和意义升级迎来拐点，最终帮助品牌和消费者搭建起更长期的连接。

说到服务，人们总是希望在吃核桃的时候，有人递过来一把钳子；在吃榛子的时候，掉了很多碎渣，这时有人递过来一个垃圾袋；在准备打开快递箱子的时候，有人递过来一个开箱器。有一个新消费品牌就做到了这一点，它就是三只松鼠。

无疑，服务是产品的延伸，也是品牌传递理念的载体，更是品牌知行合一的体现。当然，服务也会成为与消费者连接的触点。在这个方面，三只松鼠的客服所具有的功能就已经成为前端接触消费者的触点。微小的开箱器、防潮纸袋、纸袋夹子、瓜果回收袋、擦手湿巾，每个小工具都体现出三只松鼠对细节的关注和对服务的重视。三只松鼠正是通过赠送这项超过客户期望值的物品，来践行“超出用户期望值才叫体验”的服务主张。

此外，三只松鼠将优质服务细化到客服的语言表达。例如，每个客服人员都有一个有趣的名字，如鼠小心、鼠小妖等，在与顾客打招呼的时候，都会以“主人”开始，并会使用有意思、有趣味的语言，从而为顾客带来欢乐。这就是三只松鼠在整个服务体系中打造的“主人”文化，所有客服人员都是为“主人”服务的“松鼠”。这是因为在大自然中，松鼠是“服务”的代名词，它们总是喜欢挑选质地良好的坚果给自己的家人。

说到服务，我们又要提到 Atoms。它为顾客提供这样的服务：如果顾客订购了 9 码的鞋，Atoms 会给寄出 8.75、9、9.25 三个码数的三双鞋，顾客可以留下其中最合脚的两只。请注意：左右脚是可以不同尺码的，顾客只需要将剩下的 4 只免费寄回即可。

以“让顾客能够更舒服”为服务宗旨的还有一个女性内衣的品牌叫作 Cuup，它名列 Similar Web 所给出的前 15 个 DTC 品牌之中。这个品牌在服务上的做法代表了新消费品牌的理念：细分产品和细致服务。在以往，女性的胸部一直以来被强迫划分为几个尺寸，很多女性一直穿着大一点或小一点的内衣。Cuup 就是致力于解决这个既“熟视”又“无睹”的问题——在顾客预约后，会有专业的理疗师通过视频通话与其交流，帮助用户挑选到最合适的那个尺码，同时会将胸部护理知识分享给顾客。

钟薛高服务总监黄婷在“一片雪糕里的数智化服务温度计”的主题演讲中，将自带品牌温度的高标准客户服务与精准洞悉消费需求、产品概念的持续创新一起列为钟薛高成功的三大支撑。小仙炖鲜炖燕窝子在服务上能够做到下单鲜炖，全程冷鲜配送，最快次日可达。同时，经过不同温度和湿度的多次配送测试，为顾客提供保温效果极佳的保鲜包装组合，确保燕窝始终保持一致的冷鲜体验。

新锐母婴消费品牌 Babycare 从布局母婴赛道伊始，就致力于数智化服务转型。它通过针对服务的“多向融合、组合创新、SOP 管理、增效提能”来满足年轻父母群体的需求，让服务为品牌赋值。同样是母婴品牌的上美集团，则是通过将服务拆解成最小颗粒度和每一帧服务流，来实现基础服务的全面化传递、专项服务的精细化。

第四，文化体验。

品牌竞争的最后一道护城河一定是文化，对于那些新消费品牌也是一样。从何喜茶的周边潮品系列到三顿半令人称赞的“返航计划”，从元气森林的日系设计和审美到新国潮代表的完美日记，这些都是赋予品牌独特气质和关键基因的文化源泉，在品牌营销的过程中，不断寻找产品与消费者之间相互契合的精神内涵。

其中，最具代表性的非花西子的“东方美学”文化莫属。

无疑，对于长期被国外大牌打压的本土化妆品品牌，愈刮愈烈的国潮风对国内的美妆品牌是一个机遇。国货彩妆想要做出有中国特色的原创品牌，就必须探索和建立一套全新的体系。对于花西子，这套全新体系就是东方美学体系。

首先，花西子对产品的创想是源于中国历朝历代的古籍中所记载的美容养颜古方。随后，它将其中的花卉成分和中草药成分运用到美妆产品中，确立了“东方彩妆，以花养妆”的品牌定位。

围绕这个品牌定位，花西子以“花”为珠，以东方美学为链，串珠成链，创建了一个完整的品牌内涵与形象体系，并将之贯穿于产品研发和整合传播营销中。正如创始人飞慢所说：“花西子定位于东方彩妆，那么我们所有的产品研发、品牌传播都是会围绕这个定位去执行的。”

在视觉识别上，取材于中国古代著名的诗句“欲把西湖比西子，淡妆浓抹总相宜”，为品牌起了一个非常中国化的名字——花西子。在logo的设计上，也是借助“江南园林轩窗”所蕴含的意境，其并蒂莲的符号则代表了古今双生的传统理念。在品牌色方面，花西子以中国传统色——黛色作为主色调；在产品方面，则以同样是中国传统色的朱砂色作为口红色号之一。此外，花西子还将传统雕花工艺用到口红膏体上，开创了全新的雕花口红品类，同时开发了一套被称为“花西子体”的专属字体。

在理念识别上，花西子诞生于中国，立足于中国，将“扬东方之美，铸百年国妆”的愿景，以及“传递东方文化与东方之美”的使命，视为品牌独特的价值与责任。越是民族的，越是世界的。花西子立志通过优秀的品质与完美的形象，将东方美学推向国际舞台，让花西子品牌走出中国，走向世界，为国妆传名，为国货正名。

在品牌形象上，花西子始终将产品本身视为最佳的品牌内容与形象来精心打造。从七夕节推出琉璃礼盒和“齐眉同心妆匣”到以“西湖十景”为灵感推出“西湖印记定制礼盒”，从重磅推出“苗族印象”高定系列产品到在中国国际时装周上“洛神赋礼盒”的惊艳亮相，花西子通过立体浮雕、屏风设计、轩窗元素这样的国风设计，让每一款产品都成为一个独具匠心的艺术品，并使花西子成为首个将少数民族文化乃至非遗文化运用到产品设计上的品牌。

此外，花西子还以音乐为介质，发布同名歌曲，进一步传递“东方美学”的品牌形象。这首歌讲述了在江南西湖之畔，有一位出身医药世家的女医师“花西子”，闲暇之余泛舟西湖，采荷花搭配草药，制成胭脂水粉。通过对“东方之音”的演绎与传唱，来传递浸润着东方美学的情感和情绪，以期与消费者形成审美的共鸣，并成为消费者对抽象的品牌形象形成具体联想的独特介质。

在品牌传播上，无论是联合艺人参加人民日报新媒体“爱上中国风”专场活动，还是与人民日报新媒体共同推出《非一般非遗》纪录片；无论是与三泽梦联袂首登纽约时装周，还是携手盖娅传说亮相 2021 春夏中国国际时装周；无论是将“苗族印象”系列产品登上《新闻联播》，还是在美国纽约时代广场纳斯达克大屏发布“苗族印象”产品的巨幅海报，花西子在多渠道、多平台上演绎了丰富多彩的品牌整合传播的成功案例。

精准的品牌形象和整合的品牌传播让花西子的国风 IP 已经深入圈层，东方美学形象在消费者心中愈加清晰。利用爱点击 iFans 分析小红书数据，在花西子品牌分析——笔记词云中，有大量的“苗族”“浮雕”“民族”“工艺”这样的关键词出现。这说明花西子正是通过不断夯实独特的品牌文化内涵，将既定的品牌定位演绎到极致，赋予消费者在化妆上的文化仪式感，来提升品牌形象的传播力和渗透力，与同质化的国潮风格形成差异化，为自己构建起了品牌竞争的壁垒。

如今的新一代消费者非常渴望从品牌中寻求精神意义。他们一方面要求品牌有态度、有温度，在社会责任上有所作为；另一方面希望品牌为他们的心灵带来抚慰和愉悦。在此基础上，消费者可以借助品牌态度来表达自己的态度，同时让品牌帮助自己实现许多公益的想法与意愿。

因此，新消费品牌也纷纷投入公益行动中，以履行社会责任彰显自己的品牌主张，优化消费者对品牌文化的体验。只是跟以往不同的是，它们在捐款捐物的同时，还将公益行动与品牌内涵、产品链接与目标消费者紧密地结合在一起。例如，作为彩妆品牌的花西子就将公益行动的对象定位于女性群体，先是启动百花计划之苗族女童助学项目，为1006名雷山县家庭相对困难且为苗族的一至九年级女童每人提供1000元教育助学金。然后通过母公司的“浙江省宜格慈善基金会”与水滴公益联合推出“花西子女性守护热线”，旨在为处于心理困境中的女性提供帮助。

喜茶将扶贫项目与产品相关联，它推出的云南红河红米产业扶贫项目，就是通过责任消费的方式来采购当地红米，并研发两款爱心红米包，投向市场，倡导消费者支持可持续造血的产业扶贫项目。

完美日记将自己的公益行动定格在自然环境与动物保护这个主题上。完美日记显示，联合媒体时尚COSMO发起“美丽守护者联盟”倡议，鼓励消费者保护环境，守护野生动物。此后，又与“它基金”携手举办公益义卖活动，通过完美日记天猫旗舰店和直播间途径每卖出1盘小狗盘，将捐赠1元给北京爱它动物保护公益基金会，用于动物保护相关公益项目。

最为独特的是三只松鼠的品牌文化——廉政文化。三只松鼠的CEO

章燎原曾明确表示："互联网不应只是改变了商业模式，还应建立诚信和契约精神的新生意方式，'互联网 + 廉政'，我们共同践行！"他们是这样说的，也是这样做的。2015 年春节，芜湖某公司因为一个 1 元的红包被三只松鼠暂停合作两个月；被停止合作两个月的还有合作伙伴临安青睐，原因是向三只松鼠的员工提供住宿；而浙江省三门建安工程有限公司因向三只松鼠员工行贿 5000 元，遭到了永远停止合作的处罚。

在美国，DTC 品牌也一样非常关注和重视自身的公益形象，为消费者提供"善意"的品牌文化体验。从 Similar Web TOP15 DTC 榜单中品牌的官网内容来看，其内容的重点已经从以往的罗列产品的每项功能改变为宣传品牌在做的环保或慈善事业。从这个细节我们不难看出，这些新消费品牌对自身品牌公益形象的注重。

例如，Youth To The People 围绕主打天然材料这个品牌诉求和"可以吃的护肤品"的产品卖点，为自己打上了三个环保的标签——"原料是我们的灵感来源""保护唯一的地球""动物绝不是原料"。还有 Tea Drops 品牌在非洲等地区建造了许多永久性水井，其目的都是以此来彰显品牌主张，借此来获取社会的广泛认同，吸引那些志同道合的消费群体。

正如《新消费品牌崛起的时代，品牌如何成为 Z 世代的独角兽？》一文的作者所指出的："以文化引领品牌，情感认同逻辑正在取代传统的产品定位逻辑，价值观才是可持续的情感表达。"

综上所述，新消费品牌的现象级爆发是一次系统性机会，也是时代给予的红利。在机会与红利面前，应该说这些新品牌干的还是蛮漂亮的。既对品牌的内在本质有着很好的认识，也对品牌的发展规律有不错的把握。从品牌规划到内涵，从形象到传播，从营销到管理，乃至整个支撑体系和最终的资产体系，都在传统品牌基础上做出了新意，迎合了时代，挖掘了问题，满足了需求，也为消费者输送了无论是产品层面还是精神层面的利益。

对于这些新消费品牌，无论是业界还是笔者，都还有些担忧，也希望给它们一些提醒。

对那些靠流量和“颜值”上位的新品牌，依然有着热衷营销而忽略产品的担忧。如果没有产品的壁垒，当流量枯竭的时候，当流量愈加昂贵的时候，当消费者对“颜值”百看生厌的时候，当消费者喜新厌旧的时候……果真如此，品牌新秀一样会变老，一样会被遗弃。因为针对问题和需求的，实打实的价值与利益才是消费者最根本的需要。

对于那些过度依赖供应链的品牌，依然有着被供应链“割草”的担忧。因为这一届新消费品牌最大的特征就是圈层化，所以营销的前提是必须要找到精准用户。因此，也就会依赖那些 MCN、社群 KOL 或者“网红”们——这就是新一代的经销商。他们与以往的经销商不同的是更分散，相同的是一样要赚“差价”。新消费品牌不断地被他们“割草”也就在所难免了。对此，无论是私域流量还是自营销模式就显得格外重要和不可或缺。

对于那些依靠一轮又一轮的“疯”投砸出爆款的新消费品牌，依然有着一直在烧钱始终不盈利的担忧。因为消费品企业与互联网平台的打法并不相同，拼多多是拼低价的，但它是渠道品牌，与消费品品牌无关。联网平台的壁垒在于做出规模，有了规模才可以建立起自己的护城河。对于那些只是不断突破圈层来赢得市场的新消费品牌，规模效应可能是空中楼阁。毕竟，单纯靠不断提升品牌溢价来实现长期发展，无论是对产品的快速更新迭代，还是品牌运维保鲜，都不可能做到轻松应对。

总之，新消费品牌兴起于新渠道、新人群、新供给。“新”永远是相对的，永远是动态的，消费者是永远不会和你一起慢慢变老的。因此，新消费品牌要铭记：在这个世界上，唯有人性是永恒不变的。品牌的长远发展要始终坚持从人性特征和自身优势出发，不断洞察人性问题，预见人性需求，通过时代所赋予的科技手段，创造出更为简单、直接、便捷的，更为安全、舒适、美好、尊享的，科技、人文、艺术完美结合的产品或服务，为消费者解决更大的问题，满足其更深的需求，创造更好的价值，为其带来更多的利益。品牌自身逻辑之“十六字诀”，如图 10–3 所示。

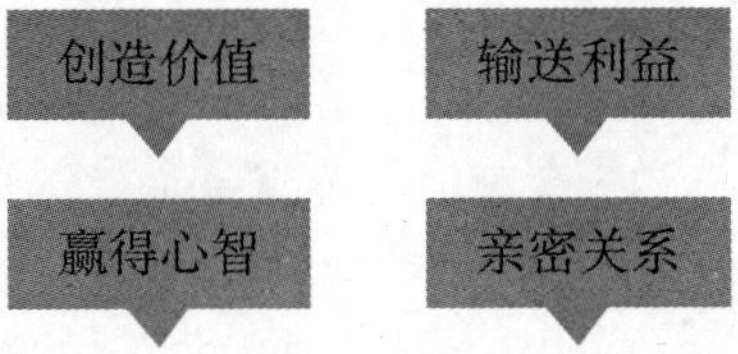

图 10–3 品牌自身逻辑之“十六字诀”

与品牌相伴，做时间朋友！

后　记

从 2019 年 10 月《品牌系统性建设：沿循消费心理与行为的轨迹》完稿到 2021 年 6 月《品牌关键：探寻品牌的价值本原与规律》完成初稿，仅仅过去了一年零八个月的时间。

要感谢的是《企业管理》杂志一次一次的约稿，4000 多字的篇幅让我对许多问题能有更为全面和系统的思考与梳理。还有《现代广告》杂志，一拍即合开设了《品牌关键论》的专刊，“督促”着我对品牌系统性建设体系重新提炼和诠释，以为读者展现一部精要简明、易懂实用的新作。《国际品牌观察》的专栏，实在是恰逢其时，当我将品牌价值的本原与规律聚焦在人性需求时，也为这个专栏提供了一个有效的推动，将对品牌价值由繁至简、由觉及悟的所得及时地转化成系统性的呈现。

还要一如既往地感谢一次次的培训、讲座，乃至咨询，教学相长始终发挥着巨大的作用。让我在面对面的交流与碰撞中，对品牌及品牌建设的认识进一步深化，使理论体系变得更为完善，应用体系变得模型化。

最应该感谢的还是知识的积淀和灵感，每当我对品牌有了本质的、规律性的“顿悟”时，总觉得这种顿悟之“玄妙”是源于不知玄机何在的“点拨”。

除了事，还有人。首先要感谢赢销力创始人王冠群先生。记得在十几年前，我们共同将斯美特的聚焦营销模式串珠成链，以《广告人》杂志“月度大案”的形式，在业界首次将聚焦营销鲜活的实践和成果积微成著，进行系统阐述。后来，我们从客户成为朋友，直至今天成为品牌的知音。在本书的书稿收官之前，我向他发出邀请，敬请他从中国快消品行业顶级操盘手，实战营销、管理培训专家的角度对拙作给予审视与评价。

王冠群先生欣然应允，为这部惺惺相惜的“老友记”又添上了心领神会的一笔。

最后，要感谢的是中国广告主协会的杨汉平会长。杨汉平会长从中国品牌经济发展的大局出发，从鼓励思想解放、支持理论创新的高度，借序扬声，号召大家行动起来，“为中国品牌腾飞贡献智慧力量”。他说：“无论是宏观的品牌经济，还是微观的品牌建设，对于我们都还是一个崭新的课题，还有许多未知的领域需要我们去探索，还有许多不曾遇到的问题需要我们去应对。”

这既是要求，也是期望！

当然，还要感谢一下自己。在第一本品牌专著出版之后，我并没有停止对品牌价值的探索与思考，也从未停下手中那支为中国品牌而疾书的笔。沿着人性这条主脉，循着人性需求的脉动，一点点朝着品牌的价值本原与规律迈进。随后，“价值、利益、心智、关系”品牌的八字箴言“怦然”而出，将我对品牌的认知一下子提高到一个新的境界，为我打开了一扇明亮、深邃的品牌智慧之门。

中国的品牌经济任重道远，中国的品牌建设还需风雨兼程。从“品牌研究型实战者”到“品牌布道者”，对自身定位的改变喻示着，在未来依然会沿着“为中国品牌腾飞贡献智慧力量”的道路，一直走下去，砥砺前行，坚定不移！

关键

2022 年 3 月